普通高等教育“十三五”规划教材

服务外包产教融合系列教材

主编 迟云平 副主编 宁佳英

企业会计服务外包

主　编　胡伟挺

副主编　谭　湘　黄德军

华南理工大学出版社
SOUTH CHINA UNIVERSITY OF TECHNOLOGY PRESS
·广州·

图书在版编目(CIP)数据

企业会计服务外包/胡伟挺主编. —广州：华南理工大学出版社，2017. 5
(服务外包产教融合系列教材/迟云平主编)
ISBN 978 - 7 - 5623 - 5205 - 1

Ⅰ. ①企… Ⅱ. ①胡… Ⅲ. 企业会计 - 对外承包 - 教材 Ⅳ. ①F275. 2

中国版本图书馆 CIP 数据核字(2017)第 058552 号

企业会计服务外包
主　编　胡伟挺
副主编　谭　湘　黄德军

出 版 人：卢家明
出版发行：华南理工大学出版社
(广州五山华南理工大学 17 号楼，邮编 510640)
http://www.scutpress.com.cn　E-mail：scutc13@scut.edu.cn
营销部电话：020 - 87113487　87111048（传真）
总 策 划：卢家明　潘宜玲
执行策划：詹志青
责任编辑：袁桂香
印 刷 者：佛山市浩文彩色印刷有限公司
开　　本：787mm×1092mm　1/16　**印张**：15.75　**字数**：384 千
版　　次：2017 年 5 月第 1 版　2017 年 5 月第 1 次印刷
印　　数：1～1 000 册
定　　价：35.00 元

“服务外包产教融合系列教材”
编审委员会

总　序

发展服务外包，有利于提升我国服务业的技术水平、服务水平，推动出口贸易和服务业的国际化，促进国内现代服务业的发展。在国家和各地方政府的大力支持下，我国服务外包产业经过10年快速发展，规模日益扩大，领域逐步拓宽，已经成为中国经济新增长的新引擎、开放型经济的新亮点、结构优化的新标志、绿色共享发展的新动能、信息技术与制造业深度整合的新平台、高学历人才集聚的新产业，基于互联网、物联网、云计算、大数据等一系列新技术的新型商业模式应运而生，服务外包企业的国际竞争力不断提升，逐步进入国际产业链和价值链的高端。服务外包产业以极高的孵化、融合功能，助力我国航天服务、轨道交通、航运、医药、医疗、金融、智慧健康、云生态、智能制造、电商等众多领域的不断创新，通过重组价值链、优化资源配置降低了成本并增强了企业核心竞争力，更好地满足了国家“保增长、扩内需、调结构、促就业”的战略需要。

创新是服务外包发展的核心动力。我国传统产业转型升级，一定要通过新技术、新商业模式和新组织架构来实现，这为服务外包产业释放出更为广阔的发展空间。目前，“众包”方式已被普遍运用，以重塑传统的发包/接包关系，战略合作与协作网络平台作用凸显，从而促使服务外包行业人员的从业方式发生了显著变化，特别是中高端人才和专业人士更需要在人才共享平台上根据项目进行有效整合。从发展趋势看，服务外包企业未来的竞争将是资源整合能力的竞争，谁能最大限度地整合各类资源，谁就能在未来的竞争中脱颖而出。

广州大学华软软件学院是我国华南地区最早介入服务外包人才培养的高等院校，也是广东省和广州市首批认证的服务外包人才培养基地，还是我国服务外包人才培养示范机构。该院历年毕业生进入服务外包企业从业平均比例高达66.3%以上，并且获得业界高度认同。常务副院长迟云平获评2015年度服务外包杰出贡献人物。该院组织了近百名具有丰富教学实践经验的一线教师，历时一年多，认真负责地编写了软件、网络、游戏、数码、管理、财务等专业的服务外包系列教材30余种，将对各行业发展具有引领作用的服务外包相关知识引入大学学历教育，着力培养学生对产业发展、技术创新、模式创新和产业融合发展的立体视角，同时具有一定的国际视野。

当前，我国正在大力推动"一带一路"建设和创新创业教育。广州大学华软软件学院抓住这一历史性机遇，与国家发展和改革委员会国际合作中心合作成立创新创业学院和服务外包研究院，共建国际合作示范院校。这充分反映了华软软件学院领导层对教育与产业结合的深刻把握，对人才培养与产业促进的高度理解，并愿意不遗余力地付出。我相信这样一套探讨服务外包产教融合的系列教材，一定会受到相关政策制定者和学术研究者的欢迎与重视。

借此，谨祝愿广州大学华软软件学院在国际化服务外包人才培养的路上越走越好！

国家发展和改革委员会国际合作中心主任

[签名]

2017年1月25日于北京

前　言

创新创业拓展社会经济发展，科学技术与生产力结合推动生产关系的创新。为了服务于各行业的创新创业实体经济的健康发展，为其保驾护航，我们编写了《企业会计服务外包》一书，供财务咨询公司、代理记账公司和会计人员使用，为创新创业实体提供会计服务创造了条件。

本书依据我国《企业会计准则》和《企业会计准则应用指南》的规定编写，吸收了国际最新应用的会计理论和会计方法。本书理论联系实际，以实务案例为主，在会计方法的运用上既抽象概括又实用简明，并注重与国际惯例接轨，易于理解运用。创新创业实体围绕经济效益目标奋斗时可以把业务的会计核算事项和交易交由专业公司和专业人员处理，参照本书进行系统的会计核算，提供客观、完整、合法的会计信息，处理好企业方方面面的经济关系，给创新创业团队提供公允、满意的服务。

本书的编写人员既有在高校、培训中心从事会计专业教学的经验，更有在会计师事务所从事实际会计、审计工作的经验，实际专业经验丰富。具体编写分工为：第 1、2 章由胡伟挺编写，第 3、4 章由谭湘编写，第 5～12 章由黄德军编写；由胡伟挺统稿。

期望通过本书为服务于蓬勃发展的创新创业实体的会计公司、会计专业人士提供简明扼要的指引，以便采纳应用或借鉴。

本书在写作过程中参考了会计专业的相关书籍和文献，在此表示致谢。

编　者

2017 年 1 月

目　录

1 企业会计服务外包及会计概论

1.1 企业会计服务外包概念及理论基础

1.1.1 会计服务外包概念

“外包”指的是各类企业将自身业务分解，转移给企业外部供应商，由外部专业供应商在规定的时间按照所达成的协议内容提供特定的服务。而所谓会计服务外包，就是指在企业财务管理领域，将自身的一些流程步骤外包给社会中专业性的财务管理组织代为执行与操作的一种财务战略管理的新型模式。

会计服务外包的内容多样，根据国内外会计服务外包的实践，我们可以把会计服务外包的内容分为两大类：

第一类是基础性业务，或称为程序型工作。具体包括员工工资核算与管理、采购及应付项目(如差旅及费用处理)、应收项目、记账及总分类账、现金管理、电子支付与银行业务(如信用卡或自动票据交换所)等等。例如，员工工资核算的外包，以及我国中小企业常涉及的代理记账及税务申报等都属于此类内容。

第二类是分析性业务，或称为决策支持型工作。这类业务包括企业财务管理制度设计、财务流程和标准的规划、成本费用控制、收益分析、预算与预测、内部审计、财务风险管理、税务筹划、资金筹措和管理、投资项目的可行性分析等等。

目前，我国大多数企业进行的会计服务外包仍然是第一类业务，即基础性的财务会计业务，对于涉及重大决策和分析性的业务仍由公司内部来处理。目前，许多国外大企业进行会计外包的范围不仅仅是日常的基础流程，而是由过去的工资管理、纳税管理、往来项目等简单重复的业务扩大到计划与预算之类的分析性财务流程，这将成为会计服务外包发展的一大趋势。

1.1.2 外包理论

企业会计服务外包在实践中的发展离不开理论的支持，作为企业会计服务外包的理论基础主要有几种主流的理论：劳动分工理论、委托代理理论、交易成本理论以及核心竞争力理论。

1.1.2.1 劳动分工理论

1776 年 3 月，亚当·斯密的《国富论》中第一次提出了劳动分工的观点，并系统全面地阐述了劳动分工对提高劳动生产率和增进国民财富的巨大作用。他的核心思想是强调劳动分工，把生产流程分解成一系列简单专门的工序，每个工人只需从事特定简单的重复劳动。分工论对于当时的工业发展起到了非常大的推动作用，通过分工，工人的生产效率得到了很大提高。比如，在20世纪初，亨利·福特将一辆汽车分成8772个工时来进行生产。之后企业在生产管理过程中均采用分工的方式。

劳动分工直接导致了企业管理的改革，之后的社会分工、职能分工以及专业分工都是以劳动分工为基础建立的。从亚当·斯密、李嘉图的古典学派到马克思的经济理论，都注重从社会关系的角度探讨生产效率的提高与财富的创造、分配及经济增长的互动关系。

斯密有句名言："请给我以我所要的东西吧，同时，你也可以获得你所要的东西。"1911年，在斯密范式影响下，弗雷德里克·温斯洛·泰勒创作了《科学管理原理》，这是一个相对系统化的思想体系，阐述了科学管理理论，将劳动分工理论从社会关系细化到工厂的劳资关系和人员选拔等过程中运用科学管理方法。泰勒在科学管理方面的理论直接导致了美国企业在劳动效率方面提高了三倍。

在如今日益激烈的竞争中，企业中的管理者并不是擅长所有部门的管理，在各个管理岗位上都需要具有专业素质的人进行管理，从而提高管理工作效率，同时提高企业的竞争力。

1.1.2.2 委托代理理论

委托代理理论最早由罗斯（Ross），简森（Jensen），梅克林（Meckling）提出，委托代理理论的创始人还包括威尔逊（Wilson），斯宾赛和泽克豪森（Spene and Zeekhavser），霍姆斯特姆（Holmstrom），格鲁斯曼和哈特（Grossman and Hart），等。委托代理理论研究了委托与代理之间关系的潜在的动机和表现出来的问题。简森和梅克林把委托与代理的关系定义为：一个委托方或不同的委托方雇佣相关的代理人代表他们执行一些任务，而这些任务委托方必须赋予代理人具有制定决策的权力。像这样的委托与代理关系可以在组织的内部出现，也可以存在于不同的组织之间。委托代理关系既然可以出现在组织内部及组织之间，那么，该委托代理理论也可以应用于外包和企业的内部管理中。委托代理理论的前提假设是存在不对称的信息、风险偏好的迥异以及各种不确定性因素。该理论探讨的是如何构建以行为为基础或以结果为基础的具有效力的合同来管理合作双方之间的关系，主要分析探讨的就是怎么样来解释委托人或是占主体的一方如何通过制作一项具有激励作用的合约协议达到控制合作方或是执行者的目的。选择以行为为基础的合同还是以结果为基础的合同主要取决于实行代理的成本，而这些代理成本的发生是由于合作双方不同主体之间的各自目的不同而形成的。代理成本是主体的监控成本、服务者的约束成本以及委托主体的追加损失之和。

委托代理理论重点分析的对象是企业资源的提供者和企业资源使用方两者之间的关系，即委托人与代理人的关系。只要委托人通过合约等形式赋予了执行者行使委托方利益的决策权，则两者之间的委托代理关系就形成了。随着这种委托代理关系的形成，难免会出现另一个现象，即所谓的代理人问题。产生这个问题的主要原因就是信息的不对称，具体表现为逆向选择与道德风险。为了解决这一问题，企业必须成立专门的部门来监督执行方的执行行为，这一程序将产生非常高额的成本。那么，企业在进行外包决策时就必须充分预见各种不同情形下可能产生的代理成本，一旦这种可能产生的代理成本完全超出企业可接受的范围，企业应考虑内部管理。具体应用到财务会计服务外包当中，这种委托与代理之间的关系对应地表现为上游的发包方企业与下游的外包专业服务商两个不同主体之间的相互关系。在市场经济的大环境中，合作双方分别属于不同的经济实体，各自追求自身权利和市场价值的最大化。上游的发包方企业追求的是降低成本，同时达到服务最优和承担的风险最小化；而下游的专业外包服务商追求的是如何以有限的投入来获得利润的最大化。这就存在一种潜在的风险，即合作一方为实现自己的目的而做出有损另一方利益的行为。因此，上游的发包方企业必须在确保本企业效用最大化的基础上，先与下游外包专业服务商进行合作谈判，以实现合作双方权利、义务和利益的重新分配，实现双赢，使双方的关系得以平稳健康地发展。

依据委托代理理论，实施财务会计服务外包，对于专业的外包服务供应商来说，只要服务的专业性较强、认真处理业务、能够满足发包方的需求，合作双方就可能会因此成为长期的合作伙伴，建立更高层次、更紧密的长期合作关系，这也就说明专业的外包服务承接商可以拥有较为稳定和长期的业务。因市场环境的复杂性以及市场竞争的日益激烈和残酷，长期的合作伙伴关系和稳定的业务来源是任何组织得以生存和发展的基础。因此，为了能够和客户保持时间较长、较为紧密良好的合作伙伴关系，获得长期的稳定持久的业务来源，专业的外包服务供应商会主动地提升服务品质、削减成本。这在一定程度上达到了发包商和承包商的目的。因为外包协议期限一般来讲都较长，在某种程度上这种长期合同关系对外包服务商起到了显性激励作用。同时，专业承包商为了维持这种关系，还会持续地和客户进行交流，提供相关信息，并提升服务品质和工作绩效。专业承包商在努力工作的同时，也会得到发包方对其的声誉激励，即双方协议期满后，还会继续合作。在这种情况下，就可以减少由于信息不对称产生的外包服务商的机会主义行为，最大限度地降低企业的风险，最终达到“双赢”的目的。

1.1.2.3 交易成本理论

交易成本的概念是1937年科斯在他所著的论文《企业的性质》中首次提出来的。交易成本经济学这个学科是在20世纪70年代中后期才逐渐形成和发展起来的。科斯将交易成本的概念引入经济分析，讨论了企业的基本特征，企业为什么会存在于市场经济中，以及关于企业边界的问题。所谓交易成本即利用市场机制进行交易而产生的成本，以及进行交易谈判签订交易契约的成本。在科斯看来，企业边界的确定要通过比较企业内部组织成本和外部市场的交易费用来确定。当前者小于后者，企业应该选择内部化，企业边界一体化；如果是后者小于前者，则企业应该更多地利用市场。科斯首先提出交易成本概念，但对此进行深入研究的是威廉姆森，他也是交易成本经济学的主要贡献者。威廉姆森更加深化了对交易成本的分析，他认为，交易成本的存在取决于三个因素：有限理性、机会主义和资产专用性，尤其强调了资产专用性在组织中的重要性。

根据交易成本经济的观点来看，外包商是一个中间组织，介于企业与市场的中间。企业在资源既定的情况下，会面临两种选择：自己生产或是进行外包。企业会根据交易成本和内部的生产成本的大小比较来作出选择判断。一般情况下，市场机制是进行资源优化配置的最优方式，但是在市场上存在着不完全竞争行为、不对称性信息和机会主义行为，这些因素又将推动企业寻求资源的内部一体化。然而如果企业完全内部一体化又会由于企业内部管理总成本很高而使企业发展受到限制，在这种情况下选择外包就成了一种最好的解决方式。

交易成本经济的理论认为企业可以通过外包来寻求生产成本和管理成本的降低，这些专业的外包服务商会因为规模经济而具备较低的成本。但是不可否认，进行外包节约的生产成本和管理成本很有可能会被与外包商进行合同谈判、外包关系的管理以及对外包商的监督执行上产生的费用所抵消。所以交易成本理论认为，只有当外包后产生的总成本之和小于自己企业内部自制的生产成本和管理成本等之和时，外包才更加有利。否则，企业自己生产更加有利。

1.1.2.4　核心竞争力理论

核心竞争力这一术语，最早是由 C. K・普拉哈拉德(C. K. Prahalad)和 G・哈默(Gary Hamel)在《哈佛商业评论》上发表的《企业核心竞争力》一文中提出，企业的核心竞争力被认为是企业中经过整合的知识和技能，尤其是如何将不同的生产技能之间的协同及对各种不同技术的集合知识的整合能力。普拉哈拉德和哈默认为：企业的核心竞争能力在于可以以更低的成本超越其对手，并且能够以最快的速度构建其核心竞争力；核心能力是各种不同要素的整合体，它是不同的技术能力、管理结构和团队合作学习的结合。核心竞争力的具体表现是：组织的核心竞争力是一种稀缺的、很难被模仿、价值较高的、可不断延续的能力；多元化的组织主要是企业核心竞争力的组合。企业核心竞争力的整合会对企业的发展起着决定性的作用；企业的战略决策有利于构建其企业的核心竞争能力，可以使企业内部资源的一致性得到维持。该理论认为，核心竞争力应该能够为企业提供进入不同市场的潜在能力；能够为最终产品的顾客提供其所重视的关键价值；能够为企业在某一领域保持较高收益作出巨大贡献；应属于一种其他企业难以模仿和复制的独特的资源被企业单独拥有，并且具有旺盛和持久的生命力。许多学者将该理论用于对业务外包的决策问题研究。

按照核心竞争力理论，企业应该明确自身的核心业务或者说是核心竞争力。核心竞争力是企业维持持续的竞争优势的力量和源泉，外包战略可以解决企业发展核心能力时的资源不足问题。如果企业中的某一项业务不是太重要，不是核心或关键业务，但对企业的核心竞争力也很关键，且这些业务不能依靠企业的自主开发获得或者不能通过更经济的方式从企业内部取得，但这种业务对于其他企业而言是其核心竞争力所在，则企业可以通过外包的方式从其他专业公司那里获得这种资源。外包战略通过非核心业务的剥离，把有限的资源和精力集中于企业核心能力的发展上，使核心能力得到不断的巩固与提升。在企业资源外包内容的判断选择上，从增强核心竞争力来看，那些具备核心竞争力的产品或服务应由企业内部生产或管理，而将其他的业务外包给在相应领域具备核心竞争力的外包服务商。基于以上分析并结合与核心竞争力的密切关系，可将企业资源划分为三个层次：市场资源、外包资源与核心资源。其中，市场资源是在市场上能购买的标准产品或资源，但对企业产品或服务独特性并无大的贡献；外包资源为企业提供具有特定属性的产品或服务，并影响核心产品或服务的绩效；核心资源是企业最宝贵的资源，指的是培育企业核心产品与核心业务的资源、技术平台。核心竞争力理论告诉我们：企业应首先在有限的企业资源中识别出哪些是具备核心竞争力的，然后加以重点培育与发展，并在此基础上，将那些不具备核心竞争力的业务以外包的形式来解决。通过这种方式，企业实现了与外包服务商的联盟与合作。对企业来讲，企业可以更专注于将有限的资源应用于发展其核心竞争力上，以此为企业开辟发展的道路。财务与会计业务对于很多企业来说并非企业的核心竞争力，很多操作性的业务完全可以从企业中剥离出来，交由外部的专业机构进行打理，企业可以将有限资源用于其具有核心竞争力的范畴，发展核心能力，提高企业的整体竞争力。核心竞争力理论也是对企业业务外包进行分析的核心理论。

1.1.2.5 风险管理理论

风险管理是企业在成本与降低风险收益方面进行考虑后作出的有利于自身的决定，有利于降低成本和提高收益。也就是说，风险管理是以企业实现最大利益为目标，通过对风险与收益进行研究，作出相关决定，从而实现这一目标的过程。

风险管理的方式一般有：识别、评估、驾驭与监控。

1. 风险的识别

风险识别的方法：

第一，对生产流程进行分析的方法。

对生产流程进行分析的方法是指通过对生产流程进行分析，找出企业在生产经营的各个环节中存在的风险隐患。这种分析方法包括风险列举法和流程图法两种。①风险列举法指的是管理风险的有关部门通过对本企业的生产过程进行研究，将生产流程中所有的风险全部列举出来的方法。②流程图法指的是管理风险的有关部门通过分析本企业的生产流程之后，将所有环节进行系统化、顺序化，制定成一张流程图，以图表的方式将企业可能面临的风险表示出来。

第二，对财务表格进行分析的方法。

这种方法是对企业中的营业报告书、损益表、资产负债表以及其他一些有关资料进行科学分析的方法。

第三，保险调查法。

在风险管理的过程中，保险调查的方法一般是用于风险识别这一环节，而这个环节一般也有两种方式：一是通过对保险险种进行分析，企业根据自身的情况选择与自己情况符合的保险类别进行购买，但是这种方法对于不符合保险要求的一部分风险不能起到任何作用。二是通过委托保险机构，分析出企业可能在责任和财产方面面临的风险，同时制定出合理的风险管理方式。

2. 风险的评估

风险评估实际上就是估算、衡量风险，由风险管理人运用科学的方法，对其掌握的统计资料、风险信息及风险的性质进行系统分析和研究，进而确定各项风险的频度和强度，为选择适当的风险处理方法提供依据。风险的评估一般包括以下两个方面：

第一，预测风险的概率。通过资料积累和观察，发现造成损失的规律性。举一个简单的例子：一个时期内，一万栋房屋中有十栋发生火灾，则风险发生的概率是1/1000。由此应对概率高的风险进行重点防范。

第二，预测风险的强度。假设风险发生，导致企业的直接损失和间接损失。对于容易造成直接损失并且损失规模和程度大的风险应重点防范。

3. 风险的驾驭与监控

风险的驾驭与监控常见的方法有：

第一，避免风险，即消极躲避风险。比如为避免火灾可将房屋出售，为避免航空事故可改用陆路运输等，但是这种方式可能会影响企业经营目标的实现。比如为避免生产事故而停止生产，则企业的收益目标无法实现。

第二，预防风险。采取措施消除或者减少风险发生的因素。例如为了防止水灾导致仓库进水，采取增加防洪门、加高防洪堤等措施，可大大减少因水灾导致的损失。

第三，自保风险。企业自己承担风险。途径有：小额损失纳入生产经营成本，损失发生时用企业的收益补偿。针对发生的频率和强度都高的风险建立意外损失基金，损失发生时用它补偿；对于较大的企业，建立专业的自保公司。但是这种方式带来的问题是挤占了企业的资金，降低了资金使用的效率。

第四，转移风险。在危险发生前，通过采取出售、转让、保险等方法，将风险转移出去。

1.2 会计概述

1.2.1 会计的定义及作用

1.2.1.1 会计的定义

会计是以货币为主要计量单位，反映和监督一个单位经济活动的一种经济管理工作。在企业，会计主要反映企业的财务状况、经营成果和现金流量，并对企业经营活动和财务收支进行监督。会计是随着人类社会生产的发展和经济管理的需要而产生、发展并不断完善起来的。人类文明不断进步，社会经济活动不断革新，生产力不断提高，会计的核算内容、核算方法等也得到了较大发展，逐步由简单的计量与记录行为，发展成为以货币单位综合地反映和监督经济活动过程的一种经济管理工作，并在参与单位经营管理决策、提高资源配置效率、促进经济健康持续发展等方面发挥积极作用。

1.2.1.2 会计的作用

会计是现代企业的一项重要的基础性工作，通过一系列会计程序提供决策有用的信息，并积极参与经营管理决策，提高企业经济效益，服务于市场经济的健康有序发展。具体来说，会计在社会主义市场经济中的作用，主要包括以下几个方面。

1. 会计有助于提供决策有用的信息，提高企业透明度，规范企业行为

企业会计通过其反映职能，提供有关企业财务状况、经营成果和现金流量方面的信息。会计信息是包括投资者和债权人在内的各方面进行决策的依据。比如，对于作为企业所有者的投资者来说，他们为了选择投资对象、衡量投资风险、作出投资决策，不仅需要了解企业包括毛利率、总资产收益率、净资产收益率等指标在内的盈利能力和发展

趋势方面的信息，也需要了解有关企业经营情况方面的信息及其所处行业的信息；对于作为债权人的银行来说，他们为了选择贷款对象、衡量贷款风险、作出贷款决策，不仅需要了解企业包括流动比率、速动比率、资产负债率等指标在内的短期偿债能力和长期偿债能力的信息，也需要了解企业所处行业的基本情况及其在同行业所处的地位；对于作为社会经济管理者的政府部门来说，他们为了制定经济政策、进行宏观调控、配置社会资源，需要从总体上掌握企业的资产负债结构、损益状况和现金流转情况，从宏观上把握经济运行的状况和发展变化趋势。所有这一切，都需要会计提供有助于他们进行决策的信息，通过提高会计信息透明度来规范企业会计行为。

2. 会计有助于企业加强经营管理，提高经济效益，促进企业可持续发展

企业经营管理水平的高低直接影响着企业的经济效益、经营成果、竞争能力和发展前景，在一定程度上决定着企业的前途和命运。为了满足企业内部经营管理对会计信息的需要，现代会计已经渗透到企业内部经营管理的各个方面。比如，企业会计通过分析和利用有关企业财务状况、经营成果和现金流量方面的信息，可以全面、系统、总括地了解企业生产经营活动情况、财务状况和经营成果，并在此基础上预测和分析未来发展前景；可以通过会计信息发现过去经营活动中存在的问题，找出存在的差距及原因，并提出改进措施；可以通过预算的分解和落实，建立起内部经济责任制，从而做到目标明确、责任清晰、考核严格、赏罚分明。总之，会计通过真实地反映企业的财务信息，参与经营决策，为处理企业与各方面的关系、考核企业管理人员的经营业绩、落实企业内部管理责任奠定基础，有助于发挥会计工作在加强企业经营管理、提高经济效益方面的积极作用。

3. 会计有助于考核企业管理层经济责任的履行情况

企业接受了包括国家在内的所有投资者和债权人的投资，就有责任按照其预定的发展目标和要求，合理利用资源，加强经营管理，提高经济效益，接受考核和评价。会计信息有助于评价企业的业绩，有助于考核企业管理层经济责任的履行情况。比如，对于作为企业所有者的投资者来说，他们为了了解企业当年度经营活动成果和当年度的资产保值和增值情况，需要将利润表中的净利润与上年度进行对比，以反映企业的盈利发展趋势；需要将其与同行业进行对比，以反映企业在与同行业竞争时所处的位置，从而考核企业管理层经济责任的履行情况。对于作为社会经济管理者的政府部门来说，他们需要了解企业执行计划的能力，需要将资产负债表、利润表和现金流量表中所反映的实际情况与预算进行对比，反映企业完成预算的情况，表明企业执行预算的能力和水平。所有这一切，都需要作为经济管理工作者的会计提供信息。

1.2.2 财务报告目标

财务报告目标在整个财务会计系统和企业会计准则体系中占有十分重要的地位，是构建会计要素确认、计量和报告原则并制定各项准则的基本出发点。

1.2.2.1 财务报告目标的定位

财务报告的目的是通过向外部会计信息使用者提供有用的信息，帮助使用者作出相关决策。承担这一信息载体和功能的便是企业编制的财务报告，它是财务会计确认和计

量的最终成果，也是沟通企业管理层与外部信息使用者之间的桥梁和纽带。因此，财务报告的目标定位十分重要。

(1)财务报告的目标定位决定着财务报告应当向谁提供有用的会计信息，应当保护谁的经济利益。这既是财务报告编制的出发点，也是企业会计准则建设与发展的立足点。因此，需要清楚界定企业财务报告的使用者具有哪些特征，进行什么样的经济决策，在决策过程中需要什么样的会计信息等。在这种情况下，财务报告“按需定产”，为使用者提供有用信息，不仅可以有效地调和企业管理层与外部信息使用者之间的关系，还可以提高使用者的决策水平与质量，降低资金成本，提高市场效率。

(2)财务报告的目标定位决定着财务报告所要求的会计信息的质量特征，决定着会计要素的确认与计量原则，是财务会计系统的核心与灵魂。财务报告目标有经管责任观和决策有用观两种观点，在经管责任观下，会计信息更多地强调可靠性，会计计量主要采用历史成本法；在决策有用观下，会计信息更多地强调相关性，会计计量在坚持历史成本外，如果采用其他计量属性能够提供更多相关信息的话，会较多地采用除历史成本法之外的其他计量属性。因此，财务报告的目标定位直接决定着整个财务会计系统的构造，包括会计要素的确认、计量和报告等诸方面。

(3)财务报告的目标定位决定着财务会计未来发展的方向。财务会计作为反映经济交易或者事项的一门科学，从来都是随着经济环境的变化而不断发展演化的，尤其随着现代公司制的建立、资本市场的发展和技术革新的加剧，财务会计理论和实务更是以惊人的速度向前发展，相应地，会计准则的发展与变化也是日新月异，国际与国内的实践都证明了这一点。例如，美国会计准则在发展早期目标不明，几度波折，后来逐渐认识到财务会计概念框架尤其是财务报告目标的重要性，因此，美国财务会计准则委员会于20世纪70年代末、80年代初先后发布了4项财务会计概念公告，其中，第一项概念公告即为《财务报告的目标》。其对财务报告目标的清晰定位使多年来美国关于财务报告目标的争论和财务会计发展方向问题尘埃落定，美国会计准则也催生了美国资本市场数十年的繁荣与发展，为美国资本市场的长足发展打下了坚实基础。我国也是如此，从传统计划经济条件下的会计信息主要服务于国家宏观经济管理的需要，到随着我国市场经济的发展和完善，在基本准则中将财务报告目标明确定位，从而为各项会计准则的制定奠定了良好基础，也为未来财务会计的发展和会计准则体系的完善确立了方向。

1.2.2.2 财务报告目标的主要内容

我国企业财务报告的目标，是向财务报告使用者提供与企业财务状况、经营成果和现金流量等有关的会计信息，反映企业管理层受托责任履行情况，为财务报告使用者作出经济决策提供信息。

财务报告使用者主要包括投资者、债权人、政府及其有关部门和社会公众等。满足投资者的信息需要是企业财务报告编制的首要出发点。将投资者作为企业财务报告的首要使用者，凸显了投资者的地位，体现了保护投资者利益的要求，是市场经济发展的必然。如果企业在财务报告中提供的会计信息与投资者的决策无关，那么财务报告就失去了其编制的意义。根据“投资者决策有用”目标，财务报告所提供的信息应当如实反映企业所拥有或者控制的经济资源、对经济资源的要求权以及经济资源及其要求权的变化情况；如实反映企业的各项收入、费用、利得和损失的金额及其变动情况；如实反映企业各项经营活动、投资活动和筹资活动等所形成的现金流入和现金流出情况等，从而有助于现在的或者潜在的投资者正确、合理地评价企业的资产质量、偿债能力、盈利能力和营运效率等。财务报告有助于投资者根据相关会计信息作出理性的投资决策；有助于投资者评估与投资有关的未来现金流量的金额、时间和风险等。

除了投资者之外，企业财务报告的使用者还有债权人、政府及有关部门、社会公众等。例如，企业贷款人、供应商等债权人通常十分关心企业的偿债能力和财务风险，他们需要信息来评估企业能否如期支付贷款本金及其利息，能否如期支付所欠购货款等；政府及其有关部门作为经济管理和经济监管部门，通常关心经济资源分配的公平、合理，市场经济秩序的公正、有序，宏观决策所依据信息的真实可靠等，因此，他们需要信息来监管企业的有关活动（尤其是经济活动），制定税收政策进行税收征管，进行国民经济统计等；社会公众也关心企业的生产经营活动，包括对其所在地经济作出的贡献，如增加就业、刺激消费、提供社区服务等。因此，在财务报告中提供有关企业发展前景及其能力、经营效益及其效率等方面的信息，可以满足社会公众的信息需要。当然，这些使用者的许多信息需求是共同的。由于投资者是企业资本的主要提供者，通常情况下，如果财务报告能够满足这一群体的会计信息需求，也可以满足其他使用者的大部分信息需求。

现代企业制度强调企业所有权和经营权相分离，企业管理层是受委托人之托经营管理企业及其各项资产，负有受托责任。即企业管理层所经营管理的企业各项资产基本上均为投资者投入的资本（或者留存收益作为再投资），或者向债权人借入的资金所形成的，企业管理层有责任妥善保管并合理、有效运用这些资产。企业投资者和债权人等需要及时或者经常性地了解企业管理层保管、使用资产的情况，以便于评价企业管理层的责任情况和业绩情况，并决定是否需要调整投资或者信贷政策，是否需要加强企业内部控制和其他制度建设，是否需要更换管理层，等。因此，财务报告应当反映企业管理层受托责任的履行情况，以有助于外部投资者和债权人等评价企业的经营管理责任和资源使用的有效性。

1.2.3 会计基本假设

会计基本假设是企业会计确认、计量和报告的前提，是对会计核算所处时间、空间环境等所作的合理设定。会计基本假设包括会计主体、持续经营、会计分期和货币计量。

1.2.3.1 会计主体

会计主体是指会计所核算和监督的特定单位或组织。它规定了企业会计确认、计量和报告的空间范围。会计核算和财务报告的编制应当集中于反映特定对象的活动，并将其与其他经济实体区别开来，才能实现财务报告的目标。

在会计主体假设下，企业应当对其本身发生的交易或者事项进行会计确认、计量和报告，反映企业本身所从事的各项生产经营活动。明确界定会计主体是开展会计确认、计量和报告工作的重要前提。

明确会计主体，才能划定会计所要处理的各项交易或事项的范围。在会计工作中，只有那些影响企业本身经济利益的交易或事项才能加以确认、计量和报告，那些不影响企业本身经济利益的交易或事项则不能加以确认、计量和报告。会计工作中通常所讲的资产、负债的确认，收入的实现，费用的发生等，都是针对特定会计主体而言的。

明确会计主体，才能将会计主体的交易或者事项与会计主体所有者的交易或者事项以及其他会计主体的交易或者事项区分开来。例如，企业所有者的经济交易或者事项是属于企业所有者主体所发生的，不应纳入企业会计核算的范围，但是企业所有者投入到企业的资本或者企业向所有者分配的利润，则属于企业主体所发生的交易或者事项，应当纳入企业会计核算的范围。

会计主体不同于法律主体。一般来说，法律主体必然是一个会计主体。例如，一个企业作为一个法律主体，应当建立财务会计系统，独立反映其财务状况、经营成果和现金流量。但是会计主体不一定是法律主体。例如，在企业集团的情况下，一个母公司拥有若干子公司，母子公司虽然是不同的法律主体，但是母公司对于子公司拥有控制权，为了全面反映企业集团的财务状况、经营成果和现金流量，就有必要将企业集团作为一个会计主体，编制合并财务报表。再如，由企业管理的证券投资基金、企业年金基金等，尽管不属于法律主体，但属于会计主体，企业应当对每项基金进行会计确认、计量和报告。

1.2.3.2 持续经营

持续经营是指在可以预见的将来，企业将会按当前的规模和状态继续经营下去，不会停业，也不会大规模削减业务。在持续经营前提下，会计确认、计量和报告应当以企业持续、正常的生产经营活动为前提。

企业是否持续经营，在会计原则、会计方法的选择上有很大差别。一般情况下，应当假定企业将会按照当前的规模和状态继续经营下去。明确这个基本假设，就意味着会计主体将按照既定用途使用资产，按照既定的合约条件清偿债务，会计人员就可以在此基础上选择会计原则和会计方法。如果判断企业会持续经营，就可以假定企业的固定资产会在持续经营的生产经营过程中长期发挥作用，并服务于生产经营过程，固定资产就可以根据历史成本进行记录，并采用折旧的方法，将历史成本分摊到各个会计期间或相关产品的成本中。如果判断企业不会持续经营，固定资产就不应采用历史成本进行记录并按期计提折旧。

例 1－1 某企业购入一条生产线，预计使用寿命为10年，考虑到企业将会持续经营下去，因此可以假定企业的固定资产会在持续经营的生产经营过程中长期发挥作用，并服务于生产经营过程，即不断地为企业生产产品，直至生产线使用寿命结束。为此固定资产就应当根据历史成本进行记录，并采用折旧的方法，将历史成本分摊到预计使用寿命（本例为10年）期间所生产的相关产品成本中。

如果一个企业在不能持续经营时还假定企业能够持续经营，并仍按持续经营基本假设选择会计确认、计量和报告原则与方法，就不能客观地反映企业的财务状况、经营成果和现金流量，会误导会计信息使用者的经济决策。

1.2.3.3 会计分期

会计分期是指将一个企业持续经营的生产经营活动划分为一个个连续的、长短相同的期间。会计分期的目的，在于通过会计期间的划分，将持续经营的生产经营活动划分成连续、相等的期间，据以结算盈亏，按期编报财务报告，从而及时向财务报告使用者提供有关企业财务状况、经营成果和现金流量的信息。

在会计分期假设下，企业应当划分会计期间，分期结算账目和编制财务报告。会计期间通常分为年度和中期。中期，是指短于一个完整的会计年度的报告期间。

根据持续经营假设，一个企业将按当前的规模和状态持续经营下去。但是，无论是企业的生产经营决策还是投资者、债权人等的决策都需要及时的信息，都需要将企业持续的生产经营活动划分为一个个连续的、长短相同的期间，分期确认、计量和报告企业的财务状况、经营成果和现金流量。明确会计分期假设意义重大，由于会计分期，才产生了当期与以前期间、以后期间的差别，才使不同类型的会计主体有了记账的基准，进而出现了折旧、摊销等会计处理方法。

1.2.3.4 货币计量

货币计量是指会计主体在财务会计确认、计量和报告时以货币计量，反映会计主体的生产经营活动。

在会计的确认、计量和报告过程中之所以选择货币为基础进行计量，是由货币的本身属性决定的。货币是商品的一般等价物，是衡量一般商品价值的共同尺度，具有价值尺度、流通手段、贮藏手段和支付手段等特点。其他计量单位，如重量、长度、容积、台、件等，只能从一个侧面反映企业的生产经营情况，无法在量上进行汇总和比较，不便于会计计量和经营管理，只有选择货币尺度进行计量，才能充分反映企业的生产经营情况，所以，企业会计基本准则规定，会计确认、计量和报告选择货币作为计量单位。

在有些情况下，统一采用货币计量也有缺陷，某些影响企业财务状况和经营成果的因素，如企业经营战略、研发能力、市场竞争力等，往往难以用货币来计量，但这些信息对于使用者决策来讲也很重要，为此，企业可以在财务报告中补充披露有关非财务信息来弥补上述缺陷。

1.2.4 会计基础

企业会计的确认、计量和报告应当以权责发生制为基础。权责发生制要求，凡是当期已经实现的收入和已经发生或应当负担的费用，无论款项是否收付，都应当作为当期的收入和费用，计入利润表；凡是不属于当期的收入和费用，即使款项已在当期收付，也不应当作为当期的收入和费用。

在实务中，企业交易或者事项的发生时间与相关货币收支时间有时并不完全一致。例如，款项已经收到，但销售并未实现；或者款项已经支付，但并不是为本期生产经营活动而发生的。为了更加真实、公允地反映特定会计期间的财务状况和经营成果，企业会计基本准则明确规定，企业在会计确认、计量和报告中应当以权责发生制为基础。

收付实现制是与权责发生制相对应的一种会计基础，它是以收到或支付的现金作为确认收入和费用等的依据。目前，我国的行政单位会计采用收付实现制，事业单位会计除经营业务可以采用权责发生制外，其他大部分业务采用收付实现制。

1.2.5 财务报告

1.2.5.1 财务报告及其编制

财务报告是企业对外提供的反映企业某一特定日期的财务状况和某一会计期间的经营成果、现金流量等会计信息的文件。

根据财务报告的定义，财务报告具有以下几层含义：一是财务报告应当是对外报告，其服务对象主要是投资者、债权人等外部使用者，专门为了内部管理需要的、特定目的的报告不属于财务报告的范畴；二是财务报告应当综合反映企业的生产经营状况，包括某一时点的财务状况和某一时期的经营成果与现金流量等信息，以勾画出企业财务的整体和全貌；三是财务报告必须形成一个系统的文件，不应是零星的或者不完整的信息。

财务报告是企业财务会计确认与计量的最终结果体现，投资者等会计信息使用者主要通过财务报告来了解企业当前的财务状况、经营成果和现金流量等情况，从而预测未来的发展趋势。因此，财务报告是向投资者等会计信息使用者提供决策有用信息的媒介和渠道，是沟通投资者、债权人等会计信息使用者与企业管理层之间信息的桥梁和纽带。

随着我国改革开放的深入和市场经济体制的完善，财务报告的作用日益突出，我国会计法、公司法、证券法等出于保护投资者、债权人等利益的需要，也规定企业应当定期编报财务报告。

1.2.5.2 财务报告的构成

财务报告包括财务报表和其他应当在财务报告中披露的相关信息和资料。其中，财务报表由报表本身及其附注两部分构成，附注是财务报表的有机组成部分，而报表至少应当包括资产负债表、利润表和现金流量表等报表。考虑到小企业规模较小，外部信息需求相对较低。因此，小企业编制的报表可以不包括现金流量表。全面执行企业会计准则体系的企业所编制的财务报表，还应当包括所有者权益(股东权益)变动表。

资产负债表是反映企业在某一特定日期的财务状况的会计报表。企业编制资产负债表的目的是通过如实反映企业的资产、负债和所有者权益金额及其结构情况，有助于使用者评价企业资产的质量以及短期偿债能力、长期偿债能力和利润分配能力等。

利润表是反映企业在一定会计期间的经营成果的会计报表。企业编制利润表的目的是通过如实反映企业实现的收入、发生的费用、应当计入当期利润的利得和损失以及其他综合收益等金额及其结构情况，有助于使用者分析评价企业的盈利能力及其构成与质量。

现金流量表是反映企业在一定会计期间的现金和现金等价物流入和流出的会计报表。企业编制现金流量表的目的是通过如实反映企业各项活动的现金流入、流出情况，有助于使用者评价企业的现金流和资金周转情况。

附注是对在财务报表中列示项目所作的进一步说明，以及对未能在这些报表中列示项目的说明等。企业编制附注的目的是通过对财务报表本身作补充说明，以更加全面、系统地反映企业财务状况、经营成果和现金流量的全貌，有助于向使用者提供更为有用的信息，使用者据以作出更加科学合理的决策。

财务报表是财务报告的核心内容，但是除了财务报表之外，财务报告还应当包括其他相关信息，具体可以根据有关法律法规的规定和外部使用者的信息需求而定。例如，企业可以在财务报告中披露其承担的社会责任、对社区的贡献、可持续发展能力等信息，这些信息与使用者的决策也是相关的，尽管属于非财务信息，无法包括在财务报表中，但是如果有规定或者使用者有需求的，企业应当在财务报告中予以披露，有时企业也可以自愿在财务报告中披露相关信息。

1.3 会计信息质量要求

会计信息质量要求是对企业财务报告中所提供会计信息质量的基本要求，是使财务报告中所提供会计信息对投资者等会计信息使用者决策有用而应具备的基本特征，它主要包括可靠性、相关性、可理解性、可比性、实质重于形式、重要性、谨慎性和及时性等。

1.3.1 可靠性

可靠性要求企业应当以实际发生的交易或者事项为依据进行确认、计量和报告，如实反映符合确认和计量要求的各项会计要素及其他相关信息，保证会计信息真实可靠、内容完整。

会计信息要有用，必须以可靠性为基础，如果财务报告所提供的会计信息是不可靠的，就会给投资者等会计信息使用者的决策产生误导甚至造成损失。为了贯彻可靠性要求，企业应当做到：

(1)以实际发生的交易或者事项为依据进行确认、计量，将符合会计要素定义及其确认条件的资产、负债、所有者权益、收入、费用和利润等如实反映在财务报表中，不得根据虚构的、没有发生的或者尚未发生的交易或者事项进行确认、计量和报告。

(2)在符合重要性和成本效益原则的前提下，保证会计信息的完整性，其中包括应当编报的报表及其附注内容等应当保持完整，不能随意遗漏或者减少应予披露的信息，与使用者决策相关的有用信息都应当充分披露。

(3)包括在财务报告中的会计信息应当是中立的，无偏的。如果企业在财务报告中为了达到事先设定的结果或效果，通过选择或列示有关会计信息以影响决策和判断的，这样的财务报告信息就不是中立的。

例1-2 某公司于2013年年末发现公司销售萎缩，无法实现年初确定的销售收入目标，但考虑到在2014年春节前后，公司销售可能会出现较大幅度的增长，公司为此提前预计库存商品销售，在2013年年末制作了若干存货出库凭证，并确认销售收入实现。公司这种处理不是以其实际发生的交易事项为依据，而是虚构交易事项，违背了会计信息质量要求的可靠性原则，也违背了我国会计法的规定。

1.3.2 相关性

相关性要求企业提供的会计信息应当与投资者等财务报告使用者的经济决策需要相关，有助于投资者等财务报告使用者对企业过去、现在或者未来的情况作出评价或者预测。

会计信息是否有用、是否具有价值，关键是看其与使用者的决策需要是否相关，是否有助于决策或者提高决策水平。相关的会计信息应当能够有助于使用者评价企业过去的决策，证实或者修正过去的有关预测，因而具有反馈价值。相关的会计信息还应当具有预测价值，有助于使用者根据财务报告所提供的会计信息预测企业未来的财务状况、经营成果和现金流量。例如，区分收入和利得、费用和损失，区分流动资产和非流动资产、流动负债和非流动负债，以及适度引入公允价值等，都可以提高会计信息的预测价值，进而提升会计信息的相关性。

会计信息质量的相关性要求，需要企业在确认、计量和报告会计信息的过程中，充分考虑使用者的决策模式和信息需要。但是，相关性是以可靠性为基础的，两者之间并不矛盾，不应将两者对立起来。也就是说，会计信息在可靠性前提下，尽可能地做到相关性，以满足投资者等财务报告使用者的决策需要。

1.3.3 可理解性

可理解性要求企业提供的会计信息应当清晰明了，便于投资者等财务报告使用者理解和使用。

企业编制财务报告、提供会计信息的目的在于使用，而要使使用者有效使用会计信息，应当能让其了解会计信息的内涵，弄懂会计信息的内容，这就要求财务报告所提供的会计信息应当清晰明了，易于理解。只有这样，才能提高会计信息的有用性，实现财务报告的目标，满足向投资者等财务报告使用者提供决策有用信息的要求。

会计信息毕竟是一种专业性较强的信息产品，在强调会计信息的可理解性要求的同时，还应假定使用者具有一定的有关企业经营活动和会计方面的知识，并且愿意付出努力去研究这些信息。对于某些复杂的信息，如交易本身较为复杂或者会计处理较为复杂，但其对使用者的经济决策来说是相关的，企业就应当在财务报告中予以充分披露。

1.3.4 可比性

可比性要求企业提供的会计信息应当相互可比，主要包括两层含义。

第一，可比性要求企业提供的会计信息便于投资者等财务报告使用者了解企业财务状况、经营成果和现金流量的变化趋势，比较企业在不同时期的财务报告信息，全面、客观地评价过去、预测未来，从而作出决策。即会计信息质量的可比性要求同一企业对不同时期发生的相同或者相似的交易或者事项，应当采用一致的会计政策，不得随意变更。但是，满足会计信息可比性要求，并非表明企业不得变更会计政策，如果按照规定或者在会计政策变更后企业可以提供更可靠、更相关的会计信息的，可以变更会计政策。有关会计政策变更的情况，应当在附注中予以说明。

第二，为了便于投资者等财务报告使用者评价不同企业的财务状况、经营成果和现金流量及其变动情况，会计信息质量的可比性要求不同企业对同一会计期间发生的相同或者相似的交易或者事项，应当采用规定的会计政策，确保会计信息口径一致、相互可比，以使不同企业按照一致的确认、计量和报告要求提供有关会计信息。

1.3.5 实质重于形式

实质重于形式要求企业应当按照交易或者事项的经济实质进行会计确认、计量和报告，不仅仅以交易或者事项的法律形式为依据。

企业发生的交易或事项在多数情况下，其经济实质和法律形式是一致的。但在有些情况下，会出现不一致。

例如，以融资租赁方式租入的资产，虽然从法律形式上来讲企业并不拥有其所有权，但是由于租赁合同中规定的租赁期相当长，接近于该资产的使用寿命；租赁期结束时承租企业有优先购买该资产的选择权；在租赁期内承租企业有权支配资产并从中受益；等，因此，从其经济实质来看，企业能够控制融资租入资产所创造的未来经济利益。因此在会计确认、计量和报告上就应当将以融资租赁方式租入的资产视为企业的资产，列入企业的资产负债表。

又如，企业按照销售合同销售商品但又签订了售后回购协议，虽然从法律形式上实现了收入，但如果企业没有将商品所有权上的主要风险和报酬转移给购货方，没有满足收入确认的各项条件，即使签订了商品销售合同或者已将商品交付给购货方，也不应当确认销售收入。

1.3.6 重要性

重要性要求企业提供的会计信息应当反映与企业财务状况、经营成果和现金流量有关的所有重要交易或者事项。

在实务中，如果会计信息的省略或者错报会影响投资者等财务报告使用者据此作出决策的，该信息就具有重要性。重要性的应用需要依赖职业判断，企业应当根据其所处环境和实际情况，从项目的性质和金额大小两方面加以判断。

例如，我国上市公司要求对外提供季度财务报告，考虑到季度财务报告披露的时间较短，从成本效益原则考虑，季度财务报告没有必要像年度财务报告那样披露详细的附注信息。因此，中期财务报告准则规定，公司季度财务报告附注应当以年初至本中期末为基础编制，披露自上年度资产负债表日之后发生的、有助于理解企业财务状况、经营成果和现金流量变化情况的重要交易或者事项。这种附注披露，就体现了会计信息质量的重要性要求。

1.3.7 谨慎性

谨慎性要求企业对交易或者事项进行会计确认、计量和报告时应当保持应有的谨慎，不应高估资产或者收益、低估负债或者费用。

在市场经济环境下，企业的生产经营活动面临着许多风险和不确定性，如应收款项的可收回性、固定资产的使用寿命、无形资产的使用寿命、售出存货可能发生的退货或者返修等。会计信息质量的谨慎性要求，需要企业在面临不确定性因素的情况下作出职业判断时应当保持应有的谨慎，充分估计到各种风险和损失，既不高估资产或者收益，也不低估负债或者费用。例如，要求企业对可能发生的资产减值损失计提资产减值准备、对售出商品可能发生的保修义务等确认预计负债等，就体现了会计信息质量的谨慎性要求。

谨慎性的应用，并非允许企业设置秘密准备。如果企业故意低估资产或者收益，或者故意高估负债或者费用，则不符合会计信息的可靠性和相关性要求，会损害会计信息质量，扭曲企业实际的财务状况和经营成果，从而对使用者的决策产生误导，这是不符合会计准则要求的。

1.3.8 及时性

及时性要求企业对于已经发生的交易或者事项，应当及时进行确认、计量和报告，不得提前或者延后。

会计信息的价值在于帮助财务报告使用者或者其他方面作出经济决策，具有时效性。即使是可靠、相关的会计信息，如果不及时提供，就失去了时效性，对于使用者的效用就大大降低，甚至不再具有实际意义。在会计确认、计量和报告过程中贯彻及时性，一是要求及时收集会计信息，即在经济交易或者事项发生后，及时收集整理各种原始单据或者凭证；二是要求及时处理会计信息，即按照会计准则的规定，及时对经济交易或者事项进行确认或者计量，并编制财务报告；三是要求及时传递会计信息，即按照国家规定的有关时限，及时地将编制的财务报告传递给财务报告使用者，便于其及时使用和决策。

在实务中，为了及时提供会计信息，可能企业会在有关交易或者事项的重要信息全部获得之后再进行会计处理，这样就满足了会计信息的及时性要求，但可能会影响会计信息的可靠性；反之，如果企业等到与交易或者事项有关的全部信息获得之后再进行会计处理，这样的信息披露可能会由于时效问题，使投资者等财务报告使用者决策的有用性大大降低，这就需要在及时性和可靠性之间作相应选择，以最好地满足投资者等财务报告使用者的经济决策需要为判断标准。

1.4 会计要素及其确认与计量原则

会计要素是根据交易或者事项的经济特征所确定的财务会计对象的基本分类。会计要素按照其性质分为资产、负债、所有者权益、收入、费用和利润，其中，资产、负债和所有者权益要素侧重于反映企业的财务状况，收入、费用和利润要素侧重于反映企业的经营成果。会计要素的界定和分类可以使财务会计系统更加科学严密，为投资者等财务报告使用者提供更加有用的信息。

1.4.1 资产的定义及其确认条件

1.4.1.1 资产的定义

资产是指企业过去的交易或者事项形成的，由企业拥有或者控制的，预期会给企业带来经济利益的资源。根据资产的定义，资产具有以下几个方面的特征。

1. 资产预期会给企业带来经济利益

资产预期会给企业带来经济利益，是指资产直接或者间接导致现金和现金等价物流入企业的潜力。这种潜力可以来自企业日常的生产经营活动，也可以是非日常活动；带来的经济利益可以是现金或者现金等价物，或者是可以转化为现金或者现金等价物的形式，或者是可以减少现金或者现金等价物流出的形式。

资产预期会为企业带来经济利益是资产的重要特征。例如，企业采购的原材料、购置的固定资产等可以用于生产经营过程，制造商品或者提供劳务，对外出售后收回货款，货款即为企业所获得的经济利益。如果某一项目预期不能给企业带来经济利益，那么就不能将其确认为企业的资产。前期已经确认为资产的项目，如果不能再为企业带来经济利益的，也不能再确认为企业的资产。

例1－3 某企业在2013年年末盘点存货时，发现了价值100万元的存货已毁损，企业以该存货管理责任不清为由，将毁损的存货继续挂账，并在资产负债表中作为流动资产予以反映。这种做法是错误的。由于该存货已经毁损，预期不能为企业带来经济利益，不符合资产的定义，不应再在资产负债表中确认为一项资产。

2. 资产应为企业拥有或者控制的资源

资产作为一项资源，应当由企业拥有或者控制。其具体是指企业享有某项资源的所有权，或者虽然不享有某项资源的所有权，但该资源能被企业所控制。

企业享有资产的所有权，通常表明企业能够排他地从资产中获取经济利益，通常在判断资产是否存在时，所有权是考虑的首要因素。在有些情况下，资产虽然不为企业所拥有，即企业并不享有其所有权，但企业控制了这些资产，同样表明企业能够从资产中获取经济利益，符合会计上对资产的定义。如果企业既不拥有也不能控制资产所能带来的经济利益，就不能将其作为企业的资产予以确认。

例1－4 某企业以融资租赁方式租入一项固定资产，尽管企业并不拥有其所有权，但是如果租赁合同规定的租赁期相当长，接近于该资产的使用寿命，企业控制了该资产的使用及其所能带来的经济利益的，应当将其作为企业资产予以确认、计量和报告。

3. 资产是由企业过去的交易或者事项形成的

资产应当由企业过去的交易或者事项所形成，过去的交易或者事项包括购买、生产、建造行为或者其他交易或事项。换句话说，只有过去的交易或者事项才能产生资产，企业预期在未来发生的交易或者事项不形成资产。例如，企业有购买某存货的意愿或者计划，但是购买行为尚未发生，就不符合资产的定义，不能因此而确认存货资产。

例1－5 广州华融公司和某施工单位签订了一项厂房建造合同，建造合同尚未履行，即建造行为尚未发生，因此不符合资产的定义，广州华融公司不能因此而确认在建工程或者固定资产。

1.4.1.2 资产的确认条件

将一项资源确认为资产，需要符合资产的定义，还应同时满足以下两个条件。

1. 与该资源有关的经济利益很可能流入企业

从资产的定义可以看到，能否带来经济利益是资产的一个本质特征，但在现实生活中，由于经济环境瞬息万变，与资源有关的经济利益能否流入企业或者能够流入多少实际上带有不确定性。因此，资产的确认还应与经济利益流入的不确定性程度的判断结合起来，如果根据编制财务报表时所取得的证据，与资源有关的经济利益很可能流入企业，那么就应当将其作为资产予以确认；反之不能确认为资产。例如，某企业赊销一批商品给某一客户，从而形成了对该客户的应收账款，由于企业最终收到款项与销售实现之间有时间差，而且收款又在未来期间，因此带有一定的不确定性，如果企业在销售时判断未来很可能收到款项或者能够确定收到款项，企业就应当将该应收账款确认为一项资产；如果企业判断在通常情况下很可能部分或者全部无法收回，表明该部分或者全部应收账款已经不符合资产的确认条件，应当计提坏账准备，减少资产的价值。

2. 该资源的成本或者价值能够可靠地计量

财务会计系统是一个确认、计量和报告的系统，其中计量起着枢纽作用，可计量性是所有会计要素确认的重要前提，资产的确认也是如此。只有当有关资源的成本或者价值能够可靠地计量时，资产才能予以确认。在实务中，企业取得的许多资产都是发生了实际成本的。例如，企业购买或者生产的存货，企业购置的厂房或者设备等，对于这些资产，只要实际发生的购买成本或者生产成本能够可靠地计量，就视为符合了资产确认的可计量条件。在某些情况下，企业取得的资产没有发生实际成本或者发生的实际成本很小，例如，企业持有的某些衍生金融工具形成的资产，对于这些资产，尽管它们没有实际成本或者发生的实际成本很小，但是如果其公允价值能够可靠地计量的话，也被认为符合了资产可计量性的确认条件。

1.4.2 负债的定义及其确认条件

1.4.2.1 负债的定义

负债是指企业过去的交易或者事项形成的，预期会导致经济利益流出企业的现时义务。根据负债的定义，负债具有以下几个方面的特征。

1. 负债是企业承担的现时义务

负债必须是企业承担的现时义务，它是负债的一个基本特征。其中，现时义务是指企业在现行条件下已承担的义务。未来发生的交易或者事项形成的义务，不属于现时义务，不应当确认为负债。这里所指的义务可以是法定义务，也可以是推定义务。其中法定义务是指具有约束力的合同或者法律法规规定的义务，通常在法律意义上需要强制执行。例如，企业购买原材料形成应付账款，企业向银行贷入款项形成借款，企业按照税法规定应当交纳的税款等，均属于企业承担的法定义务，需要依法予以偿还。推定义务是指根据企业多年来的习惯做法、公开的承诺或者公开宣布的政策而导致企业将承担的责任，这些责任也使有关各方形成了企业将履行义务解脱责任的合理预期。例如，某企业多年来制定有一项销售政策，对于售出商品提供一定期限内的售后保修服务，预期将为售出商品提供的保修服务就属于推定义务，应当将其确认为一项负债。

2. 负债预期会导致经济利益流出企业

预期会导致经济利益流出企业也是负债的一个本质特征，只有企业在履行义务时会导致经济利益流出企业的，才符合负债的定义，如果不会导致企业经济利益流出的，就不符合负债的定义。在履行现时义务清偿负债时，导致经济利益流出企业的形式多种多样。例如，用现金偿还或以实物资产形式偿还；以提供劳务形式偿还；部分转移资产、部分提供劳务形式偿还；将负债转为资本；等等。

3. 负债是由企业过去的交易或者事项形成的

负债应当由企业过去的交易或者事项所形成。换句话说，只有过去的交易或者事项才形成负债，企业将在未来发生的承诺、签订的合同等交易或者事项，不形成负债。

例1－6 某企业向银行借款1 500万元，即属于过去的交易或者事项所形成的负债。企业同时还与银行达成了两个月后借入2 000万元的借款意向书，该交易就不属于过去的交易或者事项，不应形成企业的负债。

1.4.2.2 负债的确认条件

将一项现时义务确认为负债，需要符合负债的定义，还需要同时满足以下两个条件。

1. 与该义务有关的经济利益很可能流出企业

从负债的定义可以看到，预期会导致经济利益流出企业是负债的一个本质特征。在实务中，履行义务所需流出的经济利益带有不确定性，尤其是与推定义务相关的经济利益通常需要依赖于大量的估计。因此，负债的确认应当与经济利益流出的不确定性程度的判断结合起来，如果有确凿证据表明，与现时义务有关的经济利益很可能流出企业，就应当将其作为负债予以确认；反之，如果企业承担了现时义务，但是会导致企业经济利益流出的可能性很小，就不符合负债的确认条件，不应将其作为负债予以确认。

2. 未来流出的经济利益的金额能够可靠地计量

负债的确认在考虑经济利益流出企业的同时，对于未来流出的经济利益的金额应当能够可靠地计量。对于与法定义务有关的经济利益流出金额，通常可以根据合同或者法律规定的金额予以确定，考虑到经济利益流出的金额通常在未来期间，有时未来期间较长，有关金额的计量需要考虑货币时间价值等因素的影响。对于与推定义务有关的经济利益流出金额，企业应当根据履行相关义务所需支出的最佳估计数进行估计，并综合考虑有关货币的时间价值、风险等因素的影响。

1.4.3 所有者权益的定义及其确认条件

1.4.3.1 所有者权益的定义

所有者权益是指企业资产扣除负债后，由所有者享有的剩余权益。公司的所有者权益又称为股东权益。所有者权益是所有者对企业资产的剩余索取权，它是企业资产中扣除债权人权益后应由所有者享有的部分，既可反映所有者投入资本的保值增值情况，又体现了保护债权人权益的理念。

1.4.3.2 所有者权益的来源构成

所有者权益的来源包括所有者投入的资本、直接计入所有者权益的利得和损失、留存收益等，通常由股本或实收资本、资本公积(含股本溢价或资本溢价、其他资本公积)、盈余公积和未分配利润构成。商业银行等金融企业在税后利润中提取的一般风险准备，也构成所有者权益。

所有者投入的资本是指所有者所有投入企业的资本部分，它既包括构成企业注册资本或者股本部分的金额；也包括投入资本超过注册资本或者股本部分的金额，即资本溢价或者股本溢价。资本溢价或股本溢价这部分投入资本在我国企业会计准则体系中被计入了资本公积，并在资产负债表中的资本公积项目下反映。

直接计入所有者权益的利得和损失，是指不应计入当期损益、会导致所有者权益发生增减变动的、与所有者投入资本或者向所有者分配利润无关的利得或者损失。其中，利得是指由企业非日常活动所形成的、会导致所有者权益增加的、与所有者投入资本无关的经济利益的流入；损失是指由企业非日常活动所发生的、会导致所有者权益减少的、与向所有者分配利润无关的经济利益的流出。直接计入所有者权益的利得和损失主要包括可供出售金融资产的公允价值变动额、现金流量套期中套期工具公允价值变动额(有效套期部分)等。

留存收益是企业历年实现的净利润留存于企业的部分，主要包括累计计提的盈余公积和未分配利润。

1.4.3.3 所有者权益的确认条件

所有者权益体现的是所有者在企业中的剩余权益，因此，所有者权益的确认主要依赖于其他会计要素，尤其是资产和负债的确认；所有者权益金额的确定也主要取决于资产和负债的计量。例如，企业接受投资者投入的资产，在该资产符合企业资产确认条件时，就相应地符合了所有者权益的确认条件；当该资产的价值能够可靠计量时，所有者权益的金额也就可以确定。

1.4.4 收入的定义及其确认条件

1.4.4.1 收入的定义

收入是指企业在日常活动中形成的、会导致所有者权益增加的、与所有者投入资本无关的经济利益的总流入。根据收入的定义，收入具有以下几方面的特征。

1. 收入是企业在日常活动中形成的

日常活动是指企业为完成其经营目标所从事的经常性活动以及与之相关的活动。例如，工业企业制造并销售产品、商业企业销售商品、保险公司签发保单、咨询公司提供咨询服务、软件企业为客户开发软件、安装公司提供安装服务、商业银行对外贷款、租赁公司出租资产等，均属于企业的日常活动。明确界定日常活动是为了将收入与利得相区分，因为企业非日常活动所形成的经济利益的流入不能确认为收入，而应当计入利得。

2. 收入是与所有者投入资本无关的经济利益的总流入

收入应当会导致经济利益的流入，从而导致资产的增加。例如，企业销售商品，应当在收到现金或者确认在未来有权收到现金时，才表明该交易符合收入的定义。但是在实务中，经济利益的流入有时是所有者投入资本的增加所导致的，所有者投入资本的增加不应当确认为收入，应当将其直接确认为所有者权益。

3. 收入会导致所有者权益的增加

与收入相关的经济利益的流入应当会导致所有者权益的增加，不会导致所有者权益增加的经济利益的流入不符合收入的定义，不应确认为收入。例如，企业向银行借入款项，尽管也导致了企业经济利益的流入，但该流入并不导致所有者权益的增加，反而使企业承担了一项现时义务。企业对于因借入款项所导致的经济利益的增加，不应将其确认为收入，应当确认为一项负债。

1.4.4.2 收入的确认条件

企业收入的来源渠道多种多样，不同收入来源的特征有所不同，其收入确认条件也往往存在差别，如销售商品、提供劳务、让渡资产使用权等。一般而言，收入只有在经济利益很可能流入从而导致企业资产增加或者负债减少、且经济利益的流入额能够可靠计量时才能予以确认。即收入的确认至少应当符合以下条件：一是与收入相关的经济利益应当很可能流入企业；二是经济利益流入企业的结果会导致资产的增加或者负债的减少；三是经济利益的流入额能够可靠地计量。

1.4.5 费用的定义及其确认条件

1.4.5.1 费用的定义

费用是指企业在日常活动中发生的、会导致所有者权益减少的、与向所有者分配利润无关的经济利益的总流出。根据费用的定义，费用具有以下几方面的特征。

1. 费用是企业在日常活动中形成的

费用必须是企业在其日常活动中所形成的，这些日常活动的界定与收入定义中涉及的日常活动的界定相一致。因日常活动所产生的费用通常包括销售成本（营业成本）、职工薪酬、折旧费、无形资产摊销费等。将费用界定为日常活动所形成的，目的是为了将其与损失相区分，企业非日常活动所形成的经济利益的流出不能确认为费用，而应当计入损失。

2. 费用是与向所有者分配利润无关的经济利益的总流出

费用的发生应当会导致经济利益的流出，从而导致资产的减少或者负债的增加（最终也会导致资产的减少）。其表现形式包括现金或者现金等价物的流出，存货、固定资产和无形资产等的流出或者消耗等。鉴于企业向所有者分配利润也会导致经济利益的流出，而该经济利益的流出显然属于所有者权益的抵减项目，不应确认为费用，应当将其排除在费用的定义之外。

3. 费用会导致所有者权益的减少

与费用相关的经济利益的流出会导致所有者权益的减少，不会导致所有者权益减少的经济利益的流出不符合费用的定义，不应确认为费用。

例1－7 某企业用银行存款400万元购买生产用原材料，该购买行为尽管使企业经济利益流出了400万元，但并不会导致企业所有者权益的减少，它使企业增加了另外一项资产(存货)，在这种情况下，就不应当将该经济利益的流出确认为费用。

例1－8 某企业用银行存款偿还了一笔应付账款1 000万元，该偿付行为尽管导致企业经济利益流出1 000万元，但是该流出没有导致企业所有者权益的减少，而是使企业负债(应付账款)减少了，因此不应将该经济利益的流出作为费用予以确认。

1.4.5.2 费用的确认条件

费用的确认除了应当符合定义外，也应当满足严格的条件，即费用只有在经济利益很可能流出从而导致企业资产减少或者负债增加，且经济利益的流出额能够可靠计量时才能予以确认。因此，费用的确认至少应当符合以下条件：一是与费用相关的经济利益很可能流出企业；二是经济利益流出企业的结果会导致资产的减少或者负债的增加；三是经济利益的流出额能够可靠计量。

1.4.6 利润的定义及其确认条件

1.4.6.1 利润的定义

利润是指企业在一定会计期间的经营成果。通常情况下，如果企业实现了利润，表明企业的所有者权益将增加，业绩得到了提升；反之，如果企业发生了亏损(即利润为负数)，表明企业的所有者权益将减少，业绩下滑了。因此，利润往往是评价企业管理层业绩的一项重要指标，也是投资者等财务报告使用者进行决策时的重要参考。

1.4.6.2 利润的来源构成

利润包括收入减去费用后的净额、直接计入当期利润的利得和损失等。其中收入减去费用后的净额反映的是企业日常活动的业绩，直接计入当期利润的利得和损失反映的是企业非日常活动的业绩。直接计入当期利润的利得和损失，是指应当计入当期损益、最终会引起所有者权益发生增减变动的、与所有者投入资本或者向所有者分配利润无关的利得或者损失。企业应当严格区分收入和利得、费用和损失，以更加全面地反映企业的经营业绩。

1.4.6.3 利润的确认条件

利润反映的是收入减去费用、利得减去损失后的净额的概念，因此，利润的确认主要依赖于收入和费用以及利得和损失的确认，其金额的确定也主要取决于收入、费用、利得和损失金额的计量。

1.4.7 会计要素计量属性及其应用原则

1.4.7.1 会计要素计量属性

会计要素计量是为了将符合确认条件的会计要素登记入账并列报于财务报表而确定其金额的过程。企业应当按照规定的会计要素计量属性进行计量，确定相关金额。计量属性是指所计量的某一要素的特性方面，如桌子的长度、铁矿的重量、楼房的高度等。从会计角度来说，计量属性反映的是会计要素金额的确定基础，主要包括历史成本、重置成本、可变现净值、现值和公允价值等。

1. 历史成本

历史成本，又称为实际成本，就是取得或制造某项财产物资时所实际支付的现金或者其他等价物。在历史成本计量下，资产按照其购置时支付的现金或者现金等价物的金额，或者按照购置资产时所付出的对价的公允价值计量；负债按照其因承担现时义务而实际收到的款项或者资产的金额，或者承担现时义务的合同金额，或者按照日常活动中为偿还负债预期需要支付的现金或者现金等价物的金额计量。

2. 重置成本

重置成本又称现行成本，是指按照当前市场条件，重新取得同样一项资产所需支付的现金或现金等价物金额。在重置成本计量下，资产按照现在购买相同或者相似资产所需支付的现金或者现金等价物的金额计量，负债按照现在偿付该项债务所需支付的现金或者现金等价物的金额计量。

3. 可变现净值

可变现净值是指在正常生产经营过程中，以预计售价减去进一步加工成本和销售所必需的预计税金、费用后的净值。在可变现净值计量下，资产按照其正常对外销售所能收到现金或者现金等价物的金额扣减该资产至完工时估计将要发生的成本、估计的销售费用以及相关税金后的金额计量。

4. 现值

现值是指对未来现金流量以恰当的折现率进行折现后的价值，是考虑货币时间价值因素等的一种计量属性。在现值计量下，资产按照预计从其持续使用和最终处置中所产生的未来净现金流入量的折现金额计量，负债按照预计期限内需要偿还的未来净现金流出量的折现金额计量。

5. 公允价值

公允价值是指在公平交易中，熟悉情况的交易双方自愿进行资产交换或者债务清偿的金额。在公允价值计量下，资产和负债按照在公平交易中，熟悉情况的交易双方自愿进行资产交换或者债务清偿的金额计量。

1.4.7.2 各种计量属性之间的关系

在各种会计要素计量属性中，历史成本通常反映的是资产或者负债过去的价值，而重置成本、可变现净值、现值以及公允价值通常反映的是资产或者负债的现时成本或者现时价值，是与历史成本相对应的计量属性。当然这种关系也并不是绝对的。比如，资产或者负债的历史成本许多就是根据交易时有关资产或者负债的公允价值确定的，在非货币性资产交换中，如果交换具有商业实质，且换入、换出资产的公允价值能够可靠地计量的，换入资产入账成本的确定应当以换出资产的公允价值为基础，除非有确凿证据表明换入资产的公允价值更加可靠；在非同一控制下的企业合并交易中，合并成本也是以购买方在购买日为取得对被购买方的控制权而付出的资产、发生或承担的负债等的公允价值确定的。再比如，在应用公允价值计量时，当相关资产或者负债不存在活跃市场的报价或者不存在同类或者类似资产的活跃市场报价时，需要采用估值技术来确定相关资产或者负债的公允价值，而在采用估值技术估计相关资产或者负债的公允价值时，现值往往是比较普遍采用的一种估值方法，在这种情况下，公允价值就是以现值为基础确定的。另外，公允价值相对于历史成本而言，具有很强的时间概念，也就是说，当前环境下某项资产或负债的历史成本可能是过去环境下该项资产或负债的公允价值，而当前环境下某项资产或负债的公允价值也许就是未来环境下该项资产或负债的历史成本。

1.4.7.3 计量属性的应用原则

企业在对会计要素进行计量时，一般应当采用历史成本。采用重置成本、可变现净值、现值、公允价值计量的，应当保证所确定的会计要素金额能够取得并可靠地计量。

在企业会计准则体系建设中适度、谨慎地引入公允价值这一计量属性，是因为随着我国资本市场的发展，股权分置改革的基本完成，越来越多的股票、债券、基金等金融产品在交易所挂牌上市，使得这类金融资产的交易已经形成了较为活跃的市场，因此，我国已经具备了引入公允价值的条件。在这种情况下，引入公允价值，更能反映企业的现实情况，对投资者等财务报告使用者的决策更加有用，而且也只有如此，才能实现我国会计准则与国际财务报告准则的趋同。

在引用公允价值过程中，我国充分考虑了国际财务报告准则中公允价值应用的三个级次，即：第一，存在活跃市场的资产或负债，活跃市场中的报价应当用于确定其公允价值；第二，不存在活跃市场的，参考熟悉情况并自愿交易的各方最近进行的市场交易中使用的价格或参照实质上相同的其他资产或负债的当前公允价值；第三，不存在活跃市场，且不满足上述两个条件的，应当采用估值技术等确定资产或负债的公允价值。

值得一提的是，我国引入公允价值是适度、谨慎和有条件的。原因是考虑到我国尚属新兴的市场经济国家，如果不加限制地引入公允价值，有可能出现公允价值计量不可靠，甚至出现借此人为操纵利润的现象。因此，在投资性房地产和生物资产等具体准则中规定，只有在公允价值能够取得并可靠地计量的情况下，才能采用公允价值。

1.5 会计科目

会计科目作为会计要素的构成及其变化情况，是会计信息记录、生成、归类、传输的重要手段，为此会计科目的设置应当努力做到科学、合理、适用。首先，会计科目的设置应当和企业会计准则的要求相一致；其次，会计科目的设置要满足企业内部管理和外部信息需要；再次，鉴于不同企业、不同业务的特点不同，对会计科目的设置应有所区别，为此，企业应结合自身特点，设置符合规定和企业需要的会计科目。

具体会计科目在设置时，一般应从会计要素出发，将会计科目分为资产类、负债类、所有者权益类、成本类、损益类和共同类等。我国《企业会计准则——应用指南》提供了会计科目设置的指引，具体如表1-1所示。企业在不违反会计准则中确认、计量和报告规定的前提下，可以根据本单位的实际情况自行增设、分拆、合并会计科目。企业不存在的交易或者事项，可不设置相关会计科目。会计科目编号供企业填制会计凭证、登记会计账簿、查阅会计账目、采用会计软件系统时参考，企业可结合实际情况自行确定会计科目编号。

表 1－1　主要会计科目表

顺序号	编号	会计科目名称	顺序号	编号	会计科目名称
一、资产类					
1	1001	库存现金	32	1407	商品进销差价
2	1002	银行存款	33	1408	委托加工物资
3	1003	存放中央银行款项	34	1411	周转材料
4	1011	存放同业	35	1421	消耗性生物资产
5	1012	其他货币资金	36	1431	贵金属
6	1021	结算备付金	37	1441	抵债资产
7	1031	存出保证金	38	1451	损余物资
8	1101	交易性金融资产	39	1461	融资租赁资产
9	1111	买入返售金融资产	40	1471	存货跌价准备
10	1121	应收票据	41	1501	持有至到期投资
11	1122	应收账款	42	1502	持有至到期投资减值准备
12	1123	预付账款	43	1503	可供出售金融资产
13	1131	应收股利	44	1511	长期股权投资
14	1132	应收利息	45	1512	长期股权投资减值准备
15	1201	应收代位追偿款	46	1521	投资性房地产
16	1211	应收分保账款	47	1531	长期应收款
17	1212	应收分保合同准备金	48	1532	未实现融资收益
18	1221	其他应收款	49	1541	存出资本保证金
19	1231	坏账准备	50	1601	固定资产
20	1301	贴现资产	51	1602	累计折旧
21	1302	拆出资金	52	1603	固定资产减值准备
22	1303	贷款	53	1604	在建工程
23	1304	贷款损失准备	54	1605	工程物资
24	1311	代理兑付证券	55	1606	固定资产清理
25	1321	代理业务资产	56	1611	未担保余值
26	1401	材料采购	57	1621	生产性生物资产
27	1402	在途物资	58	1622	生产性生物资产累计折旧
28	1403	原材料	59	1623	公益性生物资产
29	1404	材料成本差异	60	1631	油气资产
30	1405	库存商品	61	1632	累计折耗
31	1406	发出商品	62	1701	无形资产

续表 1－1

顺序号	编号	会计科目名称	顺序号	编号	会计科目名称
		一、资产类			
63	1702	累计摊销	67	1811	递延所得税资产
64	1703	无形资产减值准备	68	1821	独立账户资产
65	1711	商誉	69	1901	待处理财产损溢
66	1801	长期待摊费用			
		二、负债类			
70	2001	短期借款	88	2261	应付分保账款
71	2002	存入保证金	89	2311	代理买卖证券款
72	2003	拆入资金	90	2312	代理承销证券款
73	2004	向中央银行借款	91	2313	代理兑付证券款
74	2011	吸收存款	92	2314	代理业务负债
75	2012	同业存放	93	2401	递延收益
76	2021	贴现负债	94	2501	长期借款
77	2101	交易性金融负债	95	2502	应付债券
78	2111	卖出回购金融资产款	96	2601	未到期责任准备金
79	2201	应付票据	97	2602	保险责任准备金
80	2202	应付账款	98	2611	保户储金
81	2203	预收账款	99	2621	独立账户负债
82	2211	应付职工薪酬	100	2701	长期应付款
83	2221	应交税费	101	2702	未确认融资费用
84	2231	应付利息	102	2711	专项应付款
85	2232	应付股利	103	2801	预计负债
86	2241	其他应付款	104	2901	递延所得税负债
87	2251	应付保单红利			
		三、共同类			
105	3001	清算资金往来	108	3201	套期工具
106	3002	货币兑换	109	3202	被套期项目
107	3101	衍生工具			
		四、所有者权益类			
110	4001	实收资本	114	4103	本年利润
111	4002	资本公积	115	4104	利润分配
112	4101	盈余公积	116	4201	库存股
113	4102	一般风险准备			

续表 1－1

顺序号	编号	会计科目名称	顺序号	编号	会计科目名称
五、 成本类					
117	5001	生产成本	121	5401	工程施工
118	5101	制造费用	122	5402	工程结算
119	5201	劳务成本	123	5403	机械作业
120	5301	研发支出			
六、 损益类					
124	6001	主营业务收入	141	6421	手续费及佣金支出
125	6011	年息收入	142	6501	提取未到期责任准备金
126	6021	手续费及佣金收入	143	6502	提取保险责任准备金
127	6031	保费收入	144	6511	赔付支出
128	6041	租赁收入	145	6521	保单红利支出
129	6051	其他业务收入	146	6531	退保金
130	6061	汇兑损益	147	6541	分出保费
131	6101	公允价值变动损益	148	6542	分保费用
132	6111	投资收益	149	6601	销售费用
133	6201	摊回保险责任准备金	150	6602	管理费用
134	6202	摊回赔付支出	151	6603	财务费用
135	6203	摊回分保费用	152	6604	勘探费用
136	6301	营业外收入	153	6701	资产减值损失
137	6401	主营业务成本	154	6711	营业外支出
138	6402	其他业务成本	155	6801	所得税费用
139	6403	营业税金及附加	156	6901	以前年度损益调整
140	6411	利息支出			

2 货币资金及应收、预付款项业务外包

货币资金业务外包主要是包括库存现金业务的外包处理、银行存款及其他货币资金业务的外包处理。应收业务外包处理包括应收账款的形成核算外包处理、应收账款计提坏账准备的外包处理。

2.1 库存现金业务的账务处理

库存现金是指通常存放于企业财会部门、由出纳人员经管的货币。库存现金是企业流动性最强的资产，企业应当严格遵守国家有关现金管理制度，正确进行现金收支的核算，监督现金使用的合法性与合理性。

2.1.1 现金管理制度

根据国务院发布的《现金管理暂行条例》的规定，现金管理制度主要包括以下内容。

1. 现金的使用范围

企业可用现金支付的款项有：

(1)职工工资、津贴；

(2)个人劳务报酬；

(3)根据国家规定颁发给个人的科学技术、文化艺术、体育等各种奖金；

(4)各种劳保、福利费用以及国家规定的对个人的其他支出；

(5)向个人收购农副产品和其他物资的款项；

(6)出差人员必须随身携带的差旅费；

(7)结算起点以下的零星支出；

(8)中国人民银行确定需要支付现金的其他支出。

除上述情况可以用现金支付外，其他款项的支付应通过银行转账结算。

2. 现金的限额

现金的限额是指为了保证企业日常零星开支的需要，允许单位留存现金的最高数额。这一限额由开户银行根据单位的实际需要核定，一般按照单位 3 ～ 5 天日常零星开支的需要确定，边远地区和交通不便地区开户单位的库存现金限额，可按多于 5 天但不超过 15 天的日常零星开支的需要确定。核定后的现金限额，开户单位必须严格遵守，超过部分应于当日终了前存入银行。需要增加或减少现金限额的单位，应向开户银行提出申请，由开户银行核定。

3. 现金收支的规定

开户单位现金收支应当依照下列规定办理：

(1)开户单位现金收入应当于当日送存开户银行，当日送存确有困难的，由开户银行确定送存时间。

(2)开户单位支付现金，可以从本单位库存现金中支付或从开户银行提取，不得从本单位的现金收入中直接支付，即不得"坐支"现金，因特殊情况需要坐支现金的单位，应事先报经有关部门审查批准，并在核定的范围和限额内进行，同时，收支的现金必须入账。

(3)开户单位从开户银行提取现金时，应如实写明提取现金的用途，由本单位财会部门负责人签字盖章，并经开户银行审查批准后予以支付。

(4)因采购地点不确定、交通不便、抢险救灾及其他特殊情况必须使用现金的单位，应向开户银行提出书面申请，由本单位财会部门负责人签字盖章，并经开户银行审查批准后予以支付。

此外，不准用不符合国家统一的会计制度的凭证顶替库存现金，即不得"白条顶库"；不准谎报用途套取现金；不准用银行账户代其他单位和个人存入或支取现金；不准用单位收入的现金以个人名义存入储蓄；不准保留账外公款，即不得"公款私存"，不得设置"小金库"，等。银行对于违反上述规定的单位，将按照违规金额的一定比例予以处罚。

2.1.2 现金的账务处理

为了总括地反映企业库存现金的收入、支出和结存情况，企业应当设置"库存现金"科目，借方登记现金的增加，贷方登记现金的减少，期末借方余额反映期末企业实际持有的库存现金的金额。企业内部各部门周转使用的备用金，可以单独设置"备用金"科目进行核算。为了全面、连续地反映和监督库存现金的收支和结存情况，企业应当设置库存现金总账和现金日记账，分别进行企业库存现金的总分类核算和明细分类核算。现金日记账由出纳人员根据收付款凭证，按照业务发生顺序逐笔登记。每日终了，应当在现金日记账上计算出当日的现金收入合计额、现金支出合计额和结余额，并将现金日记账的账面结余额与实际库存现金额相核对，保证账款相符；月度终了，现金日记账的余额应当与现金总账的余额核对，做到账账相符。

2.1.3 现金的清查

为了保证现金的安全完整，企业应当按规定进行现金的清查，一般采用实地盘点法，对于清查的结果应当编制现金盘点报告单。如果有挪用现金、白条顶库的情况，应及时予以纠正；对于超限额留存的现金应及时送存银行。如果账款不符，发现的有待查明原因的现金短缺或溢余，应先通过"待处理财产损溢"科目核算。按管理权限报经批准后，分别按以下情况处理：

(1)如为现金短缺，属于应由责任人赔偿或保险公司赔偿的部分，计入其他应收款；属于无法查明的其他原因，计入管理费用。

(2)如为现金溢余，属于应支付给有关人员或单位的，计入其他应付款；属于无法查明原因的，计入营业外收入。

2.2 银行存款业务及其他货币资金的账务处理

2.2.1 银行存款的账务处理

银行存款是企业存放在银行或其他金融机构的货币资金。企业应当根据业务需要，按照规定在其所在地银行开设账户，运用所开设的账户，进行存款、取款以及各种收支转账业务的结算。银行存款的收付应严格执行银行结算制度的规定。

企业应当设置银行存款总账和银行存款日记账，分别进行银行存款的总分类核算和明细分类核算。企业可按开户银行和其他金融机构、存款种类等设置"银行存款日记账"，根据收付款凭证，按照业务的发生顺序逐笔登记。每日终了，应结出余额。

2.2.2 银行存款的核对

银行存款日记账应定期与银行对账单核对，至少每月核对一次。企业银行存款账面余额与银行对账单余额之间如有差额，应编制"银行存款余额调节表"调节相符，如没有记账错误，调节后的双方余额应相等。银行存款余额调节表只是为了核对账目，并不能作为调整银行存款账面余额的记账依据。

例2－1 广州华融公司2015年12月31日银行存款日记账的余额为5 400 000元，银行转来对账单的余额为8 300 000元。经逐笔核对，发现以下未达账项：

(1)企业送存转账支票6 000 000元，并已登记银行存款增加，但银行尚未记账。

(2)企业开出转账支票4 500 000元，但持票单位尚未到银行办理转账，银行尚未记账。

(3)企业委托银行代收某公司购货款4 800 000元，银行已收妥并登记入账，但企业尚未收到收款通知，尚未记账。

(4)银行代企业支付电话费400 000元，银行已登记企业银行存款减少，但企业未收到银行付款通知，尚未记账。

根据以上事项，企业应编制如下的银行存款余额调节表(如表2－1所示)。

表2－1 银行存款余额调节表 金额单位：元

项目	金额	项目	金额
企业银行存款日记账余额	5 400 000	银行对账单余额	8 300 000
加：银行已收、企业未收款	4 800 000	加：企业已收、银行未收款	6 000 000
减：银行已付、企业未付款	400 000	减：企业已付、银行未付款	4 500 000
调节后的存款余额	9 800 000	调节后的存款余额	9 800 000

在本例中，反映了企业银行存款账面余额与银行对账单余额之间不一致的原因，是因为存在未达账项。所谓未达账项，是由于结算凭证在企业和银行之间或收付款银行之间传递需要时间，造成企业与银行之间入账存在时间差，一方收到凭证并已入账，另一方未收到凭证因而未能入账而形成的账款。发生未达账项的具体情况有四种：一是企业已收款入账，银行尚未收款入账；二是企业已付款入账，银行尚未付款入账；三是银行已收款入账，企业尚未收款入账；四是银行已付款入账，企业尚未付款入账。

2.2.3 其他货币资金

2.2.3.1 其他货币资金的内容

其他货币资金是指企业除库存现金、银行存款以外的各种货币资金，主要包括银行汇票存款、银行本票存款、信用卡存款、信用证保证金存款、外埠存款等。

1. 银行汇票存款

银行汇票是指由出票银行签发的，由其在见票时按照实际结算金额无条件支付给收款人或者持票人的票据。银行汇票的出票银行为银行汇票的付款人。单位和个人各种款项的结算，均可使用银行汇票。银行汇票可以用于转账，填明“现金”字样的银行汇票也可以用于支取现金。

2. 银行本票存款

银行本票是指银行签发的，承诺自己在见票时无条件支付确定的金额给收款人或持票人的票据。单位和个人在同一票据交换区域需要支付的各种款项，均可使用银行本票。银行本票可以用于转账，注明“现金”字样的银行本票可以用于支取现金。

3. 信用卡存款

信用卡存款是指企业为取得信用卡而存入银行信用卡专户的款项。信用卡是银行卡的一种。信用卡按使用对象分为单位卡和个人卡；按信用等级分为金卡和普通卡；按是否向发卡银行交存备用金分为贷记卡和准贷记卡。

4. 信用证保证金存款

信用证保证金存款是指采用信用证结算方式的企业为开具信用证而存入银行信用证保证金专户的款项。企业向银行申请开立信用证，应按规定向银行提交开证申请书、信用证申请人承诺书和购销合同。

5. 外埠存款

外埠存款是指企业为了到外地进行临时或零星采购，而汇往采购地银行开立采购专户的款项。该账户的存款不计利息，只付不收、付完清户，除了采购人员可从中提取少量现金外，一律采用转账结算。

2.2.3.2 其他货币资金的账务处理

为了反映和监督其他货币资金的收支和结存情况，企业应当设置“其他货币资金”科目，借方登记其他货币资金的增加数，贷方登记其他货币资金的减少数，期末余额在借方，反映企业实际持有的其他货币资金。本科目应按其他货币资金的种类设置明细科目。

1. 银行汇票存款

汇款单位(即申请人)使用银行汇票，应向出票银行填写“银行汇票申请书”，填明收款人名称、汇票金额、申请人名称、申请日期等事项并签章，签章应为其预留银行的签章。出票银行受理银行汇票申请书，收妥款项后签发银行汇票，并用压数机压印出票金额，将银行汇票和解讫通知一并交给申请人。申请人应将银行汇票和解讫通知一并交付给汇票上记明的收款人。收款人受理申请人交付的银行汇票时，应在出票金额以内，根据实际需要的款项办理结算，并将实际结算的金额和多余金额准确、清晰地填入银行汇票和解讫通知的有关栏内，到银行办理款项入账手续。收款人可以将银行汇票背书转让给被背书人。银行汇票的背书转让以不超过出票金额的实际结算金额为准。未填写实际结算金额或实际结算金额超过出票金额的银行汇票，不得背书转让。银行汇票的提示付款期限为自出票日起一个月，持票人超过付款期限提示付款的，银行将不予受理。持票人向银行提示付款时，必须同时提交银行汇票和解讫通知，缺少任何一联，银行不予受理。

如银行汇票丧失，失票人可以凭人民法院出具的其享有票据权利的证明，向出票银行请求付款或退款。

企业填写“银行汇票申请书”并将款项交存银行时，借记“其他货币资金——银行汇票”科目，贷记“银行存款”科目；企业持银行汇票购货、收到有关发票账单时，借记“材料采购”或“原材料”“库存商品”“应交税费——应交增值税(进项税额)”等科目，贷记“其他货币资金——银行汇票”科目；采购完毕收回剩余款项时，借记“银行存款”科目，贷记“其他货币资金——银行汇票”科目。企业收到银行汇票、填制进账单到开户银行办理款项入账手续时，根据进账单及销货发票等，借记“银行存款”科目，贷记“主营业务收入”“应交税费——应交增值税(销项税额)”等科目。

例2-2 广州华融公司为增值税一般纳税人，向银行申请办理银行汇票用以购买原材料，将款项250 000元交存银行转作银行汇票存款，根据盖章退回的申请书存根联，企业编制如下分录：

借：其他货币资金——银行汇票　　250 000
　贷：银行存款　　250 000

广州华融公司购入原材料一批，取得的增值税专用发票上的原材料价款为200 000元，增值税税额为34 000元，已用银行汇票办理结算，多余款项16 000元退回开户银行，企业已收到开户银行转来的银行汇票第四联(多余款收账通知)。企业编制如下会计分录：

借：原材料　　200 000
　　应交税费——应交增值税(进项税额)　34 000
　贷：其他货币资金——银行汇票　　234 000
借：银行存款　　16 000
　贷：其他货币资金——银行汇票　　16 000

2. 银行本票存款

银行本票分为不定额本票和定额本票两种。定额本票面额为1000元、5000元、

10 000元和50 000 元。银行本票的提示付款期限自出票日起最长不得超过两个月。在有效付款期内，银行见票付款。持票人超过付款期限提示付款的，银行不予受理。

申请人使用银行本票，应向银行填写“银行本票申请书”。申请人或收款人为单位的，不得申请签发现金银行本票。出票银行受理银行本票申请书，收妥款项后签发银行本票，在本票上签章后交给申请人。申请人应将银行本票交付给本票上记明的收款人。收款人可以将银行本票背书转让给被背书人。

申请人因银行本票超过提示付款期限或其他原因要求退款时，应将银行本票提交到出票银行并出具单位证明。出票银行对于在本行开立存款账户的申请人，只能将款项转入原申请人账户；对于现金银行本票和未到本行开立存款账户的申请人，才能退付现金。

银行本票丧失，失票人可以凭人民法院出具的其享有票据权利的证明，向出票银行请求付款或退款。

企业填写“银行本票申请书”并将款项交存银行时，借记“其他货币资金——银行本票”科目，贷记“银行存款”科目；企业持银行本票购货、收到有关发票账单时，借记“材料采购”或“原材料”“库存商品”“应交税费——应交增值税（进项税额）”等科目，贷记“其他货币资金——银行本票”科目。企业收到银行本票、填制进账单到开户银行办理款项入账手续时，根据进账单及销货发票等，借记“银行存款”科目，贷记“主营业务收入”“应交税费——应交增值税（销项税额）”等科目。

例2－3 广州华融公司为取得银行本票，向银行填交“银行本票申请书”，并将10 000元银行存款转作银行本票存款。企业取得银行本票后，应根据银行盖章退回的银行本票申请书存根联填制银行付款凭证，编制如下会计分录：

借：其他货币资金——银行本票　　10 000

　贷：银行存款　　10 000

广州华融公司用银行本票购买办公用品10 000 元。企业应根据发票账单等有关凭证，编制如下会计分录：

借：管理费用　　10 000

　贷：其他货币资金——银行本票　　10 000

3. 信用卡存款

凡在中国境内金融机构开立基本存款账户的单位可申领单位卡。单位卡可申领若干张，持卡人资格由申领单位法定代表人或其委托的代理人书面指定和注销。单位卡账户的资金一律从其基本存款账户转账存入，不得交存现金，不得将销货收入的款项存入其账户。持卡人可持信用卡在特约单位购物、消费，但单位卡不得用于10 万元以上的商品交易、劳务供应款项的结算，不得支取现金。特约单位在每日营业终了，应将当日受理的信用卡签购单汇总，计算手续费和净计金额，并填写汇（总）计单和进账单，连同签购单一并送交收单银行办理进账。

信用卡按是否向发卡银行交存备用金分为贷记卡、准贷记卡两类。贷记卡是指发卡银行给予持卡人一定的信用额度，持卡人可在信用额度内先消费、后还款的信用卡。准贷记卡是指持卡人须先按发卡银行要求交存一定金额的备用金，当备用金账户余额不足支付时，可在发卡银行规定的信用额度内透支的信用卡。

准贷记卡的透支期限最长为60天，贷记卡的首月最低还款额不得低于其当月透支余额的10%。

企业应填制“信用卡申请表”，连同支票和有关资料一并送存发卡银行，根据银行盖章退回的进账单第一联，借记“其他货币资金——信用卡”科目，贷记“银行存款”科目；企业用信用卡购物或支付有关费用，收到开户银行转来的信用卡存款的付款凭证及所附发票账单，借记“管理费用”等科目，贷记“其他货币资金——信用卡”科目；企业信用卡在使用过程中，需要向其账户续存资金的，借记“其他货币资金——信用卡”科目，贷记“银行存款”科目；企业的持卡人如不需要继续使用信用卡时，应持信用卡主动到发卡银行办理销户，销卡时，单位卡科目余额转入企业基本存款户，不得提取现金，借记“银行存款”科目，贷记“其他货币资金——信用卡”科目。

例2-4 广州华融公司于3月5日向银行申请信用卡，向银行交存50 000元。4月10号，该企业用信用卡向某饭店支付招待费3 000元，企业应编制如下分录：

借：其他货币资金——信用卡　　50 000
　贷：银行存款　　50 000
借：管理费用　　3 000
　贷：其他货币资金——信用卡　　3 000

4. 信用证保证金存款

企业填写“信用证申请书”，将信用证保证金交存银行时，应根据银行盖章退回的“信用证申请书”回单，借记“其他货币资金——信用证保证金”科目，贷记“银行存款”科目。企业接到开证行通知，根据供货单位信用证结算凭证及所附发票账单，借记“材料采购”或“原材料”“库存商品”“应交税费——应交增值税（进项税额）”等科目，贷记“其他货币资金——信用证保证金”科目；将未用完的信用证保证金存款余额转回开户银行时，借记“银行存款”科目，贷记“其他货币资金——信用证保证金”科目。

例2-5 广州华融公司到开户行开具信用证，交纳信用证保证金2 000 000元，企业应编制如下分录：

借：其他货币资金——信用证保证金　　2 000 000
　贷：银行存款　　2 000 000

企业收到银行转来的境外销货单位信用证结算凭证以及所附发票账单、海关进口增值税专用缴款书等有关凭证，材料价款为1 500 000元，增值税税额为25 500元，款已支付，余额退回。企业编制如下会计分录：

借：原材料　　1 500 000
　　应交税费——应交增值税（进项税额）　　255 000
　贷：其他货币资金——信用证保证金　　1 755 000

企业收到银行收款通知，对该境外销货单位开出的信用证余款245 000元已经转回银行账户。企业编制如下会计分录：

借：银行存款　　245 000
　贷：其他货币资金——信用证保证金　　245 000

5. 外埠存款

企业将款项汇往外地时，应填写汇款委托书，委托开户银行办理汇款。企业将款项汇往外地开立采购专用账户时，根据汇出款项凭证，编制付款凭证，进行账务处理，借记“其他货币资金——外埠存款”科目，贷记“银行存款”科目；收到采购人员转来供应单位发票账单等报销凭证时，借记“材料采购”或“原材料”“库存商品”“应交税费——应交增值税（进项税额）”等科目，贷记“其他货币资金——外埠存款”科目；采购完毕收回剩余款项时，根据银行的收款通知，借记“银行存款”科目，贷记“其他货币资金——外埠存款”科目。

例2-6 2015年，广州华融公司派采购员到异地采购原材料，8月10日企业委托开户银行汇款100 000元到采购地设立采购专户。根据收到的银行汇款凭证单，企业编制如下会计分录：

借：其他货币资金——外埠存款　　100 000
　贷：银行存款　　100 000

8月20日，采购员交来从采购专户付款购入材料的有关凭证，增值税专用发票上的原材料价款为80 000元，增值税税额为13 600元，企业编制如下会计分录：

借：原材料　　80 000
　　应交税费——应交增值税（进项税额）13 600
　贷：其他货币资金——外埠存款　　93 600

8月30日，收到开户银行的收款通知，该采购专户中的结余款项已经转回。根据收款通知，企业编制如下会计分录：

借：银行存款　　6 400
　贷：其他货币资金——外埠存款　　6 400

2.3 应收及预付款项业务核算

2.3.1 应收及预付款项概述

应收及预付款项是指企业在日常生产经营过程中发生的各项债权，包括应收款项和预付款项。应收款项包括应收票据、应收账款和其他应收款等；预付款项则是指企业按照合同规定预付的款项，如预付账款等。

1. 应收票据概述

应收票据是指企业因销售商品、提供劳务等而收到的商业汇票。商业汇票是一种由出票人签发的，委托付款人在指定日期无条件支付确定金额给收款人或者持票人的票据。

商业汇票的付款期限，最长不得超过六个月。定日付款的汇票付款期限自出票日起计算，并在汇票上记载具体到期日；出票后定期付款的汇票付款期限自出票日起按月计算，并在汇票上记载；见票后定期付款的汇票付款期限自承兑或拒绝承兑日起按月计算，并在汇票上记载。商业汇票的提示付款期限，自汇票到期日起10日。符合条件的商业汇票的持票人，可以持未到期的商业汇票连同贴现凭证向银行申请贴现。

根据承兑人不同，商业汇票分为商业承兑汇票和银行承兑汇票。商业承兑汇票是指由付款人签发并承兑，或由收款人签发交由付款人承兑的汇票。商业承兑汇票的付款人收到开户银行的付款通知，应在当日通知银行付款。付款人在接到通知日的次日起三日内（遇法定休假日顺延）未通知银行付款的，视同付款人承诺付款，银行将于付款人接到通知日的次日起第四日（遇法定休假日顺延）上午开始营业时，将票款划给持票人。付款人提前收到由其承兑的商业汇票，应通知银行于汇票到期日付款。银行在办理划款时，付款人存款账户不足支付的，银行应填制付款人未付票款通知书，连同商业承兑汇票邮寄持票人开户银行转交持票人。

银行承兑汇票是指由在承兑银行开立存款账户的存款人（这里也是出票人）签发，由承兑银行承兑的票据。企业申请使用银行承兑汇票时，应向其承兑银行按票面金额的万分之五交纳手续费。银行承兑汇票的出票人应于汇票到期前将票款足额交存其开户银行，承兑银行应在汇票到期日或到期日后的见票当日支付票款。银行承兑汇票的出票人于汇票到期前未能足额交存票款时，承兑银行除凭票向持票人无条件付款外，对出票人尚未支付的汇票金额按照每天万分之五计收利息。

2. 应收账款概述

应收账款是指企业因销售商品、提供劳务等经营活动，应向购货单位或接受劳务单位收取的款项，主要包括企业销售商品或提供劳务等应向有关债务人收取的价款及代购货单位垫付的包装费、运杂费等。

3. 预付账款概述

预付账款是指企业按照合同规定预付的款项。

企业应当设置“预付账款”科目，核算预付账款的增减变动及其结存情况。预付款项情况不多的企业，可以不设置“预付账款”科目，而直接通过“应付账款”科目核算。

4. 其他应收款概述

其他应收款是指企业除应收票据、应收账款、预付账款等以外的其他各种应收及暂付款项。其主要内容包括：

（1）应收的各种赔款、罚款，如因企业财产等遭受意外损失而应向有关保险公司收取的赔款等。

（2）应收的出租包装物租金。

（3）应向职工收取的各种垫付款项，如为职工垫付的水电费，应由职工负担的医药费、房租费等。

（4）存出保证金，如租入包装物支付的押金。

（5）其他各种应收、暂付款项。

2.3.2 应收及预付款项的核算

2.3.2.1 应收票据的核算

为了反映和监督应收票据取得、票款收回等经济业务，企业应当设置“应收票据”

科目，借方登记取得的应收票据的面值，贷方登记到期收回票款或到期前向银行贴现的应收票据的票面余额，期末余额在借方，反映企业持有的商业汇票的票面金额。本科目可按照开出、承兑商业汇票的单位进行明细核算，并设置“应收票据备查簿”逐笔登记商业汇票的种类、号数和出票日、票面金额、交易合同号，以及付款人、承兑人、背书人的姓名或单位名称，到期日、背书转让日、贴现日，贴现率和贴现净额，收款日和收回金额、退票情况等。商业汇票到期结清票款或退票后，在备查簿中应予注销。

1. 取得应收票据和收回到期票款

应收票据取得的原因不同，其会计处理亦有所区别。因债务人抵偿前欠货款而取得的应收票据，借记“应收票据”科目，贷记“应收账款”科目；因企业销售商品、提供劳务等而收到开出、承兑的商业汇票，借记“应收票据”科目，贷记“主营业务收入”“应交税费——应交增值税（销项税额）”等科目。商业汇票到期收回款项时，应按实际收到的金额，借记“银行存款”科目，贷记“应收票据”科目。

例2－7 广州华融公司于2016年3月1日向广州兴隆公司销售一批产品，货款为1 500 000元，尚未收到，已办妥托收手续，适用增值税税率为17%。广州华融公司应作如下会计处理：

借：应收账款　　1 755 000
　贷：主营业务收入　　1 500 000
　　应交税费——应交增值税（销项税额）　　255 000

3月15日，广州华融公司收到广州兴隆公司寄来一张3个月期的商业承兑汇票，面值为1 755 000元，支付产品货款。广州华融公司应作如下会计处理：

借：应收票据　　1 755 000
　贷：应收账款　　1 755 000

6月15日，广州华融公司上述应收票据到期，收回票面金额1 755 000元存入银行。广州华融公司应作如下会计处理：

借：银行存款　　1 755 000
　贷：应收票据　　1 755 000

2. 应收票据的转让

实务中，企业可以将自己持有的商业汇票背书转让。背书是指在票据背面或者粘单上记载有关事项并签章的票据行为。背书转让的，背书人应当承担票据责任。企业将持有的商业汇票背书转让以取得所需物资时，按应计入取得物资成本的金额，借记“材料采购”或“原材料”“库存商品”等科目，按专用发票上注明的可抵扣的增值税税额，借记“应交税费——应交增值税（进项税额）”科目，按商业汇票的票面金额，贷记“应收票据”科目，如有差额，借记或贷记“银行存款”等科目。

例2－8 承例2－7，假定广州华融公司于4月15日将上述应收票据背书转让，以取得生产经营所需的A种材料，该材料金额为1 500 000元，适用增值税税率为17%。广州华融公司应作如下会计处理：

借：原材料　　1 500 000

　　应交税费——应交增值税(进项税额)　　255 000

　贷：应收票据　　1 755 000

2.3.2.2 应收账款的核算

为了反映和监督应收账款的增减变动及其结存情况，企业应设置"应收账款"科目，不单独设置"预收账款"科目的企业，预收的账款也在"应收账款"科目核算。"应收账款"科目的借方登记应收账款的增加，贷方登记应收账款的收回及确认的坏账损失，期末余额一般在借方，反映企业尚未收回的应收账款；如果期末余额在贷方，则反映企业预收的账款。

例2-9　广州华融公司采用托收承付结算方式向广州兴隆公司销售商品一批，货款为300 000元，增值税税额为51 000元，以银行存款代垫运杂费6 000元，已办理托收手续。广州华融公司应作如下会计处理：

借：应收账款　　357 000

　贷：主营业务收入　　300 000

　　　应交税费——应交增值税(销项税额)　　51 000

　　　银行存款　　6 000

需要说明的是，企业代购货单位垫付包装费、运杂费也应计入应收账款，通过"应收账款"科目核算。

广州华融公司实际收到款项时，应作如下会计处理：

借：银行存款　　357 000

　贷：应收账款　　357 000

企业应收账款改用应收票据结算，在收到承兑的商业汇票时，借记"应收票据"科目，贷记"应收账款"科目。

例2-10　广州华融公司收到丙公司交来商业汇票一张，面值为10 000元，用以偿还其前欠货款。广州华融公司应作如下会计处理：

借：应收票据　　10 000

　贷：应收账款　　10 000

2.3.2.3 预付账款核算

企业根据购货合同的规定向供应单位预付款项时，借记"预付账款"科目，贷记"银行存款"科目。企业收到所购物资后，按应计入购入物资成本的金额，借记"材料采购"或"原材料""库存商品""应交税费——应交增值税(进项税额)"等科目，贷记"预付账款"科目；当预付货款小于采购货物所需支付的款项时，应将不足部分补付，借记"预付账款"科目，贷记"银行存款"科目；当预付货款大于采购货物所需支付的款项时，对收回的多余款项应借记"银行存款"科目，贷记"预付账款"科目。

例2-11　广州华融公司向广州兴隆公司采购材料5 000吨，单价10元，所需支付的款项总额50 000元。按照合同规定向广州兴隆公司预付货款的50%，验收货物后补付其余款项。广州华融公司应作如下会计处理：

(1) 预付 50% 的货款时：

借：预付账款——广州兴隆公司　　25 000

　贷：银行存款　　25 000

(2) 收到广州兴隆公司发来的 5 000 吨材料，验收无误，增值税专用发票记载的货款为 50 000 元，增值税税额为 8 500 元。广州华融公司以银行存款补付所欠款项 33 500 元。

借：原材料　　50 000

　　应交税费——应交增值税(进项税额)　8 500

　贷：预付账款——广州兴隆公司　　58500

借：预付账款——广州兴隆公司　　33 500

　贷：银行存款　　33 500

借：原材料　　33 500

　贷：预付账款——广州兴隆公司　　33 500

2.3.2.4 其他应收款的核算

为了反映和监督其他应收账款的增减变动及其结存情况，企业应当设置“其他应收款”科目进行核算。“其他应收款”科目的借方登记其他应收款的增加，贷方登记其他应收款的收回，期末余额一般在借方，反映企业尚未收回的其他应收款项。

例 2－12　广州华融公司在采购过程中发生材料毁损，按保险合同规定，应由保险公司赔偿损失 30 000 元，赔款尚未收到。

借：其他应收款——保险公司　　30 000

　贷：材料采购　　30 000

例 2－13　承例 2－12，上述保险公司赔款如数收到。

借：银行存款　　30 000

　贷：其他应收款——保险公司　　30 000

例 2－14　广州华融公司以银行存款替副总经理垫付应由其个人负担的医疗费5 000 元，拟从其工资中扣回。

(1) 垫支时：

借：其他应收款　　5 000

　贷：银行存款　　5 000

(2) 扣款时：

借：应付职工薪酬　　5 000

　贷：其他应收款　　5 000

例 2－15　广州华融公司租入包装物一批，以银行存款向出租方支付押金 10 000 元。

借：其他应收款——存出保证金　　10 000

　贷：银行存款　　10 000

例 2－16　承例 2－15，租入包装物按期如数退回，广州华融公司收到出租方退还的押金 10 000 元，已存入银行。

借：银行存款　　10 000

　贷：其他应收款——存出保证金　　10 000

2.3.2.5 应收款项减值的处理

1. 应收款项减值损失的确认

企业的各种应收款项，可能会因购货人拒付、破产、死亡等原因而无法收回。这类无法收回的应收款项就是坏账。因坏账而遭受的损失为坏账损失。企业应当在资产负债表日对应收款项的账面价值进行检查，有客观证据表明应收款项发生减值的，应当将该应收款项的账面价值减记至预计未来现金流量现值，减记的金额确认减值损失，计提坏账准备。确定应收款项减值有两种方法，即直接转销法和备抵法，我国企业会计准则规定采用备抵法确定应收款项的减值。

(1)直接转销法。采用直接转销法时，日常核算中应收款项可能发生的坏账损失不予考虑，只有在实际发生坏账时，才作为损失计入当期损益，同时冲销应收款项，即借记“资产减值损失”科目，贷记“应收账款”科目。

例2－17 某企业于20×5年发生的一笔20 000元的应收账款，长期无法收回，于20×9年末确认为坏账，20×9年末企业编制如下会计分录：

借：资产减值损失——坏账损失　　20 000

　贷：应收账款　　20 000

(2)备抵法。备抵法是采用一定的方法按期估计坏账损失，计入当期费用，同时设置“坏账准备”科目，待坏账实际发生时，冲销已提的坏账准备和相应的应收款项。采用这种方法，坏账损失计入同一期间的损益，体现了配比原则的要求，避免了企业明盈实亏；在报表上列示了应收款项净额，使报表使用者能了解企业应收款项的可变现金额。

2. 坏账准备的账务处理

已确认并转销的应收款项以后又收回的，应当按照实际收到的金额增加坏账准备的账面余额。已确认并转销的应收款项以后又收回时，借记“应收账款”“其他应收款”等科目，贷记“坏账准备”科目；同时，借记“银行存款”科目，贷记“应收账款”“其他应收款”等科目。也可以按照实际收回的金额，借记“银行存款”科目，贷记“坏账准备”科目。

坏账准备可按以下公式计算：

当期应计提的坏账准备＝当期按应收款项计算应提坏账准备金额－(或＋)“坏账准备”科目的贷方(或借方)余额。

例2－18 2013年12月31日，广州华融公司对应收丙公司的账款进行减值测试。应收账款余额合计为1 000 000元，广州华融公司根据丙公司的资信情况确定应计提100 000元坏账准备。2013年末计提坏账准备，广州华融公司应编制如下会计分录：

借：资产减值损失——计提的坏账准备　　100 000

　贷：坏账准备　　100 000

例2－19 广州华融公司2014年对丙公司的应收账款实际发生坏账损失30 000元，确认坏账损失时，广州华融公司应编制如下会计分录：

借：坏账准备　　30 000

　贷：应收账款　　30 000

例2-20　承例2-19，假设广州华融公司2014年末应收丙公司的账款金额为1 200 000元，经减值测试，广州华融公司决定应计提120 000元坏账准备。

根据广州华融公司坏账核算方法，其“坏账准备”科目应保持的贷方余额为120 000元；计提坏账准备前，“坏账准备”科目的实际余额为贷方70 000(100 000-30 000)元，因此本年末应计提的坏账准备金额为50 000(120 000-70 000)元。广州华融公司应编制如下会计分录：

借：资产减值损失——计提的坏账准备　50 000
　贷：坏账准备　50 000

例2-21　广州华融公司于2014年4月20日，收到2013年已转销的坏账20 000元，已存入银行。广州华融公司应编制如下会计分录：

借：应收账款　20 000
　贷：坏账准备　20 000
借：银行存款　20 000
　贷：应收账款　20 000

或：

借：银行存款　20 000
　贷：坏账准备　20 000

3 金融资产业务外包

金融资产业务外包处理主要包括交易性金融资产业务外包的处理、可供出售金融资产业务外包的处理、持有至到期投资业务外包的处理。在进行外包处理时，要对金融资产进行分类，以便于将股票、债券计入正确的金融资产。

金融资产属于企业资产的重要组成部分，主要包括：库存现金、银行存款、应收账款、应收票据、其他应收款项、股权投资、债权投资和衍生金融工具形成的资产等。

本章不涉及以下金融资产的会计处理：①货币资金；②对子公司、联营企业、合营企业投资以及在活跃市场上没有报价的长期股权投资。

企业应当结合自身业务特点、投资策略和风险管理要求，将取得的金融资产在初始确认时划分为以下几类：①以公允价值计量且其变动计入当期损益的金融资产；②持有至到期投资；③货款和应收款项；④可出售的金融资产。

金融资产分类与金融资产计量密切相关。不同类别的金融资产，其初始计量和后续计量采用的基础也不完全相同。因此，上述分类一经确定，不应随意变更。

3.1 以公允价值计量且其变动计入当期损益的金融资产

3.1.1 以公允价值计量且其变动计入当期损益的金融资产概述

以公允价值计量且其变动计入当期损益的金融资产，可以进一步分为交易性金融资产和直接指定为以公允价值计量且其变动计入当期损益的金融资产。同时，某项金融资产划分为以公允价值计量且其变动计入当期损益的金融资产后，不能再重分类为其他类别的金融资产；其他类别的金融资产也不能再重分类为以公允价值计量且其变动计入当期损益的金融资产。

3.1.1.1 交易性金融资产

金融资产满足下列条件之一的，应当划分为交易性金融资产：

(1)取得该金融资产的目的，主要是为了近期内出售或回购。比如，企业以赚取差价为目的从二级市场购入的股票、债券、基金等。

(2)属于进行集中管理的可辨认金融工具组合的一部分，且有客观证据表明企业近期采用短期获利方式对该组合进行管理。比如，企业基于其投资策略和风险管理的需要，将某些金融资产进行组合从事短期获利活动，对于组合中的金融资产，应采用公允价值计量，并将其相关公允价值变动计入当期损益。

（3）属于衍生金融工具。比如，国债期货、远期合同、股指期货等，其公允价值变动大于零时，应将其相关变动金额确认为交易性金融资产，同时计入当期损益。但是，如果衍生金融工具被企业指定为有效套期关系中的套期工具，那么该衍生金融工具初始确认后的公允价值变动应根据其对应的套期关系（即公允价值套期、现金流量套期或境外经营净投资套期）不同，采用相应的方法进行处理。

3.1.1.2 指定为以公允价值计量且其变动计入当期损益的金融资产

企业将某项金融资产直接指定为以公允价值计量且其变动计入当期损益的金融资产，通常是指该金融资产不满足确认为交易性金融资产的条件时，企业仍可在符合某些特定条件的情况下将其按公允价值计量，并将其公允价值变动计入当期损益。

通常情况下，只有符合下列条件之一的金融资产，才可以在初始确认时指定为以公允价值计量且其变动计入当期损益的金融资产：

（1）该指定可以消除或明显减少由于该金融资产的计量基础不同所导致的相关利得或损失在确认或计量方面不一致的情况。比如，甲金融企业的某金融负债和某金融资产密切相关且均具利率敏感性，该企业将该金融资产划分为可供出售金融资产，而将相关负债划分为交易性金融负债，在这种情况下，该金融资产期末以公允价值计量但公允价值变动却计入所有者权益，而相关的金融负债却以公允价值计量且公允价值变动计入当期损益，由此出现会计计量基础不同导致会计处理结果不能较好地反映交易实质的情况。如果将该金融资产指定为以公允价值计量且其变动计入当期损益的金融资产，就可以避免上述问题。

（2）企业风险管理或投资策略的正式书面文件已载明，该金融资产组合或该金融资产和金融负债组合，以公允价值为基础进行管理、评价并向关键管理人员报告。比如，某企业集团对所辖范围内全资子企业或分公司的风险敞口进行集中管理，以总体控制财务风险。该企业集团采用金融资产和金融负债组合方式进行管理，每日均以公允价值对该组合进行评价，以及时调整组合来应对相关财务风险。该企业集团管理层对该组合的管理也以公允价值为基础。在这种情况下，该企业集团可以直接指定组合中的金融资产和金融负债为以公允价值计量且其变动计入当期损益的金融资产和金融负债。

3.1.2 以公允价值计量且其变动计入当期损益的金融资产的会计处理

企业对以公允价值计量且其变动计入当期损益的金融资产的会计处理，应着重于该金融资产与金融市场的紧密结合性，反映该类金融资产相关市场变量变化对其价值的影响，进而对企业财务状况和经营成果的影响。

以公允价值计量且其变动计入当期损益的金融资产初始确认时，应按公允价值计量，相关交易费用应当直接计入当期损益。其中，交易费用是指可直接归属于购买、发行或处置金融工具新增的外部费用。所谓新增的外部费用，是指企业不购买、发行或处置金融工具就不会发生的费用。交易费用包括支付给代理机构、咨询公司、券商等的手续费和佣金及其他必要支出，不包括债券溢价、折价、融资费用、内部管理成本及其他与交易不直接相关的费用。企业为发行金融工具所发生的差旅费等，不属于此处所讲的交易费用。

企业取得以公允价值计量且其变动计入当期损益的金融资产所支付的价款中，包含已宣告但尚未发放的现金股利或已到付息期但尚未领取的债券利息的，应当单独确认为应收项目。在持有期间取得的利息或现金股利，应当确认为投资收益。

在资产负债表日，企业应将以公允价值计量且其变动计入当期损益的金融资产或金融负债的公允价值变动计入当期损益。

处置该金融资产或金融负债时，其公允价值与初始入账金额之间的差额应确认为投资收益，同时调整公允价值变动损益。

例3－1 2015年5月13日，广州华融公司支付价款1 060 000元从二级市场购入广州兴隆公司发行的股票100 000股，每股价格10.60元（含已宣告但尚未发放的现金股利0.60元），另支付交易费用1 000元。广州华融公司将持有的广州兴隆公司股权划分为交易性金融资产，且持有广州兴隆公司股权后对其无重大影响。

广州华融公司的其他相关资料如下：

(1)5月23日，收到广州兴隆公司发放的现金股利；

(2)6月30日，广州兴隆公司股票价格涨到每股13元；

(3)8月15日，将持有的广州兴隆公司股票全部售出，每股售价15元。

假定不考虑其他因素，广州华融公司的账务处理如下：

(1)5月13日，购入广州兴隆公司股票：

借：交易性金融资产——成本　1 000 000
　　应收股利　60 000
　　投资收益　1 000
　贷：银行存款　1 061 000

(2)5月23日，收到广州兴隆公司发放的现金股利：

借：银行存款　60 000
　贷：应收股利　60 000

(3) 6月30日，确认股票价格变动：

借：交易性金融资产——公允价值变动　300 000
　贷：公允价值变动损益　300 000

(4)8月15日，将广州兴隆公司股票全部售出：

借：银行存款　1 500 000
　　公允价值变动损益　300 000
　贷：交易性金融资产——成本　1 000 000
　　　　　　　　　——公允价值变动　300 000
　　投资收益　500 000

例3－2 2015年1月1日，广州华融公司从二级市场支付价款1 020 000元（含已到付息但尚未领取的利息20 000元）购入某公司发行的债券，另支付交易费用20 000元。该债券面值为1 000 000元，剩余期限为2年，票面年利率为4%，每半年付息一次，广州华融公司将其划分为交易性金融资产。

广州华融公司的其他相关资料如下：

(1)2015 年 1 月 5 日，收到该债券 2014 年下半年利息 20 000 元；

(2)2015 年 6 月 30 日，该债券的公允价值为 1 150 000 元（不含利息）；

(3)2015 年 7 月 5 日，收到该债券半年利息；

(4)2015 年 12 月 31 日，该债券的公允价值为 1 100 000 元（不含利息）；

(5)2016 年 1 月 5 日，收到该债券 2015 年下半年利息；

(6)2016 年 3 月 31 日，将该债券出售，取得价款 1 180 000 元（含一季度利息10 000 元）。

假定不考虑其他因素，则广州华融公司的账务处理如下：

(1)2015 年 1 月 1 日，购入债券：

借：交易性金融资产——成本　　1 000 000
　　应收利息　　20 000
　　投资收益　　20 000
　贷：银行存款　　1 040 000

(2)2015 年 1 月 5 日，收到该债券 2014 年下半年利息：

借：银行存款　　20 000
　贷：应收利息　　20 000

(3)2015 年 6 月 30 日，确认债券公允价值变动和投资收益：

借：交易性金融资产——公允价值变动　150 000
　贷：公允价值变动损益　　150 000

借：应收利息　　20 000
　贷：投资收益　　20 000

(4)2015 年 7 月 5 日，收到该债券半年利息：

借：银行存款　　20 000
　贷：应收利息　　20 000

(5)2015 年 12 月 31 日，确认债券公允价值变动和投资收益：

借：公允价值变动损益　　50 000
　贷：交易性金融资产——公允价值变动　50 000

借：应收利息　　20 000
　贷：投资收益　　20 000

(6)2016 年 1 月 5 日，收到该债券 2015 年下半年利息：

借：银行存款　　20 000
　贷：应收利息　　20 000

(7)2016 年 3 月 31 日，将该债券予以出售：

借：应收利息　　10 000
　贷：投资收益　　10 000

借：银行存款　　1 170 000
　　公允价值变动损益　　100 000
　贷：交易性金融资产——成本　　1 000 000

——公允价值变动　　100 000

投资收益　　170 000

借：银行存款　　10 000

贷：应收利息　　10 000

3.2 持有至到期投资

3.2.1 持有至到期投资概述

持有至到期投资，是指到期日固定、回收金额固定或可确定，且企业有明确意图和能力持有至到期的非衍生金融资产。通常情况下，能够划分为持有至到期投资的金融资产，主要是债权性投资，比如企业从二级市场上购入的固定利率国债、浮动利率金融债券等。股权投资因其没有固定的到期日，因而不能划分为持有至到期投资。持有至到期投资通常具有长期性质，但期限较短(1 年以内)的债券投资，符合持有至到期投资条件的，也可将其划分为持有至到期投资。

企业不能将下列非衍生金融资产划分为持有至到期投资：

①在初始确认时即被指定为以公允价值计量且其变动计入当期损益的非衍生金融资产；

②在初始确认时被指定为可供出售的非衍生金融资产；

③符合贷款和应收款项的定义的非衍生金融资产。

企业在将金融资产划分为持有至到期投资时，应当注意把握其以下特征。

1. 该金融资产到期日固定、回收金额固定或可确定

“到期日固定、回收金额固定或可确定”是指相关合同明确了投资者在确定的期间内获得或应收取现金流量(如投资利息和本金等)的金额和时间。因此，从投资者角度看，如果不考虑其他条件，在将某项投资划分为持有至到期投资时可以不考虑可能存在的发行方重大支付风险。其次，由于要求到期日固定，从而权益工具投资不能划分为持有至到期投资。再者，如果符合其他条件，不能由于某债务工具投资是浮动利率投资而不将其划分为持有至到期投资。

2. 企业有明确意图将该金融资产持有至到期

“有明确意图持有至到期”是指投资者在取得投资时意图就是明确的，除非遇到一些企业所不能控制、预期不会重复发生且难以合理预计的独立事项，否则将持有至到期。

存在下列情况之一的，表明企业没有明确意图将金融资产持有至到期：

(1)持有该金融资产的期限不确定。

(2)发生市场利率变化、流动性需要变化、替代投资机会及其投资收益率变化、融资来源和条件变化、外汇风险变化等情况时，将出售该金融资产。但是，无法控制、预期不会重复发生且难以合理预计的独立事项引起的金融资产出售除外。

(3)该金融资产的发行方可以按照明显低于其摊余成本的金额清偿。

(4)其他表明企业没有明确意图将该金融资产持有至到期的情况。

据此，对于发行方可以赎回的债务工具，如发行方行使赎回权，投资者仍可收回其几乎所有初始净投资(含支付的溢价和交易费用)，那么投资者可以将此类投资划分为持有至到期投资。但是，对于投资者有权要求发行方赎回的债务工具投资，投资者不能将其划分为持有至到期投资。

3. 企业有能力将该金融资产持有至到期

“有能力持有至到期”是指企业有足够的财务资源，并不受外部因素影响将该金融资产持有至到期。

存在下列情况之一的，表明企业没有能力将具有固定期限的金融资产投资持有至到期：

(1)没有可利用的财务资源持续地为该金融资产投资提供资金支持，以使该金融资产投资持有至到期。

(2)受法律、行政法规的限制，使企业难以将该金融资产投资持有至到期。

(3)其他表明企业没有能力将具有固定期限的金融资产投资持有至到期的情况。

企业应当于每个资产负债表日对持有至到期投资的意图和能力进行评价，发生变化的，应当将其重分类为可供出售金融资产进行处理。

企业将某金融资产划分为持有至到期投资后，可能会发生到期前将该金融资产予以处置或重分类的情况。这种情况的发生，通常表明企业违背了将投资持有至到期的最初意图。

企业将尚未到期的某项持有至到期投资在本会计年度内出售或重分类为可供出售金融资产的金额，相对于该类投资(即企业全部持有至到期投资)在出售或重分类前的总额较大时，则企业在处置或重分类后应立即将其剩余的持有至到期投资(即全部持有至到期投资扣除已处置或重分类的部分)重分类为可供出售金融资产，且在本会计年度及以后两个完整的会计年度内不得再将该金融资产划分为持有至到期投资。但是，下列情况除外：

(1)出售日或重分类日距离该项投资到期日或赎回日较近(如到期前三个月内)，且市场利率变化对该项投资的公允价值没有显著影响。

(2)根据合同约定的定期偿付或提前还款方式收回该投资几乎所有初始本金后，将剩余部分予以出售或重分类。

(3)出售或重分类是由于企业无法控制、预期不会重复发生且难以合理预计的独立事项所引起的。此种情况主要包括：

①因被投资单位信用状况严重恶化，将持有至到期投资予以出售；

②因相关税收法规取消了持有至到期投资的利息税前可抵扣政策，或显著减少了税前可抵扣金额，将持有至到期投资予以出售；

③因发生重大企业合并或重大处置，为保持现行利率风险头寸或维持现行信用风险政策，将持有至到期投资予以出售；

④因法律、行政法规对允许投资的范围或特定投资品种的投资限额作出重大调整，

将持有至到期投资予以出售；

⑤因监管部门要求大幅度提高资产流动性，或大幅度提高持有至到期投资在计算资本充足率时的风险权重，将持有至到期投资予以出售。

例3－3 2013年7月，某银行支付19 900 000美元从市场上以折价方式购入一批美国甲汽车金融公司发行的三年期固定利率债券，票面年利率4.5%，债券面值为20 000 000美元。该银行将其划分为持有至到期投资。

2015年年初，美国汽车行业受燃油价格上涨、劳资纠纷、成本攀升等诸多因素影响，盈利能力明显减弱，甲汽车金融公司所发行债券的二级市场价格严重下滑。为此，国际公认的评级公司将甲汽车金融公司的长期信贷等级从Baa2下调至Baa3，认为甲汽车金融公司的清偿能力较弱，风险越来越大，对经营环境和其他内外部条件变化较为敏感，容易受到冲击，具有较大的不确定性。

综合考虑上述因素，该银行认为，尽管所持有的甲汽车金融公司债券剩余期限较短，但由于其未来表现存有相当大的不确定性，继续持有这些债券会有较大的信用风险。为此，该银行于2015年8月将该持有至到期债券按低于面值的价格出售。

本例中，该银行出售所持有的甲汽车金融公司债券主要是由于其本身无法控制、预期不会重复发生且难以合理预计的独立事项所引起，因而不会影响到其对其他持有至到期投资的分类。

例3－4 2015年11月，广州华融公司采用控股合并方式合并了广州兴隆公司，广州华融公司的管理层为此也做了调整。广州华融公司的新管理层认为，广州兴隆公司的某些持有至到期债券期限过长，合并完成后再将其划分为持有至到期投资不合理。为此，在购买日编制的合并资产负债表内，广州华融公司决定将这部分持有至到期债券重分类为可供出售金融资产。在这种情况下，广州华融公司在合并日资产负债表内进行这种重分类没有违背划分为持有至到期投资所要求的"有明确意图和能力"。

本例中，广州华融公司如果因为要合并广州兴隆公司而将其自身的持有至到期投资的较大部分予以出售，则违背了划分为持有至到期投资所要求的"有明确意图和能力"。

值得说明的是，如出售或重分类金融资产的金额较大而受到的"两个完整会计年度内不能将金融资产划分为持有至到期"的限制已解除(即已过了两个完整的会计年度)，企业可以再将符合规定条件的金融资产划分为持有至到期投资。

3.2.2 持有至到期投资的会计处理

企业对持有至到期投资的会计处理，应着重于该金融资产的持有者打算"持有至到期"，未到期前通常不会出售或重分类，主要应解决该金融资产实际利率的计算、摊余成本的确定、持有期间的收益确认以及将其处置时损益的处理。

3.2.2.1 持有至到期投资的初始计量

持有至到期投资初始确认时，应当按照公允价值计量和相关交易费用之和作为初始入账金额。实际支付的价款中包括的已到付息期但尚未领取的债券利息，应单独确认为应收项目。

持有至到期投资初始确认时，应当计算确定其实际利率，并在该持有至到期投资预期存续期间或适用的更短期间内保持不变。

实际利率，是指将金融资产或金融负债在预期存续期间或适用的更短期间内的未来现金流量，折现为该金融资产或金融负债当前账面价值时所使用的利率。企业在确定实际利率时，应当在考虑金融资产或金融负债所有合同条款(包括提前还款权、看涨期权、类似期权等)的基础上预计未来现金流量，但不应考虑未来信用损失。

金融资产合同各方之间支付或收取的、属于实际利率组成部分的各项收费、交易费用及溢价或折价等，应当在确定实际利率时予以考虑。金融资产的未来现金流量或存续期间无法可靠预计时，应当采用该金融资产在整个合同期内的合同现金流量。

3.2.2.2 持有至到期投资的后续计量

企业应当采用实际利率法，按摊余成本对持有至到期投资进行后续计量。其中，实际利率法是指按照金融资产或金融负债(含一组金融资产或金融负债)的实际利率计算其摊余成本及各期利息收入或利息费用的方法。摊余成本是指该金融资产的初始确认金额经下列调整后的结果：①扣除已偿还的本金；②加上或减去采用实际利率法将该初始确认金额与到期日金额之间的差额进行摊销形成的累计摊销额；③扣除已发生的减值损失。

企业应在持有至到期投资持有期间，采用实际利率法，按照摊余成本和实际利率计算确认利息收入，计入投资收益。实际利率应当在取得持有至到期投资时确定，实际利率与票面利率差别较小的，也可按票面利率计算利息收入，计入投资收益。

处置持有至到期投资时，应将所取得价款与持有至到期投资账面价值之间的差额计入当期损益。

例3-5 2010年1月1日，广州华融公司支付价款1 000元(含交易费用)从活跃市场上购入某公司5年期债券，面值1 250元，票面年利率4.72%，按年支付利息(即每年59元)，本金于最后一次支付。合同约定，该债券的发行方在遇到特定情况时可以将债券赎回，且不需要为提前赎回支付额外款项。广州华融公司在购买该债券时，预计发行方不会提前赎回。

广州华融公司将购入的该公司债券划分为持有至到期投资，且不考虑所得税、减值损失等因素。为此，广州华融公司在初始确认时先计算确定该债券的实际利率：

设该债券的实际利率为 r，则可列出如下等式：

$$59\times(1+r)^{-1}+59\times(1+r)^{-2}+59\times(1+r)^{-3}+59\times(1+r)^{-4}+(59+1\,250)\times(1+r)^{-5}=1\,000(元)$$

采用插值法，可以计算得出 $r=10\%$，由此可编制表3-1。

表3-1 某公司5年期债券利息收入及摊余成本 金额单位：元

年份	期初摊余成本 (a)	实际利息收入 (b) (按10%计算)	现金流入 (c)	期末摊余成本 ($d=a+b-c$)
2010年	1 000	100	59	1 041

续表3-1

年份	期初摊余成本 (*a*)	实际利息收入 (*b*) (按10%计算)	现金流入 (*c*)	期末摊余成本 ($d=a+b-c$)
2011年	1 041	104	59	1 086
2012年	1 086	109	59	1 136
2013年	1 136	114*	59	1 191
2014年	1 191	118**	1 309	0

注：*数字四舍五入取整；

**数字考虑了计算过程中出现的尾差。

根据上述数据，广州华融公司的有关账务处理如下：

(1)2010年1月1日，购入债券：

借：持有至到期投资——成本　　1 250

　贷：银行存款　　1 000

　　　持有至到期投资——利息调整　　250

(2)2010年12月31日，确认实际利息收入、收到票面利息等：

借：应收利息　　59

　　持有至到期投资——利息调整　　41

　贷：投资收益　　100

借：银行存款　　59

　贷：应收利息　　59

(3)2011年12月31日，确认实际利息收入、收到票面利息等：

借：应收利息　　59

　　持有至到期投资——利息调整　　45

　贷：投资收益　　104

借：银行存款　　59

　贷：应收利息　　59

(4)2012年12月31日，确认实际利息收入、收到票面利息等：

借：应收利息　　59

　　持有至到期投资——利息调整　　50

　贷：投资收益　　109

借：银行存款　　59

　贷：应收利息　　59

(5)2013年12月31日，确认实际利息、收到票面利息等：

借：应收利息　　59

　　持有至到期投资——利息调整　　55

　贷：投资收益　　114

借：银行存款　　　　　　　　　　　　　59

　贷：应收利息　　　　　　　　　　　　　59

(6)2014 年 12 月 31 日，确认实际利息、收到票面利息和本金等：

借：应收利息　　　　　　　　　　　　　59

　　持有至到期投资——利息调整　　　　59

　贷：投资收益　　　　　　　　　　　　　118

借：银行存款　　　　　　　　　　　　　59

　贷：应收利息　　　　　　　　　　　　　59

借：银行存款等　　　　　　　　　　　1 250

　贷：持有至到期投资——成本　　　　　1 250

假定在 2012 年 1 月 1 日，广州华融公司预计本金的一半(即 625 元)将会在该年末收回，而其余的一半本金将于 2014 年末付清。遇到这种情况时，广州华融公司应当调整 2012 年年初的摊余成本，计入当期损益。调整时采用最初确定的实际利率。

据此，调整上述表中相关数据后如表 3－2 所示。

表 3－2　调整后的利息收入及摊余成本　　　　金额单位：元

年份	期初摊余成本 (a)	实际利息收入 (b) (按 10%计算)	现金流入 (c)	期末摊余成本 (d = a + b − c)
2012 年	1 139*	114**	684	569
2013 年	569	57	30***	596
2014 年	596	60	656	0

* $1\,139 = 684 \times (1 + 10\%)^{-1} + 30 \times (1 + 10\%)^{-2} + 656 \times (1 + 10\%)^{-3}$(四舍五入)

** $114 = 1\,138 \times 10\%$(四舍五入)

*** $30 = 625 \times 4.72\%$(四舍五入)

根据上述调整，广州华融公司的账务处理如下：

(1)2012 年 1 月 1 日，调整期初摊余成本：

借：持有至到期投资——利息调整　　　　53

　贷：投资收益　　　　　　　　　　　　　53

(2)2012 年 12 月 31 日，确认实际利息、收回本金等：

借：应收利息　　　　　　　　　　　　　59

　　持有至到期投资——利息调整　　　　55

　贷：投资收益　　　　　　　　　　　　　114

借：银行存款　　　　　　　　　　　　　59

　贷：应收利息　　　　　　　　　　　　　59

借：银行存款　　　　　　　　　　　　625

　贷：持有至到期投资——成本　　　　　　625

(3)2013 年 12 月 31 日，确认实际利息等：

借：应收利息　　30

　　持有至到期投资——利息调整　　27

　　贷：投资收益　　57

借：银行存款　　30

　　贷：应收利息　　30

(4)2014 年 12 月 31 日，确认实际利息、收回本金等：

借：应收利息　　30

　　持有至到期投资——利息调整　　30

　　贷：投资收益　　60

借：银行存款　　30

　　贷：应收利息　　30

借：银行存款　　625

　　贷：持有至到期投资——成本　　625

假定广州华融公司购买的债券不是分次付息，而是到期一次还本付息，且利息不是以复利计算。此时广州华融公司所购买债券的实际利率 r，可以计算如下：

$(59+59+59+59+59+1\ 250)\times(1+r)^{-5}=1\ 000$(元)，由此得出 $r=9.05\%$。

据此，调整上述表中相关数据后如表 3－3 所示。

表 3－3　到期一次还本付息的利息收入及摊余成本　　金额单位：元

年份	期初摊余成本 (a)	实际利息收入 (b) (按 9.05% 计算)	现金流入 (c)	期末摊余成本 ($d=a+b-c$)
2010 年	1 000	90.5	0	1 090.5
2011 年	1 090.5	98.69	0	1 189.19
2012 年	1 189.19	107.62	0	1 296.81
2013 年	1 296.81	117.36	0	1 414.17
2014 年	1 414.17	130.83 *	1 545	0

注：* 考虑了计算过程中出现的尾差 2.85 元。

根据上述数据，广州华融公司的有关账务处理如下：

(1)2010 年 1 月 1 日，购入债券：

借：持有至到期投资——成本　　1 250

　　贷：银行存款　　1 000

　　　　持有至到期投资——利息调整　　250

(2)2010 年 12 月 31 日，确认实际利息收入：

借：持有至到期投资——应计利息　　59

　　　　　　　　——利息调整　　31.5

贷：投资收益 90.5

(3)2011 年 12 月 31 日，确认实际利息收入：

借：持有至到期投资——应计利息 59

——利息调整 39.69

贷：投资收益 98.69

(4)2012 年 12 月 31 日，确认实际利息收入：

借：持有至到期投资——应计利息 59

——利息调整 48.62

贷：投资收益 107.62

(5)2013 年 12 月 31 日，确认实际利息收入：

借：持有至到期投资——应计利息 59

——利息调整 58.36

贷：投资收益 117.36

(6)2014 年 12 月 31 日，确认实际利息、收到本金和名义利息等：

借：持有至到期投资——应计利息 59

——利息调整 71.83

贷：投资收益 130.83

借：银行存款 1 545

贷：持有至到期投资——成本 1 250

——应计利息 295

3.2.2.3 持有至到期投资转换

企业因持有至到期投资部分出售或重分类的金额较大，且不属于企业会计准则所允许的例外情况，使该投资的剩余部分不再适合划分为持有至到期投资的，企业应当将该投资的剩余部分重分类为可供出售金融资产，并以公允价值进行后续计量。在重分类日，该投资剩余部分的账面价值与其公允价值之间的差额计入所有者权益，在该可供出售金融资产发生减值或终止确认时转出，计入当期损益。

例 3－6 2016 年 3 月，由于贷款基准利率的变动和其他市场因素的影响，广州兴隆公司持有的、原划分为持有至到期投资的某公司债券价格持续下跌。为此，广州兴隆公司于 4 月 1 日对外出售该持有至到期债券投资 10%，收取价款 1 200 000 元(即所出售债券的公允价值)。

假定 4 月 1 日该债券出售前的账面余额(成本)为 10 000 000 元，不考虑债券出售等其他相关因素的影响，则广州兴隆公司相关的账务处理如下：

借：银行存款 1 200 000

贷：持有至到期投资——成本 1 000 000

投资收益 200 000

借：可供出售金融资产 10 800 000

贷：持有至到期投资——成本 9 000 000

其他综合收益 1 800 000

假定4月23日，广州兴隆公司将该债券全部出售，收取价款11 800 000元，则广州兴隆公司相关账务处理如下：

借：银行存款　　11 800 000
　贷：可供出售金融资产　　10 800 000
　　　投资收益　　1 000 000
借：其他综合收益　　1 800 000
　贷：投资收益　　1 800 000

3.3 可供出售金融资产

3.3.1 可供出售金融资产概述

可供出售金融资产，是指初始确认时即被指定为可供出售的非衍生金融资产，以及除下列各类资产以外的金融资产：①贷款和应收款项；②持有至到期投资；③以公允价值计量且其变动计入当期损益的金融资产。例如，企业购入的在活跃市场上有报价的股票、债券和基金等，没有划分为以公允价值计量且其变动计入当期损益的金融资产或持有至到期投资等金融资产的，可归为此类。

对于在活跃市场上有报价的金融资产，既可能划分为以公允价值计量且其变动计入当期损益的金融资产，也可能划分为可供出售金融资产；如果该金融资产属于有固定到期日、回收金额固定或可确定的金融资产，则该金融资产还可能划分为持有至到期投资。某项金融资产具体应分为哪一类，主要取决于企业管理层的风险管理、投资决策等因素。金融资产的分类应是管理层意图的如实表达。

3.3.2 可供出售金融资产的会计处理

可供出售金融资产的会计处理，与以公允价值计量且其变动计入当期损益的金融资产的会计处理有类似之处，但也有不同。具体而言：(1)初始确认时，都应按公允价值计量，但对于可供出售金融资产，相关交易费用应计入初始入账金额；(2)资产负债表日，都应按公允价值计量，但对于可供出售金融资产，公允价值变动不计入当期损益，而通常应计入所有者权益。

企业在对可供出售金融资产进行会计处理时，还应注意以下方面：

(1)企业取得可供出售金融资产支付的价款中包含的已到付息期但尚未领取的债券利息或已宣告但尚未发放的现金股利，应单独确认为应收项目。

可供出售金融资产持有期间取得的利息或现金股利，应当计入投资收益。资产负债表日，可供出售金融资产应当以公允价值计量，且公允价值变动计入资本公积(其他资本公积)。

(2)可供出售金融资产发生的减值损失，应计入当期损益；如果可供出售金融资产是外币货币性金融资产，则其形成的汇兑差额也应计入当期损益。采用实际利率法计算的可供出售金融资产的利息，应当计入当期损益；可出售权益工具投资的现金股利，应当在被投资单位宣告发放股利时计入当期损益。

(3)处置可供出售金融资产时，应将取得的价款与该金融资产账面价值之间的差额，计入投资损益；同时，将原直接计入所有者权益的公允价值变动累计额对应处置部分的金额转出，计入投资损益。

例3－7 广州兴隆公司于2015年7月13日从二级市场购入股票1 000 000股，每股市价15元，手续费30 000元；初始确认时，该股票划分为可供出售金融资产。

广州兴隆公司至2015年12月31日仍持有该股票，该股票当时的市价为16元。

2016年2月1日，广州兴隆公司将该股票售出，售价为每股13元，另支付交易费用30 000元。

假定不考虑其他因素，广州兴隆公司的账务处理如下：

(1)2015年7月13日，购入股票：

借：可供出售金融资产——成本　　15 030 000

　贷：银行存款　　15 030 000

(2)2015年12月31日，确认股票价格变动：

借：可供出售金融资产——公允价值变动　　970 000

　贷：其他综合收益　　970 000

(3)2016年2月1日，出售股票：

借：银行存款　　12 970 000

　　其他综合收益　　970 000

　　投资收益　　2 060 000

　贷：可供出售金融资产——成本　　15 030 000

　　　　　　　　　　——公允价值变动　　970 000

例3－8 2015年1月1日，甲保险公司支付价款1 028.24元购入某公司发行的3年期公司债券，该公司债券的票面总金额为1 000元，票面利率4%，实际利率为3%，利息每年末支付，本金到期支付。甲保险公司将该公司债券划分为可供出售金融资产。2015年12月31日，该债券的市场价格为1 000.094元。假定无交易费用和其他因素的影响，甲保险公司的账务处理如下：

(1)2015年1月1日，购入债券：

借：可供出售金融资产——成本　　1 000

　　　　　　　　　　——利息调整　　28.24

　贷：银行存款　　1 028.24

(2)2015 年 12 月 31 日，收到债券利息、确认公允价值变动：

实际利息 =1 028.24 ×3% =30.8472≈30.85(元)

年末摊余成本 =1 028.24 +30.85 −40 =1 019.09(元)

借：应收利息　　40

　贷：投资收益　　30.85

　　　可供出售金融资产——利息调整　　9.15

借：银行存款　　40

　贷：应收利息　　40

借：其他综合收益　　19

　贷：可供出售金融资产——公允价值变动　　19

例3 −9　2011 年 5 月 6 日，广州华融公司支付价款 10 160 000 元(含交易费用 10 000元和已宣告但尚未发放的现金股利 150 000 元)，购入广州兴隆公司发行的股票 2 000 000股，占广州兴隆公司有表决权股份的 0.5%。广州华融公司将其划分为可供出售金融资产。其他资料如下：

(1) 2011 年 5 月 10 日，广州华融公司收到广州兴隆公司发放的现金股利150 000 元。

(2)2011 年 6 月 30 日，该股票市价为每股 5.2 元。

(3)2011 年 12 月 31 日，广州华融公司仍持有该股票；当日，该股票市价为每股5 元。

(4)2012 年 5 月 9 日，广州兴隆公司宣告发放股利 200 000 元。

(5)2012 年 5 月 13 日，广州华融公司收到广州兴隆公司发放的现金股利。

(6)2012 年 5 月 20 日，广州华融公司以每股 4.9 元的价格将该股票全部转让。

假定不考虑其他因素的影响，广州华融公司的账务处理如下：

(1)2011 年 5 月 6 日，购入股票：

借：应收股利　　150 000

　　可供出售金融资产——成本　　10 010 000

　贷：银行存款　　10 160 000

(2)2011 年 5 月 10 日，收到现金股利：

借：银行存款　　150 000

　贷：应收股利　　150 000

(3)2011 年 6 月 30 日，确认股票的价格变动：

借：可供出售金融资产——公允价值变动　　390 000

　贷：其他综合收益　　390 000

(4)2011 年 12 月 31 日，确认股票价格变动：

借：其他综合收益　　400 000

贷：可供出售金融资产——公允价值变动　　400 000

(5)2012 年 5 月 9 日，确认应收现金股利：

借：应收股利　　200 000

贷：投资收益　　200 000

(6)2012 年 5 月 13 日，收到现金股利：

借：银行存款　　200 000

贷：应收股利　　200 000

(7)2012 年 5 月 20 日，出售股票：

借：银行存款　　9 800 000

投资收益　　210 000

可供出售金融资产——公允价值变动　　10 000

贷：可供出售金融资产——成本　　10 010 000

其他综合收益　　10 000

4 存货业务外包

存货业务外包主要是包括存货的初始确认业务外包、存货的发出业务外包及存货期末业务外包。在发出外包业务时，要注意发出存货政策的选择，在处理存货期末外包业务的时候，要注意可变现净值的确认。

4.1 存货的确认和初始计量

4.1.1 存货的概念与确认条件

4.1.1.1 存货的概念

存货是指企业在日常活动中持有以备出售的产成品或商品，处在生产过程中的在产品，在生产过程或提供劳务过程中耗用的材料、物料等。

存货区别于固定资产等非流动资产的最基本的特征是，企业持有存货的最终目的是为了出售，包括可供直接出售的产成品、商品等以及需经过进一步加工后出售的原料等。

企业的存货通常包括以下内容：

(1)原材料。指企业在生产过程中经加工改变其形态或性质并构成产品、主要实体的各种原料及主要材料、辅助材料、外购半成品(外购件)、修理用备件(备品备件)、包装材料、燃料等。为建造固定资产等各项工程而储备的各种材料，虽然同属于材料，但是由于用于建造固定资产等各项工程不符合存货的定义，因此不能作为企业的存货进行核算。

(2)在产品。指企业正在制造尚未完工的产品，包括正在各个生产工序加工的产品和已加工完毕但尚未检验或已检验但尚未办理入库手续的产品。

(3)半成品。指经过一定生产过程并已检验合格交付半成品仓库保管，但尚未制造完工成为产成品，仍需进一步加工的中间产品。

(4)产成品。指工业企业已经完成全部生产过程并验收入库，可以按照合同规定的条件送交订货单位或者可以作为商品对外销售的产品。企业接受外来原材料加工制造的代制品和为外单位加工修理的代修品，制造和修理完成验收入库后，应视同企业的产成品。

(5)商品。指商品流通企业外购或委托加工完成验收入库用于销售的各种商品。

(6)周转材料。指企业能够多次使用，但不符合固定资产定义的材料，如为了包装本企业商品而储备的各种包装物，各种工具、管理用具、玻璃器皿、劳动保护用品以及在经营过程中周转使用的容器等低值易耗品和建造承包商的钢模板、木模板、脚手架等其他周转材料。但是，周转材料符合固定资产定义的，应当作为固定资产处理。

4.1.1.2 存货的确认条件

存货必须在符合定义的前提下，同时满足下列两个条件，才能予以确认。

1. 与该存货有关的经济利益很可能流入企业

资产最重要的特征是预期会给企业带来经济利益。如果某一项目预期不能给企业带来经济利益，就不能确认为企业的资产。存货是企业的一项重要的流动资产，因此，对存货的确认，关键是判断其是否很可能给企业带来经济利益或其所包含的经济利益是否很可能流入企业。通常，拥有存货的所有权是与该存货有关的经济利益很可能流入本企业的一个重要标志。一般情况下，根据销售合同已经售出(取得现金或收取现金的权利)，所有权已经转移的存货，因其所含经济利益已不能流入本企业，因而不能再作为企业的存货进行核算，即使该存货尚未运离企业。企业在判断与该存货有关的经济利益能否流入企业时，通常应结合考虑该存货所有权的归属，而不应当仅仅考虑其存放的地点等。

2. 该存货的成本能够可靠地计量

成本或者价值能够可靠地计量是资产确认的一项基本条件。存货作为企业资产的组成部分，要予以确认也必须能够对其成本进行可靠的计量。存货的成本能够可靠地计量必须以取得的确凿证据为依据，并且具有可验证性。如果存货成本不能可靠地计量，则不能确认为一项存货。如企业承诺的订货合同，由于并未实际发生，不能可靠地确定其成本，因此就不能确认为购买企业的存货。

4.1.2 存货的初始计量

企业取得存货应当按照成本进行计量。存货成本包括采购成本、加工成本和使存货达到目前场所和预定可使用状态所发生的其他成本。企业存货的取得主要是通过外购和自制两个途径。

企业在日常核算中采用计划成本法或售价金额法核算的存货成本，实质上也是存货的实际成本。比如，采用计划成本法，通过“材料成本差异”或“产品成本差异”科目将材料或产成品的计划成本调整为实际成本。采用售价金额法，通过“商品进销差价”科目将商品的售价调整为实际成本(进价)。

4.1.2.1 外购存货的成本

企业外购存货主要包括原材料和商品。外购存货的成本即存货的采购成本，指企业物资从采购到入库前所发生的全部支出，包括购买价款、相关税费、运输费、装卸费、保险费以及其他可归属于存货采购成本的费用。

商品流通企业在采购商品过程中发生的运输费、装卸费、保险费以及其他可归属于存货采购成本的费用等进货费用，应计入所购商品成本。在实务中，企业也可以将发生的运输费、装卸费、保险费以及其他可归属于存货采购成本的费用等进货费用先进行归集，期末，按照所购商品的存销情况进行分摊。对于已销售商品的进货费用，计入主营业务成本；对于未销售商品的进货费用，计入期末存货成本。商品流通企业采购商品的进货费用金额较小的，可以在发生时直接计入当期销售费用。

4.1.2.2 加工取得存货的成本

企业通过进一步加工取得的存货，主要包括产成品、在产品、半成品、委托加工物资等，其成本由采购成本、加工成本构成。某些存货还包括使存货达到目前场所和预定可使用状态所发生的其他成本，如可直接认定的产品设计费用等。通过进一步加工取得的存货的成本中，采购成本是由所使用或消耗的原材料采购成本转移而来的，因此，计量加工取得的存货成本，重点是要确定存货的加工成本。

存货加工成本由直接人工和制造费用构成，其实质是企业在进一步加工存货的过程中追加发生的生产成本，因此，不包括直接由材料存货转移来的价值。其中，直接人工是指企业在生产产品过程中，直接从事产品生产的工人的职工薪酬。直接人工和间接人工的划分依据通常是生产工人是否与所生产的产品直接相关(即可否直接确定其服务的产品对象)。制造费用是指企业为生产产品和提供劳务而发生的各项间接费用。制造费用是一项间接生产成本，包括企业生产部门(如生产车间)管理人员的职工薪酬、折旧费、办公费、水电费、机物料消耗、劳动保护费、季节性和修理期间的停工损失等。

4.1.2.3 其他方式取得存货的成本

企业取得存货的其他方式主要包括接受投资者投资、非货币性资产交换、债务重组、企业合并以及存货盘盈等。

1. 投资者投入存货的成本

投资者投入存货的成本，应当按照投资合同或协议约定的价值确定，但合同或协议约定价值不公允的除外。在投资合同或协议约定价值不公允的情况下，按照该项存货的公允价值作为其入账价值。

2. 通过非货币性资产交换、债务重组、企业合并等方式取得的存货的成本

企业通过非货币性资产交换、债务重组、企业合并等方式取得的存货，其成本应当分别按照《企业会计准则第7号——非货币性资产交换》《企业会计准则第12号——债务重组》和《企业会计准则第20号——企业合并》等的规定确定。但是，其后续计量和披露应当执行《企业会计准则第1号——存货》(以下简称存货准则)的规定。

3. 盘盈存货的成本

盘盈的存货应按其重置成本作为入账价值，并通过“待处理财产损溢”科目进行会计处理，按管理权限报经批准后，冲减当期管理费用。

4.1.2.4 通过提供劳务取得的存货

通过提供劳务取得的存货，其成本按劳务提供人员的直接人工和其他直接费用以及可归属于该存货的间接费用确定。

在确定存货成本的过程中，应当注意，下列费用不应当计入存货成本，而应当在其发生时计入当期损益：

(1)非正常消耗的直接材料、直接人工及制造费用。例如，企业超定额的废品损失以及由自然灾害而发生的直接材料、直接人工及制造费用，由于这些费用的发生无助于使该存货达到目前场所和预定可使用状态，不应计入存货成本，而应计入当期损益。

(2)仓储费用，指企业在采购入库后发生的储存费用。但是，在生产过程中为达到

下一个生产阶段所必需的仓储费用则应计入存货成本。例如，某种酒类产品生产企业为使生产的酒达到规定的产品质量标准，而必然发生的仓储费用，就应计入酒的成本，而不是计入当期损益。

(3)不能归属于使存货达到目前场所和状态的其他支出，不符合存货的定义和确认条件的。

4.2 发出存货的计量

4.2.1 发出存货成本的计量方法

企业应当根据各类存货的实物流转方式、企业管理的要求、存货的性质等实际情况，合理地选择发出存货成本的计算方法，以合理确定当期发出存货的实际成本。

对于性质和用途相似的存货，应当采用相同的成本计算方法确定发出存货的成本，企业在确定发出存货的成本时，可以采用个别计价法、先进先出法、月末一次加权平均法和移动加权平均法等方法。企业不得采用后进先出法确定发出存货的成本。

4.2.1.1 个别计价法

个别计价法亦称个别认定法、具体辨认法、分批实际法，采用这一方法是假设存货具体项目的实物流转与成本流转相一致，按照各种存货逐一辨认各批发出存货和期末存货所属的购进批别或生产批别，分别按其购入或生产时所确定的单位成本计算各批发出存货和期末存货成本的方法。在这种方法下，把每一种存货的实际成本作为计算发出存货成本和期末存货成本的基础。

个别计价法的成本计算准确，符合实际情况，但在存货收发频繁的情况下，其发出成本分辨的工作量较大。因此，这种方法适用于一般不能替代使用的存货、为特定项目专门购入或制造的存货以及提供的劳务，例如专门购入的珠宝、名画等贵重物品。

例4－1 广州华融公司2014年5月有关D商品的收入、发出及购进单位成本如表4－1所示。

表4－1 D商品购销明细账 金额单位：元

日期		摘要	收入			发出			结存		
月	日		数量	单价	金额	数量	单价	金额	数量	单价	金额
5	1	期初							150	10	1 500
	5	购入	100	12	1 200				250		
	11	销售				200			50		
	16	购入	200	14	2 800				250		
	20	销售				100			150		
	23	购入	100	15	1 500				250		
	27	销售				100			150		
	30	合计	400	—	5 500	400	—	—	1250	—	—

假设经过具体辨认，本期发出存货的单位成本如下：5 月 11 日发出的 200 件存货中，100 件为期初结存存货，单位成本为 10 元；100 件为 5 日购入存货，单位成本为 12 元；5 月 20 日发出的 100 件存货为 16 日购入，单位成本为 14 元；5 月 27 日发出的 100 件存货中，50 件为期初结存，单位成本为 10 元，50 件为 23 日购入，单位成本为 15 元。则按照个别认定法，广州华融公司 5 月份 D 商品收入、发出与结存情况如表 4－2 所示。

表 4－2　D 商品购销明细账(个别认定法)　　金额单位：元

日期		摘要	收入			发出			结存		
月	日		数量	单价	金额	数量	单价	金额	数量	单价	金额
5	1	期初余额							150	10	1500
	5	购入	100	12	1 200				150	10	1500
									100	12	1200
	11	销售				100	10	1 000	50	10	500
						100	12	1 200			
	16	购入	200	14	2 800				50	10	500
									200	14	2 800
	20	销售				100	14	1 400	50	10	500
									100	14	1400
	23	购入	100	15	1 500				50	10	500
									100	14	1 400
									100	15	1 500
	27	销售				50	10	500	100	14	1 400
						50	15	750	50	15	750
	30	本期合计	400	—	5 500	400	—	4 850	100	14	1 400
									50	15	750

从表中可知，广州华融公司本期发出存货成本及期末结转存货成本如下：本期发出存货成本 $=100\times10+100\times12+100\times14+50\times10+50\times15=4\ 850$(元)。期末结存存货成本＝上期期末结存存货成本＋本期购入存货成本－本期发出存货成本 $=150\times10+100\times12+200\times14+100\times15-4\ 850=2\ 150$(元)

4.2.1.2　先进先出法

先进先出法是指以先购入的存货应先发出(销售或耗用)的存货实物流动假设为前提，对发出存货进行计价的一种方法。采用这种方法，先购入的存货成本在后购入存货成本之前转出，据此确定发出存货和期末存货的成本。具体方法是：收入存货时，逐笔登记收入存货的数量、单价和金额；发出存货时，按照先进先出的原则逐笔登记存货的发出成本和结存金额。

先进先出法可以随时结转存货发出成本，但较繁琐；如果存货收发业务较多且存货单价不稳定时，其工作量较大。在物价持续上升时，期末存货成本接近于市价，而发出成本偏低，会高估企业当期利润和库存存货价值；反之，会低估企业存货价值和当期利润。

例4－2 在例4－1中，假设广州华融公司D商品本期收入、发出和结存情况如表4－3所示。从该表可以看出存货成本的计价顺序，如11日发出的200件存货，按先进先出法的流转顺序，应先发出期初库存存货150件，即发出存货成本为150×10元，然后再发出5日购入的50件，即发出存货成本为50×12元，其他以此类推。从表4－3中看出，使用先进先出法得出的发出存货成本和期末存货成本分别为4 800元和2 200元。

表4－3 D商品购销明细账(先进先出法) 金额单位：元

日期		摘要	收入			发出			结存		
月	日		数量	单价	金额	数量	单价	金额	数量	单价	金额
5	1	期初余额							150	10	1 500
	5	购入	100	12	1 200				150	10	1 500
									100	12	1 200
	11	销售				150	10	1 500	50	12	600
						50	12	600			
	16	购入	200	14	2 800				50	12	600
									200	14	2 800
	20	销售				50	12	600	150	14	2 100
						50	14	700			
	23	购入	100	15	1 500				150	14	2 100
									100	15	1 500
	27	销售				100	14	1 400	50	14	700
									100	15	1 500
	30	本期合计	400	—	5 500	400	—	4 800	50	14	700
									100	15	1500

广州华融公司日常账面记录显示，D商品期初结存存货成本为150×10元，本期购入存货三批，存货成本按先后顺序分别为：100×12元、200×14元、100×15元。假设经过盘点，发现期末库存150件，则本期发出存货为400件。则：

发出存货成本＝150×10＋50×12＋50×12＋50×14＋100×14＝4 800(元)

期末存货成本＝50×14＋100×15＝2 200(元)。

4.2.1.3 月末一次加权平均法

月末一次加权平均法是指以本月全部进货数量加上月初存货数量作为权数，去除本月全部进货成本加上月初存货成本，计算出存货的加权平均单位成本，以此为基础计算本月发出存货的成本和期末存货的成本的一种方法。计算公式如下：

存货单位成本 =［月初库存存货的实际成本 + $\sum$（本月各批进货的实际单位成本×本月各批进货的数量）］/（月初库存存货数量 + 本月各批进货数量之和）

本月发出存货成本 = 本月发出存货的数量 × 存货单位成本

本月月末库存存货成本 = 月末库存存货的数量 × 存货单位成本

或　本月月末库存存货成本 = 月初库存存货的实际成本 + 本月收入存货的实际成本 − 本月发出存货的实际成本

采用加权平均法只在月末一次计算加权平均单价，比较简单，有利于简化成本计算工作，但由于平时无法从账上提供发出和结存存货的单价及金额，因此不利于存货成本的日常管理与控制。

例4－3　承例4－1资料，假设广州华融公司采用加权平均法，则5月份D商品的平均单位成本为：

5月份D商品平均单位成本 =（期初结存存货金额 + 本期购入存货金额）÷（期初存货结存数量 + 本期购入存货数量）=（150×10 + 100×12 + 200×14 + 100×15）÷（150 + 100 + 200 + 100）≈12.727（元）

5月份D商品的发出存货成本 = 400×12.727 = 5 090.8（元）

5月份D商品的期末结存成本 = 7 000 − 5 090.8 = 1 909.2（元）

4.2.1.4　移动加权平均法

移动加权平均法是指以每次进货的成本加上原有库存存货的成本，除以每次进货数量加上原有库存存货的数量，据以计算加权平均单位成本，作为在下次进货前计算各次发出存货成本依据的一种方法。计算公式如下：

存货单位成本 =（原有库存存货的实际成本 + 本次进货的实际成本）÷（原有库存存货数量 + 本次进货数量）

本次发出存货的成本 = 本次发出存货数量 × 本次发货前存货的单位成本

本月月末库存存货成本 = 月末库存存货的数量 × 本月月末存货单位成本

采用移动平均法能够使企业管理层及时了解存货的结存情况，计算的平均单位成本以及发出和结存的存货成本比较客观。但由于每次收货都要计算一次平均单价，计算工作量较大，对收发货较频繁的企业不适用。

例4－4　承例4－1资料，假设广州华融公司采用移动加权平均法核算企业存货，作为D商品本期收入、发出和结存情况如表4－4所示。从表中看出，存货的平均成本从期初的10元变为期中的10.8元、13.36元，再变成期末的14.016元。各平均成本计算如下：5月5日购入存货后的平均单位成本 =（150×10 + 100×12）÷（150 + 100）= 10.8（元）。5月16日购入存货后的平均单位成本 =（50×10.8 + 200×14）÷（50 + 200）= 13.36（元）。5月23日购入存货后的平均单位成本 =（150×13.36 + 100×15）÷（150 + 100）= 14.016（元）。

表 4－4　D 商品购销明细账（移动加权平均法）　　金额单位：元

日期		摘要	收入			发出			结存		
月	日		数量	单价	金额	数量	单价	金额	数量	单价	金额
5	1	期初余额							150	10	1 500
	5	购入	100	12	1 200				250	10.8	2 700
	11	销售				200	10.8	2160	50	10.8	540
	16	购入	200	14	2 800				250	13.36	3 340
	20	销售				100	13.36	1 336	150	13.36	2 004
	23	购入	100	15	1 500				250	14.016	3 504
	27	销售				100	14.016	1 401.36	150	14.016	2 102.4
	30	合计	400	—	5 500	400	—	4 897.36	150	14.016	2 102.4

4.2.2　存货成本的结转

企业销售存货，应当将已售存货的成本结转为当期损益，计入营业成本。这就是说，企业在确认存货销售收入的当期，应当将已经销售存货的成本结转为当期营业成本。

存货为商品、产成品的，企业应采用先进先出法、移动加权平均法、月末一次加权平均法和个别计价法确定已销售商品的实际成本。存货为非商品存货的，如材料等，应将已出售的材料的实际成本予以结转，计入当期其他业务成本。这里所讲的材料销售不构成企业的主营业务。如果材料销售构成了企业的主营业务，则该材料为企业的商品存货，而不是非商品存货。

对已售存货计提了存货跌价准备的，还应结转已计提的存货跌价准备，冲减当期主营业务成本或其他业务成本，实际上是按已售产成品或商品的账面价值结转主营业务成本或其他业务成本。企业按存货类别计提存货跌价准备的，也应按比例结转相应的存货跌价准备。

企业的周转材料（如包装物和低值易耗品）符合存货定义和确认条件的，按照使用次数分次计入成本费用。金额较小的，可在领用时一次计入成本费用，以简化核算，但为加强实物管理，应当在备查簿上进行登记。

4.3　期末存货的计量

4.3.1　存货期末计量原则

资产负债表日，存货应当按照成本与可变现净值孰低法计量。

当存货成本低于可变现净值时，存货按成本计量；当存货成本高于可变现净值时，存货按可变现净值计量，同时按照成本高于可变现净值的差额计提存货跌价准备，计入当期损益。

成本与可变现净值孰低法计量的理论基础主要是使存货符合资产的定义。当存货的可变现净值下跌至成本以下时，表明该存货会给企业带来的未来经济利益低于其账面成本，因而应将这部分损失从资产价值中扣除，计入当期损益。否则，存货的可变现净值低于成本时，如果仍然以其成本计量，就会出现虚计资产的现象。

4.3.2 存货的可变现净值

可变现净值，是指在日常活动中，存货的估计售价减去至完工时估计将要发生的成本、估计的销售费用以及相关税费后的金额。存货的可变现净值由存货的估计售价、至完工时将要发生的成本、估计的销售费用和估计的相关税费等内容构成。

4.3.2.1 可变现净值的基本特征

1. 确定存货可变现净值的前提是企业在进行日常活动

如果企业不是在进行正常的生产经营活动，比如企业处于清算过程，那么不能按照存货准则的规定确定存货的可变现净值。

2. 可变现净值为存货的预计未来净现金流量，而不是简单地等于存货的售价或合同价

企业预计的销售存货现金流量，并不完全等于存货的可变现净值。存货在销售过程中可能发生的销售费用和相关税费，以及为达到预定可销售状态还可能发生的加工成本等相关支出，构成现金流入的抵减项目。企业预计的销售存货现金流量，扣除这些抵减项目后，才能确定存货的可变现净值。

3. 不同存货可变现净值的构成不同

(1)产成品、商品和用于出售的材料等直接用于出售的商品存货，在正常生产经营过程中，应当以该存货的估计售价减去估计的销售费用和相关税费后的金额，确定其可变现净值。

(2)需要经过加工的材料存货，在正常生产经营过程中，应当以所生产的产成品的估计售价减去至完工时估计将要发生的成本、估计的销售费用和相关税费后的金额，确定其可变现净值。

4.3.2.2 确定存货的可变现净值时应考虑的因素

企业在确定存货的可变现净值时，应当以取得的确凿证据为基础，并且考虑持有存货的目的、资产负债表日后事项的影响等因素。

1. 确定存货的可变现净值应当以取得确凿证据为基础

确定存货的可变现净值必须建立在取得确凿证据的基础上。这里所讲的“确凿证据”是指对确定存货的可变现净值和成本有直接影响的客观证明。

(1)存货成本的确凿证据。存货的采购成本、加工成本和其他成本及以其他方式取得存货的成本，应当以取得外来原始凭证、生产成本账簿记录等作为确凿证据。

(2)存货可变现净值的确凿证据。存货可变现净值的确凿证据，是指对确定存货的可变现净值有直接影响的确凿证明，如产成品或商品的市场销售价格、与产成品或商品相同或类似商品的市场销售价格、销货方提供的有关资料和生产成本资料等。

2. 确定存货的可变现净值应当考虑持有存货的目的

由于企业持有存货的目的不同，确定存货可变现净值的计算方法也不同，如用于出售的存货和用于继续加工的存货，其可变现净值的计算就不相同。因此，企业在确定存货的可变现净值时，应考虑持有存货的目的。企业持有存货的目的，通常可以分为：①持有以备出售的存货，如商品、产成品，其中又分为有合同约定的存货和没有合同约定的存货；②将在生产过程或提供劳务过程中耗用的存货，如材料等。

3. 确定存货的可变现净值应当考虑资产负债表日后事项等的影响

资产负债表日后事项应当能够确定资产负债表日存货的存在状况。确定存货的可变现净值时，应当根据资产负债表日存货所处状况应估计的售价为基础，资产负债表日后事项期间发生的有关价格波动，如果有确凿证据表明是对资产负债表日的存货存在状况提供进一步证明的，在计算可变现净值时应当考虑资产负债表日后事项的影响。

4.3.3 存货期末计量的具体方法

4.3.3.1 存货估计售价的确定

对于企业持有的各类存货，在确定其可变现净值时，最关键的问题是确定存货的估计售价。企业应当区别如下情况确定存货的估计售价：

(1)为执行销售合同或者劳务合同而持有的存货，通常应当以产成品或商品的合同价格作为其可变现净值的计算基础。如果企业与购买方签订了销售合同(或劳务合同，下同)，并且销售合同订购的数量等于企业持有存货的数量，在这种情况下，在确定与该项销售合同直接相关存货的可变现净值时，应当以销售合同价格作为其可变现净值的计算基础。也就是说，如果企业就其产成品或商品签订了销售合同，则该批产成品或商品的可变现净值应当以合同价格作为计算基础；如果企业销售合同所规定的标的物还没有生产出来，但持有专门用于该标的物生产的原材料，其可变现净值也应当以合同价格作为计算基础。

例4-5 2015年8月1日，广州华融公司与广州兴隆公司签订了一份不可撤销的销售合同，双方约定，2016年1月25日，广州华融公司应按每台62万元的价格[假定销售价格和成本均不含增值税(本章下面各例同)]向广州兴隆公司提供W1型机器100台。

2015年12月31日，广州华融公司W1型机器的成本为5 600万元，数量为100台，单位成本为56万元/台。

2015年12月31日，W1型机器的市场销售价格为60万元/台(假定不考虑相关税费和销售费用)。

根据广州华融公司与广州兴隆公司签订的销售合同规定，该批W1型机器的销售价格已由销售合同约定，并且其库存数量等于销售合同约定的数量，因此，在这种情况下，计算W1型机器的可变现净值应以销售合同约定的价格6 200(62×100)万元作为计算基础。

(2)如果企业持有存货的数量多于销售合同规定的订购数量，超出部分的存货可变现净值应当以产成品或商品的一般销售价格(即市场销售价格)作为计算基础。

例 4-6 2015 年 11 月 1 日，广州华融公司与丙公司签订了一份不可撤销的销售合同，双方约定，2016 年 3 月 31 日，广州华融公司应按每台 15 万元的价格向丙公司提供 W2 型机器 120 台。

2015 年 12 月 31 日，广州华融公司 W2 型机器的成本为 1 960 万元，数量为 140 台，单位成本为 14 万元/台。

根据广州华融公司销售部门提供的资料表明，向丙公司销售的 W2 型机器的平均运杂费等销售费用为 0.12 万元/台；向其他客户销售 W2 型机器的平均运杂费等销售费用为 0.1 万元/台。

2015 年 12 月 31 日，W2 型机器的市场销售价格为 16 万元/台。

在本例中，能够证明 W2 型机器的可变现净值的确凿证据是广州华融公司与丙公司签订的有关 W2 型机器的销售合同、市场销售价格资料、账簿记录和公司销售部门提供的有关销售费用的资料等。

根据该销售合同规定，库存的 W2 型机器中的 120 台的销售价格已由销售合同约定，其余 20 台并没有由销售合同约定。因此，在这种情况下，对于销售合同约定的数量（120 台）的 W2 型机器的可变现净值应以销售合同约定的价格 15 万元/台作为计算基础，而对于超出部分（20 台）的 W2 型机器的可变现净值应以市场销售价格 16 万元/台作为计算基础。

$$\begin{aligned}\text{W2 型机器的可变现净值} &= (15\times120-0.12\times120)+(16\times20-0.1\times20)\\ &=(1\,800-14.4)+(320-2)\\ &=1\,785.6+318\\ &=2\,103.6(\text{万元})\end{aligned}$$

（3）如果企业持有存货的数量少于销售合同规定的订购数量，实际持有与该销售合同相关的存货应以销售合同所规定的价格作为可变现净值的计算基础。如果该合同为亏损合同，还应同时按照《企业会计准则第 13 号——或有事项》的规定处理。

（4）没有销售合同约定的存货（不包括用于出售的材料），其可变现净值应当以产成品或商品一般销售价格（即市场销售价格）作为计算基础。

例 4-7 2015 年 12 月 31 日，广州华融公司 W3 型机器的账面成本为 600 万元，数量为 10 台，单位成本为 60 万元/台。

2015 年 12 月 31 日，W3 型机器的市场销售价格为 64 万元/台。预计发生的相关税费和销售费用合计为 3 万元/台。

广州华融公司没有签订有关 W3 型机器的销售合同。

由于广州华融公司没有就 W3 型机器签订销售合同，因此，在这种情况下，计算 W3 型机器的可变现净值应以一般销售价格总额 610[(64-3)×10]万元作为计算基础。

（5）用于出售的材料等，通常以市场价格作为其可变现净值的计算基础。这里的市场价格是指材料等的市场销售价格。如果用于出售的材料存在销售合同约定，应按合同价格作为其可变现净值的计算基础。

例 4-8 2015 年 11 月 1 日，广州华融公司根据市场需求的变化，决定停止生产 W4 型机器。为减少不必要的损失，决定将库存原材料中专门用于生产 W4 型机器的外购原材料——A 材料全部出售，2015 年 12 月 31 日其账面成本为 500 万元，数量为 10 吨。据市场调查，A 材料的市场销售价格为 30 万元/吨，同时可能发生的销售费用及相关税费共计为 5 万元。

在本例中，由于企业已决定不再生产 W4 型机器，因此，该批 A 材料的可变现净值不能再以 W4 型机器的销售价格作为其计算基础，而应按其本身的市场销售价格作为计算基础。即：

该批 A 材料的可变现净值：30 × 10 - 5 = 295(万元)

4.3.3.2 材料存货的期末计量

材料存货的期末价值应当以所生产的产成品的可变现净值与成本的比较为基础加以确定。

(1)对于为生产而持有的材料等，如果用其生产的产成品的可变现净值预计高于成本，则该材料仍然应当按照成本计量。这里的“材料”指原材料、在产品、委托加工材料等。“可变现净值高于成本”中的成本是指产成品的生产成本。

例 4-9 2015 年 12 月 31 日，广州华融公司库存原材料——B 材料的账面成本为 3 000 万元，市场销售价格总额为 2 800 万元，假定不发生其他销售费用。用 B 材料生产的产成品——W5 型机器的可变现净值高于成本。

根据上述资料可知，2015 年 12 月 31 日，B 材料的账面成本高于其市场价格，但是由于用其生产的产成品——W5 型机器的可变现净值高于成本，也就是用该原材料生产的最终产品此时并没有发生价值减损，因此，B 材料即使其账面成本已高于市场价格，也不应计提存货跌价准备，仍应按 3 000 万元列示在 2015 年 12 月 31 日的资产负债表的存货项目之中。

(2)如果材料价格的下降表明产成品的可变现净值低于成本，则该材料应当按可变现净值计量，按其差额计提存货跌价准备。

例 4-10 2015 年 12 月 31 日广州华融公司库存原材料——C 材料的账面成本为 600 万元，单位成本为 6 万元/件，数量为 100 件，可用于生产 100 台 W6 型机器。C 材料的市场销售价格为 5 万元/件。

由于 C 材料市场销售价格下跌，导致用 C 材料生产的 W6 型机器的市场销售价格也随之下跌，由此造成 W6 型机器的市场销售价格由 15 万元/台降为 13.5 万元/台，但生产成本仍为 14 万元/台。将 C 材料加工成 W6 型机器尚需投入 8 万元/台，估计发生运杂费等销售费用 0.5 万元/台。

根据上述资料，可按照以下步骤确定 C 材料的可变现净值。

首先，计算用该原材料所生产的产成品的可变现净值：

W6 型机器的可变现净值 = W6 型机器估计售价 - 估计销售费用 - 估计相关税费 = 13.5 × 100 - 0.5 × 100 = 1 300(万元)

其次，将用该原材料所生产的产成品的可变现净值与其成本进行比较：

W6 型机器的可变现净值为 1 300 万元，小于其成本 1 400 万元，即 C 材料价格的下降表明 W6 型机器的可变现净值低于成本，因此，C 材料应当按可变现净值计量。

最后，计算该原材料的可变现净值：

C 材料的可变现净值 = W6 型机器的售价总额 − 将 C 材料加工成 W6 型机器尚需投入的成本 − 估计销售费用 − 估计相关税费 = $13.5\times100-8\times100-0.5\times100=500$（万元）

C 材料的可变现净值 500 万元小于其成本 600 万元，因此，C 材料的期末价值应为其可变现净值 500 万元，即 C 材料应按 500 万元列示在 2015 年 12 月 31 日资产负债表的存货项目之中。

4.3.3.3 计提存货跌价准备的方法

企业在计提存货跌价准备时通常应当以单个存货项目为基础。在企业采用计算机信息系统进行会计处理的情况下，完全有可能做到按单个存货项目计提存货跌价准备。在这种方式下，企业应当将每个存货项目的成本与其可变现净值逐一进行比较，按较低者计量存货，并且按成本高于可变现净值的差额，计提存货跌价准备。这就要求企业应当根据管理要求和存货的特点，明确规定存货项目的确定标准。比如，将某一型号和规格的材料作为一个存货项目、将某一品牌和规格的商品作为一个存货项目，等等。

对于数量繁多、单价较低的存货，可以按照存货类别计提存货跌价准备。如果某一类存货的数量繁多并且单价较低，企业可以按存货类别计量成本与可变现净值，即按存货类别的成本的总额与可变现净值的总额进行计量。

与在同一地区生产和销售的产品系列相关、具有相同或类似最终用途或目的，且难以与其他项目分开计量的存货，可以合并计提存货跌价准备。

存货具有相同或类似最终用途或目的，并在同一地区生产和销售，意味着存货所处的经济环境、法律环境、市场环境等相同，具有相同的风险和报酬。因此，在这种情况下，可以对该存货进行合并计提存货跌价准备。

存货存在下列情形之一的，通常表明存货的可变现净值低于成本。

(1)该存货的市场价格持续下跌，并且在可预见的未来无回升的希望。

(2)企业使用该项原材料生产的产品的成本大于产品的销售价格。

(3)企业因产品更新换代，原有库存原材料已不适应新产品的需要，而该原材料的市场价格又低于其账面成本。

(4)因企业所提供的商品或劳务过时或消费者偏好改变而使市场的需求发生变化，导致市场价格逐渐下跌。

(5)其他足以证明该项存货实质上已经发生减值的情形。

存货存在下列情形之一的，通常表明存货的可变现净值为零。

(1)已霉烂变质的存货。

(2)已过期且无转让价值的存货。

(3)生产中已不再需要，并且已无使用价值和转让价值的存货。

(4)其他足以证明已无使用价值和转让价值的存货。

需要注意的是，资产负债表日，同一项存货中一部分有合同价格约定、其他部分不存在合同价格的，应当分别确定其可变现净值，并与其相对应的成本进行比较，分别确定存货跌价准备的计提或转回的金额，由此计提的存货跌价准备不得相互抵销。

4.3.3.4 存货跌价准备转回的处理

资产负债表日，企业应当确定存货的可变现净值。企业确定存货的可变现净值，应当以资产负债表日的状况为基础确定，既不能提前确定存货的可变现净值，也不能延后确定存货的可变现净值，并且在每一个资产负债表日都应当重新确定存货的可变现净值。

企业的存货在符合条件的情况下，可以转回计提的存货跌价准备。存货跌价准备转回的条件是以前减记存货价值的影响因素已经消失，而不是在当期造成存货可变现净值高于成本的其他影响因素。

当符合存货跌价准备转回的条件时，应在原已计提的存货跌价准备的金额内转回。即在对该项存货、该类存货或该合并存货已计提的存货跌价准备的金额内转回。转回的存货跌价准备与计提该准备的存货项目或类别应当存在直接对应关系，但转回的金额以将存货跌价准备余额冲减至零为限。

例4－11 2014年12月31日，广州华融公司W7型机器的账面成本为500万元，但由于W7型机器的市场价格下跌，预计可变现净值为400万元，由此计提存货跌价准备为100万元。

假定：(1)2015年6月30日，W7型机器的账面成本仍为500万元，但由于W7型机器市场价格有所上升，使得W7型机器的预计可变现净值变为475万元。

(2)2015年12月31日，W7型机器的账面成本仍为500万元，由于W7型机器的市场价格进一步上升，预计W7型机器的可变现净值为555万元。

本例中：(1)2015年6月30日，由于W7型机器市场价格上升，W7型机器的可变现净值有所恢复，应计提的存货跌价准备为25(500－475)万元，则当期应冲减已计提的存货跌价准备为75(100－25)万元，且小于已计提的存货跌价准备100万元，因此，应转回的存货跌价准备为75万元。

会计分录为：

借：存货跌价准备　　　　　　　　750 000

　贷：资产减值损失——存货减值损失　　　　750 000

(2)2015年12月31日，W7型机器的可变现净值又有所恢复，应冲减存货跌价准备为55(500－555)万元，但是对W7型机器已计提的存货跌价准备的余额为25万元，因此，当期应转回的存货跌价准备为25万元而不是55万元(即以将对W7型机器已计提的存货跌价准备余额冲减至零为限)。

会计分录为：

借：存货跌价准备　　　　　　　　250 000

　贷：资产减值损失——存货减值损失　　　　250 000

4.3.3.5 存货跌价准备的结转

企业计提了存货跌价准备，如果其中有部分存货已经销售，则企业在结转销售成本时，应同时结转对其已计提的存货跌价准备。对于因债务重组、非货币性资产交换转出的存货，也应同时结转已计提的存货跌价准备。如果按存货类别计提存货跌价准备的，应当按照发生销售、债务重组、非货币性资产交换等而转出存货的成本占该存货未转出前该类别存货成本的比例结转相应的存货跌价准备。

4.3.4 存货盘亏或毁损的处理

存货发生的盘亏或毁损，应作为待处理财产损溢进行核算。按管理权限报经批准后，根据造成存货盘亏或毁损的原因，分别按以下情况进行处理：

(1)属于计量收发差错和管理不善等原因造成的存货短缺，应先扣除残料价值、可以收回的保险赔偿和过失人赔偿，将净损失计入管理费用。

(2)属于自然灾害等非正常原因造成的存货毁损，应先扣除处置收入(如残料价值)、可以收回的保险赔偿和过失人赔偿，将净损失计入营业外支出。

因非正常原因导致的存货盘亏或毁损，按规定不能抵扣的增值税进项税额应当予以转出。

5 长期股权投资业务外包

长期股权投资业务外包主要包括长期股权投资的初始计量业务外包、长期股权投资后续计量(权益法和成本法)业务外包及长期股权投资处理的业务外包。

5.1 长期股权投资的初始计量

5.1.1 长期股权投资初始计量原则

长期股权投资在取得时，应按初始投资成本入账。长期股权投资的初始投资成本应分别企业合并和非企业合并两种情况确定。

本章所指的长期股权投资，包括以下内容：①投资企业能够对被投资单位实施控制的权益性投资，即对子公司投资；②投资企业与其他合营方一同对被投资单位实施共同控制的权益性投资，即对合营企业投资；③投资企业对被投资单位具有重大影响的权益性投资，即对联营企业投资；④投资企业持有的对被投资单位不具有共同控制或重大影响，并且在活跃市场中没有报价、公允价值不能可靠计量的权益性投资。

5.1.2 企业合并形成的长期股权投资

企业合并形成的长期股权投资，初始投资成本的确定应区分企业合并的类型，区分同一控制下控股合并与非同一控制下控股合并确定形成长期股权投资的初始投资成本。

5.1.2.1 同一控制下企业合并形成的长期股权投资

对于同一控制下的企业合并，从能够对参与合并各方在合并前及合并后均实施最终控制的一方来看，最终控制方在企业合并前及合并后能够控制的资产并没有发生变化。合并方通过企业合并形成的对被合并方的长期股权投资，其成本代表的是在被合并方账面所有者权益中享有的份额。其长期股权投资的初始计量分别以下两种情况进行处理。

(1)合并方以支付现金、转让非现金资产或承担债务方式作为合并对价的，应当在合并日按照取得被合并方所有者权益账面价值的份额作为长期股权投资的初始投资成本。长期股权投资的初始投资成本与支付的现金、转让的非现金资产及所承担债务账面价值之间的差额，应当调整资本公积(资本溢价或股本溢价)；资本公积(资本溢价或股本溢价)的余额不足冲减的，调整留存收益。

具体进行会计处理时，合并方在合并日按取得被合并方所有者权益账面价值的份额，借记“长期股权投资”科目，按应享有被投资单位已宣告但尚未发放的现金股利或利润，借记“应收股利”科目，按支付的合并对价的账面价值，贷记有关资产或借记有关负债科目，按其差额，贷记“资本公积——资本溢价或股本溢价”科目；如为借方差额，应借记“资本公积——资本溢价或股本溢价”科目，资本公积(资本溢价或股本溢价)不足冲减的，借记“盈余公积”和“利润分配——未分配利润”科目。

(2)合并方以发行权益性证券作为合并对价的，应按发行权益性证券的面值总额作为股本，长期股权投资初始投资成本与所发行权益性证券面值总额之间的差额，应当调整资本公积(资本溢价或股本溢价)；资本公积(资本溢价或股本溢价)不足冲减的，调整留存收益。

具体进行会计处理时，在合并日应按取得被合并方所有者权益账面价值的份额，借记“长期股权投资”科目，按应享有被投资单位已宣告但尚未发放的现金股利或利润，借记“应收股利”科目，按发行权益性证券的面值，贷记“股本”科目，按其差额，贷记“资本公积——资本溢价或股本溢价”科目；如为借方差额，应借记“资本公积——资本溢价或股本溢价”科目，资本公积(资本溢价或股本溢价)不足冲减的，借记“盈余公积”和“利润分配——未分配利润”科目。

上述在按照合并日应享有被合并方账面所有者权益的份额确定长期股权投资的初始投资成本时，前提是合并前合并方与被合并方采用的会计政策一致。企业合并前合并方与被合并方采用的会计政策不同的，应首先按照合并方的会计政策对被合并方资产、负债的账面价值进行调整，在此基础上计算确定形成长期股权投资的初始投资成本。

例5－1 2016年6月30日，P公司向同一集团内S公司的原股东定向增发1 500万股普通股(每股面值为1元，市价为13.02元)，取得S公司100%的股权，并于当日起能够对S公司实施控制。在合并后S公司仍维持其独立法人资格继续经营。两公司在企业合并前采用的会计政策相同。在合并日，S公司的账面所有者权益总额为6 606万元。

S公司在合并后维持其法人资格继续经营，合并日P公司在其账簿及个别财务报表中应确认对S公司的长期股权投资，账务处理为：

借：长期股权投资	66 060 000	
贷：股本		15 000 000
资本公积——股本溢价		51 060 000

5.1.2.2 非同一控制下企业合并形成的长期股权投资

非同一控制下的控股合并中，购买方应当按照确定的企业合并成本作为长期股权投资的初始投资成本。企业合并成本包括购买方付出的资产、发生或承担的负债发行的权益性证券的公允价值，以及为进行企业合并发生的各项直接相关费用之和。

具体进行会计处理时，对于非同一控制下企业合并形成的长期股权投资，应在购买日按企业合并成本(不含自被投资单位收取的现金股利或利润)，借记“长期股权投资”科目，按享有被投资单位已宣告但尚未发放的现金股利或利润，借记“应收股利”科目，按支付合并对价的账面价值，贷记有关资产或借记有关负债科目，按发生的直接相关费用，贷记“银行存款”等科目，按其差额，贷记“营业外收入”或借记“营业外支出”等科目。

非同一控制下企业合并涉及以库存商品等作为合并对价的，应按库存商品的公允价值，贷记“主营业务收入”科目，并同时结转相关的成本。

例5－2 A公司于2016年3月31日取得B公司70%的股权。为核实B公司的资产价值，A公司聘请专业资产评估机构对B公司的资产进行评估，支付评估费用300万元。合并中，A公司支付的有关资产在购买日的账面价值与公允价值如表5－1所示。

表5－1 A公司支付的有关资产的账面价值与公允价值

2016年3月31日　　　　金额单位：万元

项　　目	账面价值	公允价值
土地使用权(自用)	6 000	9 600
专利技术	2 400	3 000
银行存款	2 400	2 400
合　计	10 800	15 000

假定合并前A公司与B公司不存在任何关联方关系，A公司用作合并对价的土地使用权和专利技术原价为9 600万元，至企业合并发生时已累计摊销1 200万元。

分析 本例中因A公司与B公司在合并前不存在任何关联方关系，应作为非同一控制下的企业合并处理。

A公司对于合并形成的对B公司的长期股权投资，应按确定的企业合并成本作为其初始投资成本。A公司应进行如下账务处理：

借：长期股权投资　　153 000 000
　　累计摊销　　12 000 000
　贷：无形资产　　96 000 000
　　　银行存款　　27 000 000
　　　营业外收入　　42 000 000

通过多次交换交易，分步取得股权最终形成企业合并的，企业合并成本为每一单项交换交易的成本之和。其中：达到企业合并前对持有的长期股权投资采用成本法核算的，长期股权投资在购买日的成本应为原账面余额加上购买日为取得进一步的股份新支付对价的公允价值之和；达到企业合并前对长期股权投资采用权益法等方法核算的，购买日应对权益法下长期股权投资的账面余额进行调整，将有关长期股权投资的账面余额调整至最初取得成本，在此基础上加上购买日新支付对价的公允价值作为购买日长期股权投资的成本。

例5－3 A公司于2015年3月以12 000万元取得B公司30%的股权，因能够对B公司施加重大影响，对所取得的长期股权投资采用权益法核算，于2015年确认对B公司的投资收益450万元。2016年4月，A公司又斥资15 000万元自C公司取得B公司另外30%的股权。假定A公司在取得对B公司的长期股权投资以后，B公司并未宣告发放现金股利或利润。A公司按净利润的10%提取盈余公积。A公司对该项长期股权投资未计提任何减值准备。A公司与C公司不存在任何关联方关系。

分析 本例中，A公司通过分步购买最终达到对B公司实施控制，形成企业合并。在购买日，A公司应进行如下账务处理：

借：盈余公积　　　　　　　　　　450 000

　　利润分配——未分配利润　　　4 050 000

　贷：长期股权投资　　　　　　　　　　4 500 000

借：长期股权投资　　　　　　　150 000 000

　贷：银行存款　　　　　　　　　　　150 000 000

购买日对B公司长期股权投资的账面余额＝12 450－450＋15 000＝27 000(万元)

5.1.3　企业合并以外其他方式取得的长期股权投资

除企业合并形成的长期股权投资应遵循特定的会计处理原则外，其他方式取得的长期股权投资，取得时初始投资成本的确定应遵循以下规定：

(1)以支付现金取得的长期股权投资，应当按照实际支付的购买价款作为长期股权投资的初始投资成本，包括购买过程中支付的手续费等必要支出。但所支付价款中包含的被投资单位已宣告但尚未发放的现金股利或利润应作为应收项目核算，不构成取得长期股权投资的成本。

例5－4　甲公司于2016年2月10日，自公开市场中买入乙公司20%的股份，实际支付价款8 000万元。另外，在购买过程中支付手续费等相关费用200万元。甲公司取得该部分股权后，能够对乙公司的生产经营决策施加重大影响。

甲公司应当按照实际支付的购买价款和相关费用作为取得长期股权投资的成本，作如下账务处理：

借：长期股权投资　　　　　　　82 000 000

　贷：银行存款　　　　　　　　　　　82 000 000

(2)以发行权益性证券方式取得的长期股权投资，其成本为所发行权益性证券的公允价值，但不包括自被投资单位收取的已宣告但尚未发放的现金股利或利润。

为发行权益性证券支付给有关证券承销机构等的手续费、佣金等与权益性证券发行直接相关的费用，不构成取得长期股权投资的成本。该部分费用按照《企业会计准则第37号——金融工具列报》的规定，应自权益性证券的溢价发行收入中扣除，权益性证券的溢价收入不足冲减的，应冲减盈余公积和未分配利润。

例5－5　2016年3月5日，A公司通过增发9 000万股本公司普通股(每股面值1元)取得B公司20%的股权，该9 000万股股份的公允价值为15 600万元。为增发该部分股份，A公司向证券承销机构等支付了600万元的佣金和手续费。假定A公司取得该部分股权后，能够对B公司的财务和生产经营决策施加重大影响。

本例中，A公司应当以所发行股份的公允价值作为取得长期股权投资的成本，作如下账务处理：

借：长期股权投资　　　　　　　156 000 000

　贷：股本　　　　　　　　　　　　　90 000 000

　　　资本公积——股本溢价　　　　　66 000 000

A公司发行权益性证券过程中支付的佣金和手续费，应冲减权益性证券的溢价发行收入，账务处理为：

借：资本公积——股本溢价　　　　6 000 000

　贷：银行存款　　　　　　　　　　6 000 000

(3)投资者投入的长期股权投资，应当按照投资合同或协议约定的价值作为初始投资成本，但合同或协议约定的价值不公允的除外。

投资者投入的长期股权投资，是指投资者以其持有的对第三方的投资作为出资投入企业，接受投资的企业原则上应当按照投资各方在投资合同或协议中约定的价值作为取得投资的初始投资成本。

例5－6　A公司设立时，其主要出资方之一甲公司以其持有的对B公司的长期股权投资作为出资投入A公司。投资各方在投资合同中约定，作为出资的该项长期股权投资作价6 000万元。该作价是按照B公司股票的市价经考虑相关调整因素后确定的。A公司注册资本为24 000万元。甲公司出资占A公司注册资本的20%。取得该项投资后，甲公司根据其持股比例，能够派人参与A公司的财务和生产经营决策。A公司的账务处理如下：

借：长期股权投资　　　　60 000 000

　贷：实收资本　　　　　　　　48 000 000

　　资本公积——资本溢价　　　12 000 000

(4)以债务重组、非货币性资产交换等方式取得的长期股权投资，其初始投资成本应按照《企业会计准则第12号——债务重组》和《企业会计准则第7号——非货币性资产交换》的规定确定。

5.1.4　投资成本中包含的已宣告但尚未发放的现金股利或利润的处理

企业无论以何种方式取得长期股权投资，取得投资时，对于投资成本中包含的应享有被投资单位已经宣告但尚未发放的现金股利或利润应作为应收项目单独核算，不构成取得长期股权投资的初始投资成本。即企业在支付对价取得长期股权投资时，对于实际支付的价款中包含的对方已经宣告但尚未发放的现金股利或利润，应作为预付款，构成企业的一项债权，其与取得的对被投资单位的长期股权投资应作为两项金融资产。

例5－7　沿用例5－4的资料，假定甲公司取得该项投资时，乙公司已经宣告但尚未发放现金股利，甲公司按其持股比例计算确定可分得30万元。则甲公司在确认该长期股权投资时，应将包含的现金股利部分单独核算，作如下账务处理：

借：长期股权投资　　　　81 700 000

　　应收股利　　　　　　　300 000

　贷：银行存款　　　　　　　　82 000 000

5.2　长期股权投资的后续计量

长期股权投资在持有期间，根据投资企业对被投资单位的影响程度及是否存在活跃市场、公允价值能否可靠计量等进行划分，应当分别采用成本法及权益法进行核算。

5.2.1 成本法

5.2.1.1 成本法的定义及其适用范围

成本法，是指投资按成本计价的方法。长期股权投资的成本法适用于以下情况。

1. 企业持有能够对被投资单位实施控制的长期股权投资

控制，是指有权决定一个企业的财务和经营政策，并能据以从该企业的经营活动中获取利益。控制一般存在于以下情况：投资企业直接拥有被投资单位50%以上的表决权资本，投资企业直接拥有被投资单位50%或以下的表决权资本，但具有实质控制权。投资企业对被投资单位是否具有实质控制权，可以通过以下一种或几种情形进行判定：

(1)通过与其他投资者的协议，投资企业拥有被投资单位50%以上表决权资本的控制权。例如，A公司拥有B公司40%的表决权资本，C公司拥有B公司30%的表决权资本。A公司与C公司达成协议，C公司在B公司的权益由A公司代表。在这种情况下，A公司实质上拥有B公司70%表决权资本的控制权，表明A公司实质上控制B公司。

(2)根据章程或协议，投资企业有权控制被投资单位的财务和经营政策。例如，A公司拥有B公司45%的表决权资本，同时根据协议，B公司的生产经营决策由A公司控制。

(3)有权任免被投资单位董事会等类似权力机构的多数成员。这种情况是指，虽然投资企业仅拥有被投资单位50%或以下的表决权资本，但根据章程或协议有权任免被投资单位董事会的多数董事，能够达到实质上控制的目的。

(4)在被投资单位董事会或类似权力机构会议上有半数以上投票权。这种情况是指，虽然投资企业仅拥有被投资单位50%或以下表决权资本，但能够控制被投资单位董事会等类似权力机构的会议，从而能够控制其财务和经营政策。

投资企业能够对被投资单位实施控制的，被投资单位为其子公司，投资企业应当将子公司纳入合并财务报表的合并范围。投资企业在其个别财务报表中对子公司的长期股权投资，应当采用成本法核算，编制合并财务报表时按照权益法进行调整。

2. 投资企业对被投资单位不具有共同控制或重大影响，且在活跃市场中没有报价、公允价值不能可靠计量的长期股权投资

共同控制，是指按照合同约定对某项经济活动共有的控制，仅在与该项经济活动相关的重要财务和经营政策需要分享控制权的投资方一致同意时存在。投资企业与其他方对被投资单位实施共同控制的，被投资单位为其合营企业。在确定是否构成共同控制时，一般可以考虑以下情况作为确定基础：①任何一个合营方均不能单独控制合营企业的生产经营活动；②涉及合营企业基本经营活动的决策需要各合营方一致同意；③各合营方可能通过合同或协议的形式任命其中的一个合营方对合营企业的日常活动进行管理，但其必须在各合营方已经一致同意的财务和经营政策范围内行使管理权。

重大影响，是指对一个企业的财务和经营政策有参与决策的权利，但并不能够控制或者与其他方一起共同控制这些政策的制定。投资企业直接或通过子公司拥有被投资单位20%以上但低于50%的表决权股份时，一般认为其对被投资单位具有重大影响，除非有明确的证据表明在该种情况下不能参与被投资单位的生产经营决策，才不形成重大

影响。投资企业拥有被投资单位表决权股份的比例低于20%的，一般认为对被投资单位不具有重大影响，但符合下列情况之一的，应认为对被投资单位具有重大影响：

(1)在被投资单位的董事会或类似权力机构中派有代表。这种情况下，由于在被投资单位的董事会或类似权力机构中派有代表，并享有相应的实质性的参与决策权，投资企业可以通过该代表参与被投资单位经营政策的制定，达到对被投资单位施加重大影响。

(2)参与被投资单位的政策制定过程，包括股利分配政策等的制定。这种情况下，因可以参与被投资单位的政策制定过程，在制定政策过程中可以为其自身利益提出建议和意见，从而对被投资单位施加重大影响。

(3)与被投资单位之间发生重要交易。有关的交易因对被投资单位的日常经营具有重要性，进而一定程度上可以影响到被投资单位的生产经营决策。

(4)向被投资单位派出管理人员。这种情况下，通过投资企业对被投资单位派出管理人员，管理人员有权力并负责被投资单位的财务和经营活动，从而能够对被投资单位施加重大影响。

(5)向被投资单位提供关键技术资料。因被投资单位的生产经营需要依赖投资企业的技术或技术资料。表明投资企业对被投资单位具有重大影响。

在确定能否对被投资单位施加重大影响时，一方面应考虑投资企业直接或间接持有被投资单位的表决权股份，同时要考虑企业及其他方持有的现行可执行潜在表决权在假定转换为对被投资单位的股权后产生的影响，如被投资单位发行的现行可转换的认股权证、股票期权及可转换公司债券等的影响，如果其在转换为对被投资单位的股权后，能够增加投资企业的表决权比例或是降低被投资单位其他投资者的表决权比例，从而使得投资企业能够参与被投资单位的财务和经营决策的，应当认为投资企业对被投资单位具有重大影响。

5.2.1.2 成本法的核算

采用成本法核算的长期股权投资，核算方法如下：

(1)初始投资或追加投资时，按照初始投资或追加投资时的成本增加长期股权投资的账面价值。

(2)不管有关利润分配是属于取得投资前还是取得投资后被投资单位实现净利润的分配，除取得投资时实际支付的价款或对价中包含的已宣告但尚未发放的现金股利或利润外，投资企业应当按照享有被投资单位宣告发放的现金股利或利润确认投资收益。

投资企业在确认自被投资单位应分得的现金股利或利润后，应当考虑有关长期股权投资是否发生减值。在判断该类长期股权投资是否存在减值迹象时，应当关注长期股权投资的账面价值是否大于享有被投资单位净资产(包括相关商誉)账面价值的份额等情况。出现类似情况时，企业应当按照《企业会计准则第8号——资产减值》的规定对长期股权投资进行减值测试，可收回金额低于长期股权投资账面价值的，应当计提减值准备。

例5-8 2015年6月20日，甲公司以银行存款1 500万元购入乙公司8%的股权。甲公司取得该部分股权后，未派出人员参与乙公司的财务和生产经营决策，同时也未以任何其他方式对乙公司施加控制、共同控制或重大影响。同时，该股权不存在活跃市场，其公允价值不能可靠计量。

2015 年 9 月 30 日，乙公司宣告分派现金股利，甲公司按照其持有比例确定可分回 20 万元。

甲公司对乙公司长期股权投资应进行的账务处理如下：

(1)购入时：

借：长期股权投资　　　　　　15 000 000

　贷：银行存款　　　　　　　　　15 000 000

(2)乙公司分派股利时：

借：应收股利　　　　　　　　200 000

　贷：投资收益　　　　　　　　　200 000

5.2.2 权益法

5.2.2.1 权益法的定义及其适用范围

权益法，是指投资以初始投资成本计量后，在投资持有期间根据投资企业享有被投资单位所有者权益的份额的变动对投资的账面价值进行调整的方法。

投资企业对被投资单位具有共同控制或重大影响的长期股权投资，即对合营企业投资及联营企业投资，应当采用权益法核算。

5.2.2.2 权益法的核算

1. *初始投资成本的调整*

投资企业取得对联营企业或合营企业的投资以后，对于取得投资时投资成本与应享有被投资单位可辨认净资产公允价值份额之间的差额，应区分情况分别处理：

(1)初始投资成本大于取得投资时应享有被投资单位可辨认净资产公允价值份额的，该部分差额从本质上是投资企业在取得投资过程中通过购买作价体现出的与所取得股权份额相对应的商誉及被投资单位不符合确认条件的资产价值。初始投资成本大于投资时应享有被投资单位可辨认净资产公允价值的份额时，两者之间的差额不要求对长期股权投资的成本进行调整。

(2)初始投资成本小于取得投资时应享有被投资单位可辨认净资产公允价值份额的，两者之间的差额体现为双方在交易作价过程中转让方的让步，该部分经济利益流入应作为收益处理，计入取得投资当期的营业外收入，同时调整增加长期股权投资的账面价值。

例 5－9　A 企业于 2015 年 1 月取得 B 公司 30% 的股权，支付价款 9 000 万元。取得投资时被投资单位净资产账面价值为 22 500 万元(假定被投资单位各项可辨认资产、负债的公允价值与其账面价值相同)。在 B 公司的生产经营决策过程中，所有股东均按持股比例行使表决权。A 企业在取得 B 公司的股权后，派人参与了 B 公司的生产经营决策。

本例中，因 A 企业能够对 B 公司施加重大影响，该投资应当采用权益法核算。取得投资时，A 企业应进行以下账务处理：

借：长期股权投资——成本　　　　90 000 000

　贷：银行存款　　　　　　　　　　90 000 000

长期股权投资的初始投资成本9 000万元大于取得投资时应享有被投资单位可辨认净资产公允价值的份额6 750(22 500×30%)万元，两者之间的差额不调整长期股权投资的账面价值。

如果本例中取得投资时被投资单位可辨认净资产的公允价值为36 000万元，A企业按持股比例30%计算确定应享有10 800万元，则初始投资成本与应享有被投资单位可辨认净资产公允价值份额之间的差额1 800万元应计入取得投资当期的营业外收入，账务处理如下：

借：长期股权投资——成本　　　　108 000 000
　贷：银行存款　　　　　　　　　　　90 000 000
　　　营业外收入　　　　　　　　　　18 000 000

2. 投资损益的确认

投资企业取得长期股权投资后，应当按照应享有或应分担被投资单位实现净利润或发生净亏损的份额(法规或章程规定不属于投资企业的净损益除外)，调整长期股权投资的账面价值，并确认为当期投资损益。

在确认应享有或应分担被投资单位的净利润或净亏损时，在被投资单位账面净利润的基础上，应考虑以下因素的影响进行适当调整：

(1)被投资单位采用的会计政策及会计期间与投资企业不一致的，应按投资企业的会计政策及会计期间对被投资单位的财务报表进行调整。

(2)以取得投资时被投资单位固定资产、无形资产的公允价值为基础计提的折旧额或摊销额，以及以投资企业取得投资时的公允价值为基础计算确定的资产减值准备金额等对被投资单位净利润的影响。

被投资单位个别利润表中的净利润是以其持有的资产、负债账面价值为基础持续计算的，而投资企业在取得投资时，是以被投资单位有关资产、负债的公允价值为基础确定投资成本，长期股权投资的投资收益所代表的是被投资单位资产、负债在公允价值计量的情况下在未来期间通过经营产生的损益中归属于投资企业的部分。取得投资时有关资产、负债的公允价值与其账面价值不同的，未来期间，在计算归属于投资企业应享有的净利润或应承担的净亏损时，应以投资时被投资单位有关资产对投资企业的成本即取得投资时的公允价值为基础计算确定，从而产生了需要对被投资单位账面净利润进行调整的情况。

在针对上述事项对被投资单位实现的净利润进行调整时，应考虑重要性原则，不具重要性的项目可不予调整。符合下列条件之一的，投资企业可以以被投资单位的账面净利润为基础，计算确认投资损益，同时应在会计报表附注中说明不能按照企业会计准则规定进行核算的原因：①投资企业无法合理确定取得投资时被投资单位各项可辨认资产等的公允价值；②投资时被投资单位可辨认资产的公允价值与其账面价值相比，两者之间的差额不具重要性的；③其他原因导致无法取得被投资单位的有关资料，不能按照企业会计准则中规定的原则对被投资单位的净损益进行调整的。

例5－10　沿用例5－9的资料，假定长期股权投资的成本大于取得投资时被投资单位可辨认净资产公允价值份额的情况下，取得投资当年被投资单位实现的净利润

2 400万元。投资企业与被投资单位均以公历年度作为会计年度，两者之间采用的会计政策相同。由于投资时被投资单位各项资产、负债的账面价值与其公允价值相同，且假定投资企业与被投资单位未发生任何内部交易，不需要对被投资单位实现的净损益进行调整，投资企业应确认的投资收益为720(2 400×30%)万元。

例5－11 甲公司于2015年1月10日购入乙公司30%的股份，购买价款为3 300万元，并自取得投资之日起派人参与乙公司的财务和生产经营决策。取得投资当日，乙公司可辨认净资产公允价值为9 000万元，除表5－2所列项目外，乙公司其他资产、负债的公允价值与账面价值相同。

表5－2 乙公司部分资产明细 金额单位：万元

项目	账面原价	已提折旧或摊销	公允价值	乙公司预计使用年限	甲公司取得投资后剩余使用年限
存货	750		1 050		
固定资产	1 800	360	2 400	20	16
无形资产	1 050	210	1 200	10	8
合计	3 600	570	4 650		

假定乙公司于2015年实现净利润900万元，其中，在甲公司取得投资时的账面存货有80%对外出售。甲公司与乙公司的会计年度及采用的会计政策相同。固定资产、无形资产均按直线法提取折旧或摊销，预计净残值均为0。假定甲、乙公司间未发生任何内部交易。

甲公司在确定其应享有的投资收益时，应在乙公司实现净利润的基础上，根据取得投资时乙公司有关资产的账面价值与其公允价值差额的影响进行调整(假定不考虑所得税影响)：

存货账面价值与公允价值的差额应调减的利润＝(1 050－750)×80%＝240(万元)

固定资产公允价值与账面价值的差额应调整增加的折旧额＝2 400÷16－1 800÷20＝60(万元)

无形资产公允价值与账面价值的差额应调整增加的折旧额＝1 200÷8－1 050÷10＝45(万元)

调整后的净利润＝900－240－60－45＝555(万元)

甲公司应享有份额＝555×30%＝166.50(万元)

确认投资收益的账务处理如下：

借：长期股权投资——损益调整　　1 665 000

　贷：投资收益　　1 665 000

(3)在确认投资收益时，除考虑公允价值的调整外，对于投资企业与其联营企业及合营企业之间发生的未实现内部交易损益应予抵销。即投资企业与联营企业及合营企业之间发生的未实现内部交易损益按照持股比例计算归属于投资企业的部分应当予以抵销，在此基础上确认投资损益。投资企业与被投资单位发生的内部交易损失，按照《企业会计准则第8号——资产减值》的规定确定属于资产减值损失的，应当全额确认。投资企业对于纳入其合并范围的子公司与其联营企业及合营企业之间发生的内部交易损益，也应当按照上述原则进行抵销，在此基础上确认投资损益。

应当注意的是，该未实现内部交易损益的抵销既包括顺流交易也包括逆流交易。其中，顺流交易是指投资企业向其联营企业或合营企业出售资产，逆流交易是指联营企业或合营企业向投资企业出售资产。当该未实现内部交易损益体现在投资企业或其联营企业、合营企业持有的资产账面价值中时，相关的损益在计算确认投资损益时应予抵销。

①对于联营企业或合营企业向投资企业出售资产的逆流交易，在该交易存在未实现内部交易损益的情况下(即有关资产未对外部独立第三方出售)，投资企业在采用权益法计算确认应享有联营企业或合营企业的投资损益时，应抵销该未实现内部交易损益的影响。当投资企业自其联营企业或合营企业购买资产时，在将该资产出售给外部独立的第三方之前，不应确认联营企业或合营企业因该交易产生的损益中本企业应享有的部分。

因逆流交易产生的未实现内部交易损益，在未对外部独立第三方出售之前，体现在投资企业持有资产的账面价值当中。投资企业对外编制合并财务报表的，应在合并财务报表中对长期股权投资及包含未实现内部交易损益的资产账面价值进行调整，抵销有关资产账面价值中包含的未实现内部交易损益，并相应调整对联营企业或合营企业的长期股权投资。

例5－12 甲企业于2015年1月取得乙公司20%有表决权股份。能够对乙公司施加重大影响。假定甲企业取得该项投资时，乙公司各项可辨认资产、负债的公允价值与其账面价值相同。2015年8月，乙公司将其成本为600万元的某商品以1 000万元的价格出售给甲企业，甲企业将取得的商品作为存货。至2015年资产负债表日，甲企业仍未对外出售该存货。乙公司2015年实现的净利润为3 200万元(假定不考虑所得税因素)。

甲企业在按照权益法确认应享有乙公司2015年净损益时，应进行以下账务处理：

借：长期股权投资——损益调整(28 000 000×20%)　　5 600 000

　贷：投资收益　　5 600 000

进行上述处理后，甲企业有子公司，需要编制合并财务报表的，在合并财务报表中，因该未实现内部交易损益体现在投资企业持有存货的账面价值当中，甲企业应在合并财务报表中进行以下调整：

借：长期股权投资——损益调整　　800 000

　贷：存货　　800 000

假定在2016年，甲企业将该商品以1 000万元的价格向外部独立第三方出售，因该部分内部交易损益已经实现，甲企业在确认应享有乙公司2016年净损益时，应考虑将原未确认的该部分内部交易损益计入投资损益，即应在考虑其他因素计算确定的投资损益基础上调整增加80万元。

②对于投资企业向联营企业或合营企业出售资产的顺流交易，在该交易存在未实现内部交易损益的情况下(即有关资产未向外部独立第三方出售)，投资企业在采用权益

法计算确认应享有联营企业或合营企业的投资损益时，应抵销该未实现内部交易损益的影响，同时调整对联营企业或合营企业长期股权投资的账面价值。当投资企业向联营企业或合营企业出售资产，同时有关资产由联营企业或合营企业持有时，投资方因出售资产应确认的损益仅限于与联营企业或合营企业其他投资者交易的部分。即在顺流交易中，投资方投出资产或出售资产给其联营企业或合营企业产生的损益中，按照持股比例计算确定归属于本企业的部分不予确认。

例 5－13 甲企业持有乙公司 20% 有表决权股份，能够对乙公司的财务和生产经营决策施加重大影响。2015 年，甲企业将其账面价值为 600 万元的商品以 1 000 万元的价格出售给乙公司。至 2015 年资产负债表日，该批商品尚未对外部第三方出售。假定甲企业取得该项投资时，乙公司各项可辨认资产、负债的公允价值与其账面价值相同，两者在以前期间未发生过内部交易。乙公司 2015 年净利润为 2 000 万元(假定不考虑所得税因素)。

甲企业在该项交易中实现利润 400 万元，其中的 80(400×20%)万元是针对本企业持有的对联营企业的权益份额，在采用权益法计算确认投资损益时应予抵销，即甲企业应当进行的账务处理为：

借：长期股权投资——损益调整[(2 000－400)×20%(万元)]　3 200 000
　贷：投资收益　3 200 000

甲企业如需编制合并财务报表，在合并财务报表中对该未实现内部交易损益应在个别报表已确认投资损益的基础上进行以下调整：

借：营业收入(1 000 万元×20%)　2 000 000
　贷：营业成本(600 万元×20%)　1 200 000
　　投资收益　800 000

应当说明的是，投资企业与其联营企业及合营企业之间发生的无论是顺流交易还是逆流交易产生的未实现内部交易损失，属于所转让资产发生减值损失的，有关的未实现内部交易损失不应予以抵销。

③合营方向合营企业投出非货币性资产产生损益的处理。合营方向合营企业投出或出售非货币性资产的相关损益，应当按照以下原则处理：

符合下列情况之一的，合营方不应确认该类交易的损益：与投出非货币性资产所有权有关的重大风险和报酬没有转移给合营企业；投出非货币性资产的损益无法可靠计量；投出非货币性资产交易不具有商业实质。

合营方转移了与投出非货币性资产所有权有关的重大风险和报酬并且投出资产留给合营企业使用的，应在该项交易中确认属于合营企业其他合营方的利得和损失。交易表明投出或出售非货币性资产发生减值损失的，合营方应当全额确认该部分损失。

在投出非货币性资产的过程中，合营方除了取得合营企业的长期股权投资外还取得了其他货币性或非货币性资产的，应当确认该项交易中与所取得其他货币性、非货币性资产相关的损益。

3. 取得现金股利或利润的处理

按照权益法核算的长期股权投资，投资企业自被投资单位取得的现金股利或利润，应抵减长期股权投资的账面价值。在被投资单位宣告分派现金股利或利润时，借记“应收股利”科目，贷记“长期股权投资(损益调整)”科目；自被投资单位取得的现金股利或利润超过已确认损益调整的部分应视同投资成本的收回，冲减长期股权投资的账面价值。

4. 超额亏损的确认

按照权益法核算的长期股权投资，投资企业确认应分担被投资单位发生的损失，原则上应以长期股权投资及其他实质上构成对被投资单位净投资的长期权益减记至零为限，投资企业负有承担额外损失义务的除外。这里所讲的“其他实质上构成对被投资单位净投资的长期权益”通常是指长期应收项目，比如，企业对被投资单位的长期债权，该债权没有明确的清收计划且在可预见的未来期间不准备收回的，实质上构成对被投资单位的净投资，但不包括投资企业与被投资单位之间因销售商品、提供劳务等日常活动所产生的长期债权。

投资企业在确认应分担被投资单位发生的亏损时，具体应按照以下顺序处理：

首先，减记长期股权投资的账面价值。

其次，在长期股权投资的账面价值减记至零的情况下，对于未确认的投资损失，考虑除长期股权投资以外，账面上是否有其他实质上构成对被投资单位净投资的长期权益项目，如果有，则应以其他长期权益的账面价值为限，继续确认投资损失，冲减长期应收项目等的账面价值。

最后，经过上述处理，按照投资合同或协议约定，投资企业仍需要承担额外损失弥补等义务的，应按预计将承担的义务金额确认预计负债，计入当期投资损失。

企业在实务操作过程中，在发生投资损失时，应借记“投资收益”科目，贷记“长期股权投资——损益调整”科目。在长期股权投资的账面价值减记至零以后，考虑其他实质上构成对被投资单位净投资的长期权益，继续确认的投资损失，应借记“投资收益”科目，贷记“长期应收款”等科目；因投资合同或协议约定导致投资企业需要承担额外义务的，按照或有事项准则的规定，对于符合确认条件的义务，应确认为当期损失，同时确认预计负债，借记“投资收益”科目，贷记“预计负债”科目。除上述情况仍未确认的应分担被投资单位的损失，应在账外备查登记。

在确认了有关的投资损失以后，被投资单位于以后期间实现盈利的，应按以上相反顺序分别减记账外备查登记的金额、已确认的预计负债、恢复其他长期权益及长期股权投资的账面价值，同时确认投资收益。即应当按顺序分别借记“预计负债”“长期应收款”“长期股权投资”等科目，贷记“投资收益”科目。

例 5－14 甲企业持有乙企业 40% 的股权，能够对乙企业施加重大影响。2014 年 12 月 31 日，该项长期股权投资的账面价值为 6 000 万元。乙企业在 2015 年由于一项主营业务市场条件发生变化，当年度亏损 9 000 万元。假定甲企业在取得该投资时，乙企业各项可辨认资产、负债的公允价值与其账面价值相等，双方所采用的会计政策及会计期间也相同。则甲企业当年度应确认的投资损失为 3 600 万元。确认上述投资损失后，长期股权投资的账面价值变为 2 400 万元。

如果乙企业当年度的亏损额为 18 000 万元，则甲企业按其持股比例确认应分担的损失为7 200万元，但长期股权投资的账面价值仅为6 000万元，如果没有其他实质上构成对被投资单位净投资的长期权益项目，则甲企业应确认的投资损失仅为6 000万元，超额损失在账外进行备查登记；在确认了6 000万元的投资损失，长期股权投资的账面价值减记至零以后，如果甲企业账上仍有应收乙企业的长期应收款2 400万元，该款项从目前情况看，没有明确的清偿计划(并非产生于商品购销等日常活动)，则在长期应收款的账面价值大于1 200万元的情况下，应以长期应收款的账面价值为限，进一步确认投资损失为1 200万元。甲企业应进行的账务处理为：

借：投资收益　　60 000 000
　贷：长期股权投资——损益调整　　60 000 000
借：投资收益　　12 000 000
　贷：长期应收款　　12 000 000

5. 被投资单位除净损益以外所有者权益的其他变动

采用权益法核算时，投资企业对于被投资单位除净损益以外所有者权益的其他变动，在持股比例不变的情况下，应按照持股比例与被投资单位除净损益以外所有者权益的其他变动中归属于本企业的部分，相应调整长期股权投资的账面价值，同时增加或减少资本公积。

例5－15　A企业持有B企业30%的股份，能够对B企业施加重大影响。当期B企业因持有的可供出售金融资产公允价值的变动计入资本公积的金额为1 800万元，除该事项外，B企业当期实现的净损益为9 600万元。假定A企业与B企业适用的会计政策、会计期间相同，投资时B企业有关资产、负债的公允价值与其账面价值亦相同，双方当期及以前期间未发生任何内部交易。

A企业在确认应享有被投资单位所有者权益的变动时，应进行的账务处理为：

借：长期股权投资——损益调整　　28 800 000
　　　　　　　——其他权益变动　　5 400 000
　贷：投资收益　　28 800 000
　　　其他综合收益　　5 400 000

6. 股票股利的处理

被投资单位分派的股票股利，投资企业不作账务处理，但应于除权日注明所增加的股数，以反映股份的变化情况。

5.2.3　长期股权投资的减值

长期股权投资在按照规定进行核算确定其账面价值的基础上，如果存在减值迹象的，应当按照相关准则的规定计提减值准备。其中，对子公司、联营企业及合营企业的投资，应当按照《企业会计准则第8号——资产减值》的规定确定其可收回金额及应予计提的减值准备；企业持有的对被投资单位不具有共同控制或重大影响、在活跃市场中没有报价、公允价值不能可靠计量的长期股权投资，应当按照《企业会计准则第22号——金融工具确认和计量》的规定确定其可收回金额及应予计提的减值准备。上述有关长期股权投资的减值准备在提取以后，均不允许转回。

5.3 长期股权投资核算方法的转换及处置

5.3.1 长期股权投资核算方法的转换

长期股权投资在持有期间，因各方面情况的变化，可能导致其核算需要由一种方法转换为另外的方法。

5.3.1.1 成本法转换为权益法

长期股权投资的核算由成本法转为权益法时，应以成本法下长期股权投资的账面价值作为按照权益法核算的初始投资成本，并在此基础上比较该初始投资成本与应享有被投资单位可辨认净资产公允价值的份额，确定是否需要对长期股权投资的账面价值进行调整。

1. 原持有的对被投资单位不具有控制、共同控制或重大影响，在活跃市场中没有报价、公允价值不能可靠计量的长期股权投资，因追加投资导致持股比例上升，能够对被投资单位施加重大影响或是实施共同控制的

这种情况下，在自成本法转为权益法时，应区分原持有的长期股权投资以及新增长期股权投资两部分分别处理。

(1)原持有长期股权投资的账面余额与按照原持股比例计算确定应享有原取得投资时被投资单位可辨认净资产公允价值份额之间的差额，属于通过投资作价体现的商誉部分，不调整长期股权投资的账面价值，属于原取得投资时因投资成本小于应享有被投资单位可辨认净资产公允价值份额的差额，一方面应调整长期股权投资的账面价值，另一方面应同时调整留存收益。

(2)对于新取得的股权部分，应比较新增投资的成本与取得该部分投资时应享有被投资单位可辨认净资产公允价值的份额，投资成本大于投资时应享有被投资单位可辨认净资产公允价值份额的，不调整长期股权投资的成本；投资成本小于应享有被投资单位可辨认净资产公允价值份额的，应调整增加长期股权投资的成本，同时计入取得当期的营业外收入。

上述与原持股比例相对应的商誉或是应计入留存收益的金额与新取得投资过程中体现的商誉与计入当期损益的金额应综合考虑，在此基础上确定与整体投资相关的商誉或是因投资成本小于应享有被投资单位可辨认净资产公允价值份额应计入留存收益或是损益的金额。

(3)对于原取得投资后至新取得投资的交易日之间被投资单位可辨认净资产公允价值的变动相对于原持股比例的部分，属于在此期间被投资单位实现的净损益中应享有份额的，一方面应调整长期股权投资的账面价值，同时对于原取得投资时至新增投资当期期初按照原持股比例应享有被投资单位实现的净损益，应调整留存收益，对于新增投资当期期初至新增投资交易日之间应享有被投资单位的净损益，应计入当期损益；属于其他原因导致的被投资单位可辨认净资产公允价值变动中应享有的份额，在调整长期股权

投资账面价值的同时，应当计入“资本公积——其他资本公积”。

例5-16 A公司于2014年2月取得B公司10%的股权，成本为900万元，取得时B公司可辨认净资产公允价值总额为8 400万元(假定公允价值与账面价值相同)。因对被投资单位不具有重大影响且无法可靠确定该项投资的公允价值，A公司对其采用成本法核算。A公司按照净利润的10%提取盈余公积。

2015年1月1日，A公司又以1 800万元取得B公司12%的股权，当日B公司可辨认净资产公允价值总额为12 000万元。取得该部分股权后，按照B公司章程规定，A公司能够派人参与B公司的财务和生产经营决策，对该项长期股权投资转为采用权益法核算。假定A公司在取得对B公司10%的股权后，双方未发生任何内部交易。B公司通过生产经营活动实现的净利润为900万元。未派发现金股利或利润。除所实现净利润外，未发生其他计入资本公积的交易或事项。

(1)2015年1月1日，A公司应确认对B公司的长期股权投资，账务处理为：

借：长期股权投资　　18 000 000

　贷：银行存款　　18 000 000

(2)对长期股权投资账面价值的调整：

确认该部分长期股权投资后，A公司对B公司投资的账面价值为2 700万元，其中与原持有比例相对应的部分为900万元，新增股权的成本为1 800万元。

①原10%股权的成本900万元与原投资时应享有被投资单位可辨认净资产公允价值份额840万元(8 400×10%)之间的差额为60万元，属于原投资时体现的商誉，该部分差额不调整长期股权投资的账面价值。

对于被投资单位可辨认净资产在原投资时至新增投资交易日之间公允价值的变动(12 000-8 400)相对于原持股比例的部分360万元，其中，属于投资后被投资单位实现净利润部分90万元(900×10%)，应调整增加长期股权投资的账面余额，同时调整留存收益(按净利润的10%提取盈余公积)；除实现净损益外其他原因导致的可辨认净资产公允价值的变动270万元，应当调整增加长期股权投资的账面余额，同时记入“其他综合收益”科目。账务处理为：

借：长期股权投资　　3 600 000

　贷：其他综合收益　　2 700 000

　　盈余公积　　90 000

　　利润分配——未分配利润　　810 000

②对于新取得的股权，其成本为1 800万元，取得该投资时按照持股比例计算确定应享有被投资单位可辨认净资产公允价值的份额1 440万元(12 000×12%)之间的差额为投资作价中体现出的商誉，该部分商誉不要求调整长期股权投资的成本。

2. 因处置投资导致对被投资单位的影响能力由控制转为具有重大影响或是与其他投资方一起实施共同控制

这种情况下，首先应按处置或收回投资的比例结转应终止确认的长期股权投资成本。

在此基础上，应当比较剩余的长期股权投资成本与按照剩余持股比例计算原投资时应享有被投资单位可辨认净资产公允价值的份额，属于投资作价中体现的商誉部分，不调整长期股权投资的账面价值；属于投资成本小于应享有被投资单位可辨认净资产公允价值份额的，在调整长期股权投资成本的同时，应调整留存收益。

对于原取得投资后至转变为权益法核算之间被投资单位实现的净损益中应享有的份额，一方面应调整长期股权投资的账面价值；同时对于原取得投资时至处置投资当期期初被投资单位实现的净损益(扣除已发放及已宣告发放的现金股利及利润)中应享有的份额，调整留存收益，对于处置投资当期期初至处置投资之日被投资单位实现的净损益中享有的份额，调整当期损益；其他原因导致被投资单位所有者权益变动中应享有的份额，在调整长期股权投资账面价值的同时，应当计入“其他综合收益”。

例5－17 A公司原持有B公司60%的股权，其账面余额为9 000万元，未计提减值准备。2016年1月2日，A公司将其持有的B公司20%的股权出售给某企业，取得价款5 400万元，当日被投资单位可辨认净资产公允价值总额为24 000万元。A公司原取得对B公司60%股权时，B公司可辨认净资产公允价值总额为13 500万元(假定可辨认净资产的公允价值与账面价值相同)。自取得对B公司长期股权投资后至处置投资前，B公司实现净利润7 500万元。假定B公司一直未进行利润分配。除所实现净损益外，B公司未发生其他计入资本公积的交易或事项。A公司按净利润的10%提取盈余公积。

在出售20%的股权后，A公司对B公司的持股比例为40%，在被投资单位董事会中派有代表，但不能对B公司的生产经营决策实施控制。对B公司长期股权投资应由成本法改为按照权益法进行核算。

(1)确认长期股权投资处置损益时，账务处理为：

借：银行存款　　54 000 000
　贷：长期股权投资(9 0 000 000 ÷ 60% × 20%)　　30 000 000
　　　投资收益　　24 000 000

(2)调整长期股权投资账面价值：

剩余长期股权投资的账面价值为6 000万元，与原投资时应享有被投资单位可辨认净资产公允价值份额之间的差额600万元(6 000 − 13 500 × 40%)为商誉，该部分商誉的价值不需要对长期股权投资的成本进行调整。取得投资以后被投资单位可辨认净资产公允价值的变动中应享有的份额为4 200万元[(24 000 − 13 500) × 40%]，其中，3 000万元(7 500 × 40%)为被投资单位实现的净利润，应调整增加长期股权投资的账面价值，同时调整留存收益。A公司应进行以下账务处理：

借：长期股权投资　　30 000 000
　贷：盈余公积　　3 000 000
　　　利润分配——未分配利润　　27 000 000

5.3.1.2 权益法转换为成本法

因追加投资原因导致原持有的对联营企业或合营企业的投资转变为对子公司投资的，长期股权投资账面价值的调整应当按照本章第一节的有关规定处理。除此之外，因收回投资等原因导致长期股权投资的核算由权益法转换为成本法的，应以转换时长期股权投资的账面价值作为按照成本法核算的基础。

例5－18 甲公司持有乙公司30%的有表决权股份，因能够对乙公司的生产经营决策施加重大影响，甲公司对该项投资采用权益法核算。2016年10月，甲公司将该项投资中的50%对外出售，出售以后，无法再对乙公司施加重大影响，且该项投资不存在活跃市场，公允价值无法可靠计量，甲公司对该项投资转为采用成本法核算。出售时，该项长期股权投资的账面价值为4 800万元，其中投资成本为3 900万元，损益调整为900万元，出售取得价款2 700万元。

甲公司确认处置损益应进行以下账务处理：

借：银行存款　　27 000 000

　贷：长期股权投资(4 800万元×50%)　　24 000 000

　　　投资收益　　3 000 000

5.3.2 长期股权投资的处置

企业处置长期股权投资时，应相应结转与所售股权相对应的长期股权投资的账面价值，出售所得价款与处置长期股权投资账面价值之间的差额，应确认为处置损益。

采用权益法核算的长期股权投资，原计入资本公积中的金额，在处置时亦应进行结转，将与所出售股权相对应的部分在处置时自资本公积转入当期损益。

例5－19 A企业原持有B企业40%的股权，2015年12月20日，A企业决定出售10%的B企业股权，出售时A企业账面上对B企业长期股权投资的构成为：投资成本1 800万元，损益调整480万元，其他权益变动300万元。出售取得价款705万元。

(1)A企业确认处置损益的账务处理为：

借：银行存款　　7 050 000

　贷：长期股权投资[(1 800＋480＋300)÷40%]×10%　　6 450 000

　　　投资收益　　600 000

(2)除应将实际取得价款与出售长期股权投资的账面价值进行结转，确认出售损益以外，还应将原计入资本公积的部分按比例转入当期损益。

借：其他综合收益(300÷40%)×10%　　750 000

　贷：投资收益　　750 000

6 固定资产业务外包

固定资产业务外包主要包括固定资产的初始计量、固定资产折旧业务的外包处理，固定资产处置业务的外包处理。固定资产折旧方法有多种，企业一旦选择其中的一种，就不得随意变更。在固定资产的处置外包业务中要注意毁损、出售、报废固定资产的会计处理。

6.1 固定资产的确认和初始计量

6.1.1 固定资产的定义和确认条件

6.1.1.1 固定资产的定义

固定资产，是指同时具有下列特征的有形资产：①为生产商品、提供劳务、出租或经营管理而持有的；②使用寿命超过一个会计年度。

从固定资产的定义看，固定资产具有以下三个特征。

1. 为生产商品、提供劳务、出租或经营管理而持有

企业持有固定资产的目的是为了生产商品、提供劳务、出租或经营管理，即企业持有的固定资产是企业的劳动工具或手段，而不是用于出售的产品。其中“出租”的固定资产，是指企业以经营租赁方式出租的机器设备类固定资产，不包括以经营租赁方式出租的建筑物，后者属于企业的投资性房地产，不属于固定资产。

2. 使用寿命超过一个会计年度

固定资产的使用寿命，是指企业使用固定资产的预计期间，或者该固定资产所能生产产品或提供劳务的数量。通常情况下，固定资产的使用寿命是指使用固定资产的预计期间，比如自用房屋建筑物的使用寿命表现为企业对该建筑物的预计使用年限。对于某些机器设备或运输设备等固定资产，其使用寿命表现为以该固定资产所能生产产品或提供劳务的数量，例如，汽车或飞机等，按其预计行驶或飞行里程估计使用寿命。

固定资产使用寿命超过一个会计年度，意味着固定资产属于非流动资产，随着使用和磨损，通过计提折旧方式逐渐减少账面价值。对固定资产计提折旧和减值准备，均属于固定资产后续计量。

3. 固定资产是有形资产

固定资产具有实物特征，这一特征将固定资产与无形资产区别开来。有些无形资产可能同时符合固定资产的其他特征，如无形资产为生产商品、提供劳务而持有，使用寿

命超过一个会计年度，但是，由于其没有实物形态，所以，不属于固定资产。

6.1.1.2 固定资产的确认条件

固定资产在符合定义的前提下，应当同时满足以下两个条件，才能加以确认。

1. 与该固定资产有关的经济利益很可能流入企业

资产最重要的特征是预期会给企业带来经济利益。企业在确认固定资产时，需要判断与该项固定资产有关的经济利益是否很可能流入企业。如果与该项固定资产有关的经济利益很可能流入企业，并同时满足固定资产确认的其他条件，那么，企业应将其确认为固定资产；否则，不应将其确认为固定资产。在实务中，判断与固定资产有关的经济利益是否很可能流入企业，主要判断与该固定资产所有权相关的风险和报酬是否转移到了企业。与固定资产所有权相关的风险，是指由于经营情况变化造成的相关收益的变动，以及由于资产闲置、技术陈旧等原因造成的损失；与固定资产所有权相关的报酬，是指在固定资产使用寿命内使用该资产而获得的收入，以及处置该资产所实现的利得等。

通常，取得固定资产的所有权是判断与固定资产所有权相关的风险和报酬转移到企业的一个重要标志。但是，所有权是否转移，不是判断与固定资产所有权相关的风险和报酬转移到企业的唯一标志，在有些情况下，某项固定资产的所有权虽然不属于企业，但是，企业能够控制与该项固定资产有关的经济利益流入企业，这就意味着与该固定资产所有权相关的风险和报酬实质上已转移到企业，在这种情况下，企业应将该项固定资产予以确认。例如，融资租入的固定资产，企业虽然不拥有固定资产的所有权，但与固定资产所有权相关的风险和报酬实质上已转移到了企业(承租人)，因此，符合固定资产确认的第一个条件。

对于购置的环保设备和安全设备等资产，其使用不能直接为企业带来经济利益，但是有助于企业从相关资产获得经济利益，或者将减少企业未来经济利益的流出，因此，对于这类设备，企业应将其确认为固定资产。例如，为净化环境或者满足国家有关排污标准的需要购置的环保设备，这些设备的使用虽然不会为企业带来直接的经济利益，却有助于企业提高对废水、废气、废渣的处理能力，有利于净化环境，企业为此将减少未来由于污染环境而需要支付的环境净化费或者罚款，因此，也符合固定资产确认的第一个条件。

对于工业企业所持有的工具、用具、备品备件、维修设备等资产，施工企业所持有的模板、挡板、架料等周转材料，地质勘探企业所持有的管材等资产，以及企业(民用航空运输)的高价周转件等，企业应当根据实际情况，分别管理和核算。符合固定资产定义和确认条件的，应当确认为固定资产。

固定资产的各组成部分，如果各自具有不同使用寿命或者以不同方式为企业提供经济利益，从而适用不同折旧率或折旧方法的，该各组成部分实际上是以独立的方式为企业提供经济利益，企业应当分别将各组成部分确认为单项固定资产。例如，飞机的引擎，如果其与飞机机身具有不同的使用寿命，适用不同折旧率或折旧方法，则企业应当将其确认为单项固定资产。

2. 该固定资产的成本能够可靠地计量

成本能够可靠地计量是资产确认的一项基本条件。企业在确定固定资产成本时必须取得确凿证据，但是，有时需要根据所获得的最新资料，对固定资产的成本进行合理的估计。比如，企业对于已达到预定可使用状态但尚未办理竣工决算的固定资产，需要根据工程预算、工程造价或者工程实际发生的成本等资料，按估计价值确定其成本，办理竣工决算后，再按照实际成本调整原来的暂估价值。

6.1.2 固定资产的初始计量

固定资产的初始计量，指确定固定资产的取得成本。固定资产应当按照取得成本进行初始计量。

成本包括企业为购建某项固定资产达到预定可使用状态前所发生的一切合理的、必要的支出。在实务中，企业取得固定资产的方式是多种多样的，包括外购、自行建造、投资者投入以及非货币性资产交换、债务重组、企业合并和融资租赁等，取得的方式不同，其成本的具体构成内容及确定方法也不尽相同。

1. 外购固定资产的成本

企业外购固定资产的成本，包括购买价款、相关税费、使固定资产达到预定可使用状态前所发生的可归属于该项资产的运输费、装卸费、安装费和专业人员服务费等。

外购固定资产是否达到预定可使用状态，需要根据具体情况进行分析判断。如果购入不需安装的固定资产，购入后即可发挥作用，因此，购入后即可达到预定可使用状态。如果购入需安装的固定资产，只有安装调试后，达到设计要求或合同规定的标准，该项固定资产才可发挥作用，才意味着达到预定可使用状态。

在实务中，企业可能以一笔款项同时购入多项没有单独标价的资产。如果这些资产均符合固定资产的定义，并满足固定资产的确认条件，则应将各项资产单独确认为固定资产，并按各项固定资产公允价值的比例对总成本进行分配，分别确定各项固定资产的成本。如果以一笔款项购入的多项资产中还包括固定资产以外的其他资产，也应按类似的方法予以处理。

企业购入的固定资产分为不需要安装的固定资产和需要安装的固定资产两种情形。前者的取得成本为企业实际支付的购买价款、包装费、运杂费、保险费、专业人员服务费和相关税费(不含可抵扣的增值税进项税额)等，其账务处理为：按应计入固定资产成本的金额，借记“固定资产”科目，贷记“银行存款”“其他应付款”“应付票据”等科目；后者的取得成本是在前者取得成本的基础上，加上安装调试成本等，其账务处理为：按应计入固定资产成本的金额，先记入“在建工程”科目，安装完毕交付使用时再转入“固定资产”科目。

例6-1 2013年1月1日，广州A科技公司购入一台不需要安装的生产用设备，取得的增值税专用发票上注明的设备价款为100万元，增值税进项税额为17万元，发生运输费5 000元，款项全部付清(假定不考虑其他相关税费)。账务处理如下：

借：固定资产——××设备　　1 004 650

　　应交税费——应交增值税(进项税额)(170 000 +5 000×7%)　　170 350

　贷：银行存款　　1 175 000

广州A科技公司购置设备的成本=1 000 000 +5 000-5 000×7%=1 004 650(元)

如无特殊说明，本书例题中的公司均为增值税一般纳税人，其发生在购建固定资产上的增值税进项税额均符合规定可以抵扣。

例6-2 2013年2月1日，广州A科技公司购入一台需要安装的生产用机器设备，取得的增值税专用发票上注明的设备价款为50万元，增值税进项税额为85 000元，支付的运输费为2 500元，款项已通过银行支付；安装设备时，领用本公司原材料一批，价值3万元，购进该批原材料时支付的增值税进项税额为5 100元；支付安装工人的工资为4 900元(假定不考虑其他相关税费)。

广州A科技公司的账务处理如下：

(1)支付设备价款、增值税、运输费合计为587 500元：

借：在建工程——××设备　　502 325

　　应交税费——应交增值税(进项税额)　　85 175

　贷：银行存款　　587 500

(2)领用本公司原材料、支付安装工人工资等费用合计为34 900元：

借：在建工程——××设备　　34 900

　贷：原材料　　30 000

　　　应付职工薪酬　　4 900

(3)设备安装完毕达到预定可使用状态：

借：固定资产——××设备　　537 225

　贷：在建工程——××设备　　537 225

固定资产的成本=502 325+34 900=537 225(元)

企业购买固定资产通常在正常信用条件期限内付款，但也会发生超过正常信用条件购买固定资产的经济业务，如采用分期付款方式购买资产，且在合同中规定的付款期限比较长，超过了正常信用条件。在这种情况下，该项购货合同实质上具有融资性质，购入固定资产的成本不能以各期付款额之和确定，而应以各期付款额的现值之和确定。固定资产购买价款的现值，应当按照各期支付的价款选择恰当的折现率进行折现后的金额加以确定。折现率是反映当前市场货币时间价值和延期付款债务特定风险的利率。该折现率实质上是供货企业的必要报酬率。各期实际支付的价款之和与其现值之间的差额，在达到预定可使用状态之前符合《企业会计准则第17号——借款费用》中规定的资本化条件的，应当通过在建工程计入固定资产成本，其余部分应当在信用期间内确认为财务费用，计入当期损益。其账务处理为：购入固定资产时，按购买价款的现值，借记“固定资产”或“在建工程”等科目，按应支付的金额，贷记“长期应付款”科目，按其差额，借记“未确认融资费用”科目。

例6-3 2011年1月1日，广州A科技公司与乙公司签订一项购货合同，广州A科技公司从乙公司购入一台需要安装的特大型设备。合同约定，广州A科技公司采用分期付款方式支付价款。该设备价款共计900万元(不考虑增值税)，在2011年至2015年的5年内每半年支付90万元，每年的付款日期分别为当年6月30日和12月31日。

2011年1月1日，设备如期运抵广州A科技公司并开始安装。2012年12月31日，设备达到预定可使用状态，发生安装费 398 530.60 元，已用银行存款付讫。

假定广州 A 科技公司适用的 6 个月折现率为 10%。

(1)购买价款的现值为：

900 000 ×(P/A，10%，10) = 900 000 × 6.1446 = 5 530 140(元)

注：6.1446 为复利现值系数。

2011 年 1 月 1 日广州 A 科技公司的账务处理如下：

借：在建工程——××设备　　5 530 140

　　未确认融资费用　　3 469 860

　贷：长期应付款——乙公司　　9 000 000

(2)确定信用期间未确认融资费用的分摊额，如表 6－1 所示。

表 6－1　未确认融资费用分摊表　　金额单位：元

日期	分期付款额	确认的融资费用	应付本金减少额	应付本金余额
①	②	③＝期初⑤×10%	④＝②－③	期末⑤＝期初⑤－④
2011.01.01				5 530 140.00
2011.06.30	900 000	553 014.00	346 986.00	5 183 154.00
2011.12.31	900 000	518 315.40	381 684.60	4 801 469.40
2012.06.30	900 000	480 146.94	419 853.06	4 381 616.34
2012.12.31	900 000	438 161.63	461 838.37	3 919 777.97
2013.06.30	900 000	391 977.80	508 022.20	3 411 755.77
2013.12.31	900 000	341 175.58	558 824.42	2 852 931.35
2014.06.30	900 000	285 293.14	614 706.86	2 238 224.49
2014.12.31	900 000	223 822.45	676 177.55	1 562 046.94
2015.06.30	900 000	156 204.69	743 795.31	818 251.63
2015.12.31	900 000	81 748.37*	818 251.63	0.00
合计	9 000 000	3 469 860	5 530 140	0.00

注：* 尾数调整：81 748.37＝900 000－818 251.63，818251.63 为最后一期应付本金余额。

(3)2011 年 1 月 1 日至 2015 年 12 月 31 日为设备的安装期间，未确认融资费用的分摊额符合资本化条件，计入固定资产成本。

2011 年 6 月 30 日广州 A 科技公司的账务处理如下：

借：在建工程——××设备　　553 014

　贷：未确认融资费用　　553 014

借：长期应付款——乙公司　　900 000

　贷：银行存款　　900 000

2011 年 12 月 31 日，广州 A 科技公司的账务处理如下：

借：在建工程——××设备　　518 315.40

　贷：未确认融资费用　　518 315.40

借：长期应付款——乙公司　　900 000

　贷：银行存款　　900 000

借：在建工程——××设备　　398 530.60

　贷：银行存款　　398 530.60

借：固定资产——××设备　　7 000 000

　贷：在建工程——××设备　　7 000 000

[固定资产的成本 = 5 530 140 + 553 014 + 518 315.40 + 398 530.60 = 7 000 000 (元)]

(4)2012 年 1 月 1 日至 2012 年 12 月 31 日，该设备已经达到预定可使用状态，未确认融资费用的分摊额不再符合资本化条件，应计入当期损益。

2012 年 6 月 30 日广州 A 科技公司的账务处理如下：

借：财务费用　　480 146.94

　贷：未确认融资费用　　480 146.94

借：长期应付款——乙公司　　900 000

　贷：银行存款　　900 000

以后期间的账务处理与 2012 年 6 月 30 日相同，此处略。

2. 自行建造固定资产

自行建造固定资产的成本，由建造该项资产达到预定可使用状态前所发生的必要支出构成。包括工程物资成本、人工成本、交纳的相关税费、应予资本化的借款费用以及应分摊的间接费用等。

企业自行建造固定资产包括自营建造和出包建造两种方式。无论采用何种方式，所建工程都应当按照实际发生的支出确定其工程成本并单独核算。

(1)自营方式建造固定资产。企业以自营方式建造固定资产，意味着企业自行组织工程物资采购、自行组织施工人员从事工程施工。实务中，企业较少采用自营方式建造固定资产，多数情况下采用出包方式。企业如有以自营方式建造固定资产，其成本应当按照直接材料、直接人工、直接机械施工费等计量。

企业为建造固定资产准备的各种物资应当按照实际支付的买价、运输费、保险费等相关税费作为实际成本，并按照各种专项物资的种类进行明细核算。工程完工后，剩余的工程物资转为本企业存货的，按其实际成本或计划成本进行结转。建设期间发生的工程物资盘亏、报废及毁损，减去残料价值以及保险公司、过失人等赔款后的净损失，计入所建工程项目的成本；盘盈的工程物资或处置净收益，冲减所建工程项目的成本。工程完工后发生的工程物资盘盈、盘亏、报废、毁损，计入当期损益。

建造固定资产领用工程物资、原材料或库存商品，应按其实际成本转入所建工程成本。自营方式建造固定资产应负担的职工薪酬，辅助生产部门为之提供的水、电、运输等劳务，以及其他必要支出等也应计入所建工程项目的成本。符合资本化条件的，应计入所建造固定资产成本的借款费用按照《企业会计准则第17号——借款费用》的有关规定处理。

所建造的固定资产已达到预定可使用状态，但尚未办理竣工决算的，应当自达到预定可使用状态之日起，根据工程预算、造价或者工程实际成本等，按暂估价值转入固定资产，并按有关计提固定资产折旧的规定，计提固定资产折旧。待办理竣工决算手续后再调整原来的暂估价值，但不需要调整原已计提的折旧额。

企业自营方式建造固定资产，发生的工程成本应通过“在建工程”科目核算，工程完工达到预定可使用状态时，从“在建工程”科目转入“固定资产”科目。

高危行业企业按照国家规定提取的安全生产费，应当计入相关产品的成本或当期损益，同时记入“专项储备”科目。企业使用提取的安全生产费形成固定资产的，应当通过“在建工程”科目归集所发生的支出，待安全项目完工达到预定可使用状态时确认为固定资产；同时，按照形成固定资产的成本冲减专项储备，并确认相同金额的累计折旧。该固定资产在以后期间不再计提折旧。

(2)出包方式建造固定资产。在出包方式下，企业通过招标方式将工程项目发包给建造承包商，由建造承包商(即施工企业)组织工程项目施工。企业要与建造承包商签订建造合同，企业是建造合同的甲方，负责筹集资金和组织管理工程建设，通常称为建设单位，建造承包商是建造合同的乙方，负责建筑安装工程施工任务。

企业以出包方式建造固定资产，其成本由建造该项固定资产达到预定可使用状态前所发生的必要支出构成，包括发生的建筑工程支出、安装工程支出以及需分摊计入该固定资产价值的待摊支出。建筑工程、安装工程支出，如人工费、材料费、机械使用费等由建造承包商核算。对于发包企业而言，建筑工程支出、安装工程支出是构成在建工程成本的重要内容，发包企业按照合同规定的结算方式和工程进度定期与建造承包商办理工程价款结算，结算的工程价款计入在建工程成本。待摊支出，是指在建设期间发生的，不能直接计入某项固定资产价值，而应由所建造固定资产共同负担的相关费用，包括为建造工程发生的管理费、可行性研究费、临时设施费、公证费、监理费、应负担的税金、符合资本化条件的借款费用、建设期间发生的工程物资盘亏、报废及毁损净损失以及负荷联合试车费等。企业为建造固定资产通过出让方式取得土地使用权而支付的土地出让金不计入在建工程成本，应确认为无形资产(土地使用权)。

在出包方式下，“在建工程”科目主要是企业与建造承包商办理工程价款的结算科目，企业支付给建造承包商的工程价款，作为工程成本通过“在建工程”科目核算。企业应按合理估计的工程进度和合同规定结算的进度款，借记“在建工程——建筑工程——××工程”“在建工程——安装工程——××工程”科目，贷记“银行存款”“预付账款”等科目。工程完成时，按合同规定补付的工程款，借记“在建工程”科目，贷记“银行存款”等科目。企业将需安装设备运抵现场安装时，借记“在建工程——在安装设备——××设备”科目，贷记“工程物资——××设备”科目；企业为建造固定资产发生的待摊支出，借记“在建工程——待摊支出”科目，贷记“银行存款”“应付职工薪酬”“长期借款”等科目。

在建工程达到预定可使用状态时，首先计算分配待摊支出，待摊支出的分配率可按下列公式计算：

$$待摊支出分配率 = \frac{累计发生的待摊支出}{建筑工程支出 + 安装工程支出 + 在安装设备支出} \times 100\%$$

$$\times\times工程应分配的待摊支出 = \left(\times\times工程的建筑工程支出 + \times\times工程的安装工程支出 + \times\times工程的在安装设备支出\right) \times 待摊支出分配率$$

其次，计算确定已完工的固定资产成本：

房屋、建筑物等固定资产成本 = 建筑工程支出 + 应分摊的待摊支出

需要安装设备的成本 = 设备成本 + 为设备安装发生的基础、支座等建筑工程支出 + 安装工程支出 + 应分摊的待摊支出

然后，进行相应的账务处理，借记“固定资产”科目，贷记“在建工程——建筑工程”“在建工程——安装工程”“在建工程——待摊支出”等科目。

3. *其他方式取得的固定资产的成本*

企业取得固定资产的其他方式与存货类似，也主要包括接受投资者投资、非货币性资产交换、债务重组、企业合并等。

(1)投资者投入固定资产的成本。投资者投入固定资产的成本，应当按照投资合同或协议约定的价值确定，但合同或协议约定价值不公允的除外。在投资合同或协议约定价值不公允的情况下，按照该项固定资产的公允价值作为入账价值。

(2)通过非货币性资产交换、债务重组、企业合并等方式取得的固定资产的成本。企业通过非货币性资产交换、债务重组、企业合并等方式取得的固定资产，其成本应当分别按照《企业会计准则第 7 号——非货币性资产交换》《企业会计准则第 12 号——债务重组》《企业会计准则第 20 号——企业合并》等的规定确定。但是，其后续计量和披露应当执行固定资产准则的规定。

(3)盘盈固定资产的成本。盘盈的固定资产，作为前期差错处理，在按管理权限报经批准处理前，应先通过“以前年度损益调整”科目核算。

4. *存在弃置费用的固定资产*

对于特殊行业的特定固定资产，确定其初始成本时，还应考虑弃置费用。弃置费用通常是指根据国家法律和行政法规、国际公约等规定，企业承担的环境保护和生态恢复等义务所确定的支出，如核电站核设施等的弃置和恢复环境义务。

弃置费用的金额与其现值比较通常较大，需要考虑货币时间价值，对于这些特殊行业的特定固定资产，企业应当根据《企业会计准则第 13 号——或有事项》，按照现值计算确定应计入固定资产成本的金额和相应的预计负债。在固定资产的使用寿命内按照预计负债的摊余成本和实际利率计算确定的利息费用应当在发生时计入财务费用。一般工商企业的固定资产发生的报废清理费用不属于弃置费用，应当在发生时作为固定资产处置费用处理。

例 6－4 乙公司经国家批准于 2013 年 1 月 1 日建造完成核电站核反应堆并交付使用，建造成本为 2 500 000 万元，预计使用寿命 40 年。该核反应堆将会对当地的生态环境产生一定的影响，根据法律规定，企业应在该项设施使用期满后将其拆除，并对造成的污染进行整治，预计发生弃置费用 250 000 万元。假定适用折现率为 10%。

核反应堆属于特殊行业的特定固定资产，确定其成本时应考虑弃置费用。账务处理为：

(1)2013 年 1 月 1 日，弃置费用的现值 =250 000 ×(*P/F*，10%，40) =250 000 × 0. 0221 =5 525(万元)

注：0. 022 1 为复利现值系数。

固定资产的成本 =2 500 000 +5 525 =2 505 525(万元)

借：固定资产　　　　　　　　25 055 250 000

　贷：在建工程　　　　　　　　　　25 000 000 000

　　　预计负债　　　　　　　　　　　　55 250 000

(2)计算第 1 年应负担的利息费用 =55 250 000 ×10% =5 525 000(元)

借：财务费用　　　　　　　　5 525 000

　贷：预计负债　　　　　　　　　　5 525 000

以后年度，企业应当按照实际利率法计算确定每年财务费用，账务处理略。

6.2　固定资产的后续计量

固定资产的后续计量主要包括固定资产折旧的计提、减值损失的确定，以及后续支出的计量。其中，固定资产的减值应当按照《企业会计准则第 8 号——资产减值》处理。

6. 2. 1　固定资产折旧

6. 2. 1. 1　固定资产折旧的定义

折旧是指在固定资产的使用寿命内，按照确定的方法对应计折旧额进行的系统分摊。应计折旧额，是指应当计提折旧的固定资产的原价扣除其预计净残值后的金额。如果已对固定资产计提减值准备，还应当扣除已计提的固定资产减值准备累计金额。

6. 2. 1. 2　影响固定资产折旧的因素

影响固定资产折旧的因素主要有以下几个方面。

(1)固定资产原价，指固定资产的成本。

(2)预计净残值。指假定固定资产预计使用寿命已满并处于使用寿命终了时的预期状态，企业目前从该项资产处置中获得的扣除预计处置费用后的金额。

(3)固定资产减值准备。指固定资产已计提的固定资产减值准备累计金额。固定资产计提减值准备后，应当在剩余使用寿命内根据调整后的固定资产账面价值(固定资产账面余额扣减累计折旧和累计减值准备后的金额)和预计净残值重新计算确定折旧率和折旧额。

(4)固定资产的使用寿命。指企业使用固定资产的预计期间，或者该固定资产所能生产产品或提供劳务的数量。企业确定固定资产使用寿命时，应当考虑下列因素：

①该项资产预计生产能力或实物产量。

②该项资产预计有形损耗。指固定资产在使用过程中，由于正常使用和自然力的作

用而引起的使用价值和价值的损失，如设备使用中发生磨损、房屋建筑物受到自然侵蚀等。

③该项资产预计无形损耗。指由于科学技术的进步和劳动生产率的提高而带来的固定资产价值上的损失，如因新技术的出现而使现有的资产技术水平相对陈旧、市场需求变化使其所生产的产品过时等。

④法律或者类似规定对该项资产使用的限制。某些固定资产的使用寿命可能受法律或类似规定的约束。如对于融资租赁的固定资产，根据《企业会计准则第 21 号——租赁》规定，能够合理确定租赁期届满时将会取得租赁资产所有权的，应当在租赁资产使用寿命内计提折旧；如果无法合理确定租赁期届满时能够取得租赁资产所有权的，应当在租赁期与租赁资产使用寿命两者中较短的期间内计提折旧。

6.2.1.3 固定资产折旧范围

企业应当对所有的固定资产计提折旧，但是，已提足折旧仍继续使用的固定资产和单独计价入账的土地除外。在确定计提折旧的范围时还应注意以下几点：

(1)固定资产应当按月计提折旧，并根据用途计入相关资产的成本或者当期损益。固定资产应自达到预定可使用状态时开始计提折旧，终止确认时或划分为持有待售非流动资产时停止计提折旧。为了简化核算，当月增加的固定资产，当月不计提折旧，从下月起计提折旧；当月减少的固定资产，当月仍计提折旧，从下月起不计提折旧。

(2)固定资产提足折旧后，不论能否继续使用，均不再计提折旧，提前报废的固定资产也不再补提折旧。所谓提足折旧是指已经提足该项固定资产的应计折旧额。

(3)已达到预定可使用状态但尚未办理竣工决算的固定资产，应当按照估计价值确定其成本，并计提折旧；待办理竣工决算后再按实际成本调整原来的暂估价值，但不需要调整原已计提的折旧额。

6.2.1.4 固定资产折旧方法

企业应当根据与固定资产有关的经济利益的预期实现方式，合理选择折旧方法。可选用的折旧方法包括年限平均法、工作量法、双倍余额递减法和年数总和法等。企业选用不同的固定资产折旧方法，将影响固定资产使用寿命期间内不同时期的折旧费用，因此，固定资产的折旧方法一经确定，不得随意变更。如需变更应当符合《企业会计准则第 4 号——固定资产》第十九条的规定。

1. 年限平均法

年限平均法又称直线法，是指将固定资产的应计折旧额均衡地分摊到固定资产预计使用寿命内的一种方法。采用这种方法计算的每期折旧额均相等。计算公式如下：

$$年折旧率=\frac{1-预计净残值率}{预计使用寿命}\times 100\%$$

$$月折旧率=年折旧率\div 12$$

$$月折旧额=固定资产原价\times 月折旧率$$

采用年限平均法计算固定资产折旧虽然比较简便，但它也存在着一些明显的局限性。首先，固定资产在不同使用年限提供的经济效益是不同的。一般来讲，固定资产在其使用前期工作效率相对较高，所带来的经济利益也就多；而在其使用后期，工作效率一般呈下降趋势，因而，所带来的经济利益也就逐渐减少。年限平均法不予考虑，明显是不合理的。其次，固定资产在不同的使用年限发生的维修费用也不一栏。固定资产的维修费用将随着其使用时间的延长而不断增加，而年限平均法也没有考虑这一因素。

当固定资产各期负荷程度相同时，各期应分摊相同的折旧费，这时采用年限平均法计算折旧是合理的。但是，如果固定资产各期负荷程度不同，采用年限平均法计算折旧时，则不能反映固定资产的实际使用情况，计提的折旧额与固定资产的损耗程度也不相符。

2. 工作量法

工作量法，是根据实际工作量计算每期应提折旧额的一种方法。计算公式如下：

单位工作量折旧额 = 固定资产原价 ×（1 - 预计净残值率）÷ 预计总工作量

某项固定资产月折旧额 = 该项固定资产当月工作量 × 单位工作量折旧额

例6－5 广州A科技公司的一台机器设备原价为800 000元，预计生产产品产量为4 000 000个，预计净残值率为5%，本月生产产品40 000个；假设广州A科技公司没有对该机器设备计提减值准备。则该台机器设备的本月折旧额计算如下：

单个产品折旧额 = 800 000 ×（1 －5%）÷4 000 000 = 0.19（元）

本月折旧额 = 40 000 ×0.19 = 7 600（元）

3. 双倍余额递减法

双倍余额递减法，是指在不考虑固定资产预计净残值的情况下，根据每期期初固定资产原价减去累计折旧后的金额（即固定资产净值）和双倍的直线法折旧率计算固定资产折旧额的一种方法。计算公式如下：

年折旧率 = 2 ÷ 预计使用寿命（年）×100%

月折旧率 = 年折旧率 ÷12

月折旧额 = 固定资产净值 × 月折旧率

由于每年年初固定资产净值没有扣除预计净残值，因此，在应用这种方法计算折旧额时必须注意不能使固定资产的净值降低到其预计净残值以下，即采用双倍余额递减法计提折旧额的固定资产，通常在其折旧年限到期前两年内，将固定资产净值扣除预计净残值后的余额平均摊销。

例6－6 广州A科技公司某项设备原价为120万元，预计使用寿命为5年，预计净残值率为4%；假设广州A科技公司没有对该机器设备计提减值准备。

广州A科技公司按双倍余额递减法计提折旧，每年折旧额计算如下：

年折旧率 = 2 ÷5 ×100% = 40%

第一年应提的折旧额 = 120 ×40% = 48（万元）

第二年应提的折旧额 =（120 －48）×40% = 28.8（万元）

第三年应提的折旧额 =（120 －48 －28.8）×40% = 17.28（万元）

从第四年起改按年限平均法（直线法）计提折旧：

第四年、第五年应提的折旧额 =（120 －48 －28.8 －17.28 －120 ×4%）÷2 = 10.56（万元）

4. 年数总和法

年数总和法，又称年限合计法，是将固定资产的原价减去预计净残值的余额乘以一个以固定资产尚可使用寿命为分子、以预计使用寿命逐年数字之和为分母的分数计算每年的折旧额。计算公式如下：

年折旧率 = 尚可使用寿命 ÷ 预计使用寿命的年数总和 × 100%

月折旧率 = 年折旧率 ÷ 12

月折旧额 = (固定资产原价 − 预计净残值) × 月折旧率

例 6－7 沿用例 6－6 的资料，采用年数总和法计算的各年折旧额如表 6－2 所示。

表 6－2 折旧的计算　　金额单位：元

年份	尚可使用寿命	原价－预计净残值	年折旧率	每年折旧额	累计折旧额
第 1 年	5	1 152 000	5/15	384 000	384 000
第 2 年	4	1 152 000	4/15	307 200	691 200
第 3 年	3	1 152 000	3/15	230 400	921 600
第 4 年	2	1 152 000	2/15	153 600	1 075 200
第 5 年	1	1 152 000	1/15	76 800	1 152 000

双倍余额递减法和年数总和法都属于加速折旧法，其特点是在固定资产使用的早期多提折旧，后期少提折旧，其递减的速度逐年加快，从而相对加快折旧的速度，目的是使固定资产成本在估计使用寿命内加快得到补偿。

6.2.1.5 固定资产折旧的会计处理

固定资产应当按月计提折旧，计提的折旧应通过"累计折旧"科目核算，并根据用途计入相关资产的成本或者当期损益。

(1) 企业基本生产车间所使用的固定资产，其折旧额应计入制造费用。

(2) 管理部门所使用的固定资产，其计提的折旧额应计入管理费用。

(3) 销售部门所使用的固定资产，其计提的折旧额应计入销售费用。

(4) 自行建造固定资产过程中使用的固定资产，其计提的折旧额应计入在建工程成本。

(5) 经营租出的固定资产，其计提的折旧额应计入其他业务成本。

(6) 未使用的固定资产，其计提的折旧额应计入管理费用。

例 6－8 广州 A 科技公司 2013 年 1 月份固定资产计提折旧额情况如下：

第一生产车间厂房计提折旧额 7.6 万元，机器设备计提折旧额 9 万元。

管理部门房屋建筑物计提折旧额 13 万元，运输工具计提折旧额 4.8 万元。

销售部门房屋建筑物计提折旧额 6.4 万元，运输工具计提折旧额 5.26 万元。

此外，本月第一生产车间新购置一台设备，原价为 122 万元，预计使用寿命 10 年，预计净残值 1 万元，按年限平均法计提折旧。

本例中，新购置的设备本月不提折旧，应从 2013 年 2 月开始计提折旧。广州 A 科技公司 2013 年 1 月份计提折旧的账务处理如下：

借：制造费用——第一生产车间　　166 000

　　管理费用　　178 000

　　销售费用　　116 600

　贷：累计折旧　　460 600

6.2.1.6 固定资产使用寿命、预计净残值和折旧方法的复核

由于固定资产的使用寿命长于一年，属于企业的非流动资产，企业至少应当于每年年度终了，对固定资产的使用寿命、预计净残值和折旧方法进行复核。

在固定资产使用过程中，其所处的经济环境、技术环境以及其他环境有可能对固定资产使用寿命和预计净残值产生较大影响。例如，固定资产使用强度比正常情况大大加强，致使固定资产实际使用寿命大大缩短；替代该项固定资产的新产品的出现致使其实际使用寿命缩短，预计净残值减少，等等。为真实反映固定资产为企业提供经济利益的期间及每期实际的资产消耗，企业至少应当于每年年度终了，对固定资产使用寿命和预计净残值进行复核。如有确凿证据表明，固定资产使用寿命预计数与原先估计数有差异，应当调整固定资产使用寿命；如果固定资产预计净残值预计数与原先估计数有差异，应当调整预计净残值。

固定资产使用过程中所处经济环境、技术环境以及其他环境的变化也可能致使与固定资产有关的经济利益的预期实现方式发生重大改变。如果固定资产给企业带来经济利益的方式发生重大变化，企业也应相应改变固定资产折旧方法。例如，某企业以前年度采用年限平均法计提固定资产折旧，此次年度复核中发现，与该固定资产相关的技术发生很大变化，年限平均法已很难反映该项固定资产给企业带来经济利益的方式，因此，决定变年限平均法为加速折旧法。

企业应当根据《企业会计准则第 4 号——固定资产》的规定，结合企业的实际情况，制定固定资产目录、分类方法、每类或每项固定资产的使用寿命、预计净残值、折旧方法等，并编制成册，根据企业的管理权限，经股东大会或董事会，或经理（厂长）会议或类似机构批准，按照法律、行政法规等的规定报送有关各方备案，同时备置于企业所在地，以供投资者等有关各方查阅。企业已经确定并对外报送，或备置于企业所在地的有关固定资产目录、分类方法、使用寿命、预计净残值、折旧方法等，一经确定不得随意变更，如需变更，应按照上述程序，经批准后报送有关各方备案。

固定资产使用寿命、预计净残值和折旧方法的改变应作为会计估计变更，按照《企业会计准则第 28 号——会计政策、会计估计变更和差错更正》处理。

6.2.2 固定资产的后续支出

固定资产的后续支出，是指固定资产使用过程中发生的更新改造支出、修理费用等。

后续支出的处理原则为：符合固定资产确认条件的，应当计入固定资产成本，同时将被替换部分的账面价值扣除；不符合固定资产确认条件的，应当计入当期损益。

6.2.2.1 资本化的后续支出

固定资产发生可资本化的后续支出时，企业一般应将该固定资产的原价、已计提的累计折旧和减值准备转销，将固定资产的账面价值转入在建工程，并在此基础上重新确定固定资产原价。因已转入在建工程，因此停止计提折旧。在固定资产发生的后续支出完工并达到预定可使用状态时，再从在建工程转为固定资产，并按重新确定的固定资产原价、使用寿命、预计净残值和折旧方法计提折旧。固定资产发生的可资本化的后续支出，通过“在建工程”科目核算。

例6－9 广州A科技公司有关固定资产更新改造的资料如下：

(1)2012年12月30日，该公司自行建成了一条生产线，建造成本为1 136 000元；采用年限平均法计提折旧；预计净残值率为3%，预计使用寿命为6年。

(2)2015年1月1日，由于生产的产品适销对路，现有生产线的生产能力已难以满足公司生产发展的需要，但若新建生产线则建设周期过长。公司决定对现有生产线进行改扩建，以提高其生产能力(假定该生产线未发生减值)。

(3)2015年1月1日至3月31日，经过三个月的改扩建，完成了对这条生产线的改扩建工程，达到预定可使用状态共发生支出537 800元，全部以银行存款支付。

(4)该生产线改扩建工程达到预定可使用状态后，大大提高了生产能力，预计将其使用寿命延长4年，即为10年。假定改扩建后的生产线的预计净残值率为改扩建后固定资产账面价值的3%；折旧方法仍为年限平均法。

(5)为简化计算过程，整个过程不考虑其他相关税费；公司按年度计提固定资产折旧。

本例中，生产线改扩建后，生产能力大大提高，能够为企业带来更多的经济利益，改扩建的支出金额也能可靠地计量，因此该后续支出符合固定资产的确认条件，应计入固定资产的成本。有关的账务处理如下：

(1)固定资产后续支出发生前：

该条生产线的应计折旧额＝1 136 000×(1－3%)＝1 101 920(元)

年折旧额＝1 101 920÷6≈183 653.33(元)

2013年和2014年两年计提固定资产折旧的账务处理为：

借：制造费用　　　　183 653.33

　贷：累计折旧　　　　183 653.33

(2)2015年1月1日，固定资产的账面价值为：

1 136 000－183 653.33×2＝768 693.34(元)

固定资产转入改扩建：

借：在建工程——××生产线　　　　768 693.34

　　累计折旧　　　　367 306.66

　贷：固定资产——××生产线　　　　1 136 000

(3)2015年1月1日至3月31日，发生改扩建工程支出：

借：在建工程——××生产线　　　　537 800

　贷：银行存款　　　　537 800

(4)2015 年 3 月 31 日，生产线改扩建工程达到预定可使用状态，固定资产的入账价值 =768 693.34 +537 800 =1306 493.34(元)，账务处理为：

借：固定资产——××生产线　　1 306 493.34

　贷：在建工程——××生产线　　1 306 493.34

(5)2015 年 3 月 31 日，转为固定资产后，按重新确定的使用寿命、预计净残值和折旧方法计提折旧：

应计折旧额 =1 306 493.34 ×(1 -3%)=1 267 298.54(元)

月折旧额 =1 267 298.54 ÷(7 ×12 +9)≈13 626.87(元)

年折旧额 =13 626.87 ×12 =163 522.44(元)

2015 年应计提的折旧额 =13 626.87 ×9 =122 641.83(元)

会计分录为：

借：制造费用　　122 641.83

　贷：累计折旧　　122 641.83

企业发生的某些固定资产后续支出可能涉及替换原固定资产的某组成部分，当发生的后续支出符合固定资产确认条件时，应将其计入固定资产成本，同时将被替换部分的账面价值扣除。这样可以避免将替换部分的成本和被替换部分的成本同时计入固定资产成本，导致固定资产成本多计。企业对固定资产进行定期检查发生的大修理费用，符合资本化条件的，可以计入固定资产成本，不符合资本化条件的，应当费用化，计入当期损益。固定资产在定期大修理间隔期间，照提折旧。

例 6 -10　某航空公司于 2005 年 12 月购入一架飞机，总计花费 8 000 万元(含发动机)，发动机当时的购价为 500 万元。公司未将发动机作为一项单独的固定资产进行核算。2014 年年初，公司开辟新航线，航程增加。为延长飞机的空中飞行时间，公司决定更换一部性能更为先进的发动机。新发动机购价 700 万元，另需支付安装费用 51 000 元。假定飞机的年折旧率为 3%，不考虑相关税费的影响，公司的账务处理为：

(1)2014 年年初飞机的累计折旧金额为：

80 000 000 ×3% ×8 =19 200 000(元)

固定资产转入在建工程。

借：在建工程——××飞机　　60 800 000

　　累计折旧　　19 200 000

　贷：固定资产——××飞机　　80 000 000

(2)安装新发动机：

借：在建工程——××飞机　　7 051 000

　贷：工程物资——××发动机　　7 000 000

　　　银行存款　　51 000

(3)2014 年年初旧发动机的账面价值为：

5 000 000 -5 000 000 ×3% ×8 =3 800 000(元)

终止确认旧发动机的账面价值。假定报废处理，无残值。

借：营业外支出　　3 800 000

　贷：在建工程——××飞机　　3 800 000

(4)发动机安装完毕，投入使用。固定资产的入账价值为：

60 800 000 +7 051 000 -3 800 000 =64 051 000(元)

借：固定资产——××飞机　　64 051 000

　贷：在建工程——××飞机　　64 051 000

6.2.2.2 费用化的后续支出

与固定资产有关的修理费用等后续支出，不符合固定资产确认条件的，应当根据不同情况分别在发生时计入当期管理费用或销售费用。

一般情况下，固定资产投入使用之后，由于固定资产磨损、各组成部分耐用程度不同，可能导致固定资产的局部损坏。为了维护固定资产的正常运转和使用，充分发挥其使用效能，企业将对固定资产进行必要的维护。固定资产的日常修理费用在发生时应直接计入当期损益。企业生产车间(部门)和行政管理部门等发生的固定资产修理费用等后续支出计入管理费用；企业设置专设销售机构的，其发生的与专设销售机构相关的固定资产修理费用等后续支出，计入销售费用。企业固定资产更新改造支出不满足固定资产确认条件的，在发生时应直接计入当期损益。

例6-11　2015年1月3日，广州A科技公司对现有的一台生产用机器设备进行日常维护，维护过程中领用本企业原材料一批，价值为94 000元，应支付维护人员的工资为28 000元；不考虑其他相关税费。

本例中，对机器设备的维护，仅仅是为了维护固定资产的正常使用而发生的，不产生未来的经济利益，因此应在其发生时确认为管理费用。广州A科技公司的账务处理为：

借：管理费用　　122 000

　贷：原材料　　94 000

　　　应付职工薪酬　　28 000

6.3 固定资产的处置

6.3.1 固定资产终止确认的条件

固定资产满足下列条件之一的，应当予以终止确认：

(1)该固定资产处于处置状态。固定资产处置包括固定资产的出售、转让、报废或毁损、对外投资、非货币性资产交换、债务重组等。处于处置状态的固定资产不再用于生产商品、提供劳务、出租或经营管理，因此不再符合固定资产的定义，应予终止确认。

(2)该固定资产预期通过使用或处置不能产生经济利益。固定资产的确认条件之一是“与该固定资产有关的经济利益很可能流入企业”，如果一项固定资产预期通过使用或处置不能产生经济利益，那么，它就不再符合固定资产的定义和确认条件，应予终止确认。

6.3.2 固定资产处置的账务处理

企业出售、转让、报废固定资产或发生固定资产毁损，应当将处置收入扣除账面价值和相关税费后的金额计入当期损益。固定资产处置一般通过“固定资产清理”科目进行核算。

企业因出售、转让、报废或毁损、对外投资、非货币性资产交换、债务重组等处置固定资产，其会计处理一般经过以下几个步骤：

第一步，固定资产转入清理。固定资产转入清理时，按固定资产账面价值，借记“固定资产清理”科目，按已计提的累计折旧，借记“累计折旧”科目，按已计提的减值准备，借记“固定资产减值准备”科目，按固定资产账面余额，贷记“固定资产”科目。

第二步，发生的清理费用的处理。固定资产清理过程中发生的有关费用以及应支付的相关税费，借记“固定资产清理”科目，贷记“银行存款”“应交税费”等科目。

第三步，出售收入和残料等的处理。企业收回出售固定资产的价款、残料价值和变价收入等，应冲减清理支出。按实际收到的出售价款以及残料变价收入等，借记“银行存款”“原材料”等科目，贷记“固定资产清理”“应交税费——应交增值税”等科目。

第四步，保险赔偿的处理。企业计算或收到的应由保险公司或过失人赔偿的损失，应冲减清理支出，借记“其他应收款”“银行存款”等科目，贷记“固定资产清理”科目。

第五步，清理净损益的处理。固定资产清理完成后的净损失，属于生产经营期间正常的处理损失，借记“营业外支出——处置非流动资产损失”科目，贷记“固定资产清理”科目；属于生产经营期间由于自然灾害等非正常原因造成的，借记“营业外支出——非常损失”科目，贷记“固定资产清理”科目。固定资产清理完成后的净收益，借记“固定资产清理”科目，贷记“营业外收入”科目。

例6－12 乙公司有一台设备，因使用期满经批准报废。该设备原价为186 400元，累计已计提折旧金额177 080元、减值准备2 300元。在清理过程中，以银行存款支付清理费用4 000元，收到残料变卖收入5 400元，应支付相关税费270元。乙公司有关账务处理如下：

(1)固定资产转入清理：

借：固定资产清理——××设备　　7 020
　　累计折旧　　177 080
　　固定资产减值准备——××设备　　2 300
　贷：固定资产——××设备　　186 400

(2)发生清理费用和相关税费：

借：固定资产清理——××设备　　4 270
　贷：银行存款　　4 000
　　　应交税费　　270

(3)收到残料变价收入：

借：银行存款　　5 400
　贷：固定资产清理——××设备　　5 400

(4)结转固定资产净损益：

借：营业外支出——处置非流动资产损失　　5 890

　贷：固定资产清理——××设备　　5 890

6.3.3 持有待售的固定资产

同时满足下列条件的非流动资产（包括固定资产）应当划分为持有待售：一是企业已经就处置该非流动资产作出决议；二是企业已经与受让方签订了不可撤销的转让协议；三是该项转让将在一年内完成。持有待售的非流动资产包括单项资产和处置资产组，处置资产组是指作为整体出售或其他方式一并处置的一组资产。处置组通常是一个资产组或某个资产组中的一部分，如果处置组是一个资产组，并且按照《企业会计准则第8号——资产减值》的规定将企业合并中取得的商誉分摊至该资产组，或者该资产组是这种资产组中的一项经营，则该处置组应当包括企业合并中取得的商誉。

企业对于持有待售的固定资产，应当调整该项固定资产的预计净残值，使该项固定资产的预计净残值能够反映其公允价值减去处置费用后的金额，但不得超过符合持有待售条件时该项固定资产的原账面价值，原账面价值高于预计净残值的差额，应作为资产减值损失计入当期损益。企业应当在报表附注中披露持有待售的固定资产名称、账面价值、公允价值、预计处置费用和预计处置时间等。持有待售的固定资产不计提折旧，按照账面价值与公允价值减去处置费用后的净额孰低进行计量。

某项资产或处置组被划归为持有待售，但后来不再满足持有待售的固定资产的确认条件，企业应当停止将其划归为持有待售，并按照下列两项金额中较低者计量：

(1)该资产或处置组被划归为持有待售之前的账面价值，按照其假定在没有被划归为持有待售的情况下原应确认的折旧、摊销或减值进行调整后的金额；

(2)决定不再出售之日的可收回金额。

符合持有待售条件的无形资产等其他非流动资产，比照上述原则处理。这里所指的其他非流动资产不包括递延所得税资产、《企业会计准则第22号——金融工具确认和计量》规定的金融资产、以公允价值计量的投资性房地产和生物资产、保险合同中产生的合同权利等。

6.3.4 固定资产盘亏的会计处理

固定资产是一种价值较高、使用期限较长的有形资产，因此，对于管理规范的企业而言，盘盈、盘亏的固定资产较为少见。企业应当健全制度，加强管理，定期或者至少于每年年末对固定资产进行清查盘点，以保证固定资产核算的真实性和完整性。如果清查中发现固定资产损溢的应及时查明原因，在期末结账前处理完毕。

固定资产盘亏造成的损失，应当计入当期损益。企业在财产清查中盘亏的固定资产，按盘亏固定资产的账面价值借记“待处理财产损溢——待处理固定资产损溢”科目，按已计提的累计折旧，借记“累计折旧”科目，按已计提的减值准备，借记“固定资产减值准备”科目，按固定资产原价，贷记“固定资产”科目。按管理权限报经批准后处理时，按可收回的保险赔偿或过失人赔偿，借记“其他应收款”科目，按应计入营业外支出的金额，借记“营业外支出——盘亏损失”科目，贷记“待处理财产损溢”科目。

例6-13 广州A科技公司年末对固定资产进行清查时，发现丢失一台冷冻设备。该设备原价52 000元，已计提折旧20 000元，并已计提减值准备12 000元。经查，冷冻设备丢失的原因是保管员看守不当。经批准，由保管员赔偿5 000元。广州A科技公司有关账务处理如下(不考虑增值税)：

(1)发现冷冻设备丢失时：

借：待处理财产损溢——待处理固定资产损溢——冷冻设备　20 000
　　累计折旧　20 000
　　固定资产减值准备——冷冻设备　12 000
　贷：固定资产——冷冻设备　52 000

(2)报经批准后：

借：其他应收款——×××　5 000
　　营业外支出——盘亏损失　15 000
　贷：待处理财产损溢——待处理固定资产损溢——冷冻设备　20 000

7 无形资产业务外包

无形资产业务外包包括无形资产的初始确认业务外包、无形资产的后续确认业务外包及无形资产的处置业务外包及研究开发费用的处理。在处理无形资产的后续确认时要注意使用寿命确定的无形资产和使用寿命不确定的无形资产的差异。

7.1 无形资产的确认和初始计量

7.1.1 无形资产的定义与特征

无形资产是指企业拥有或者控制的没有实物形态的可辨认非货币性资产。无形资产具有以下特征：

1. 由企业拥有或者控制并能为其带来未来经济利益

预计能为企业带来未来经济利益是作为一项资产的本质特征，无形资产也不例外。通常情况下，企业拥有或者控制的无形资产应当拥有其所有权并且能够为企业带来未来经济利益。但在某些情况下并不需要企业拥有其所有权，如果企业有权获得某项无形资产产生的经济利益，同时又能约束其他人获得这些经济利益，则说明企业控制了该无形资产，或者说控制了该无形资产产生的经济利益，具体表现为企业拥有该无形资产的法定所有权或者使用权并受法律的保护。比如，企业自行研制的技术通过申请依法取得专利权后，在一定期限内拥有了该专利技术的法定所有权；又比如，企业与其他企业签订合约转让商标权，由于合约的签订，使商标使用权转让方的相关权利受到法律的保护。

2. 不具有实物形态

无形资产通常表现为某种权利、某项技术或是某种获取超额利润的综合能力。它们不具有实物形态，看不见，摸不着，比如，土地使用权、非专利技术等。无形资产为企业带来经济利益的方式与固定资产不同，固定资产是通过实物价值的磨损和转移为企业带来未来经济利益，而无形资产很大程度上通过自身所具有的技术等优势为企业带来未来经济利益。不具有实物形态是无形资产区别于其他资产的特征之一。

需要指出的是，某些无形资产的存在有赖于实物载体。比如，计算机软件需要存储在介质中。但这并不改变无形资产本身不具有实物形态的特性。在确定一项包含无形和有形要素的资产是属于固定资产，还是属于无形资产时，需要通过判断来加以确定，通常以哪个要素更重要作为判断的依据。例如，计算机控制的机械工具没有特定计算机软件就不能运行时，则说明该软件是构成该硬件不可缺少的组成部分，该软件应作为固定资产处理；如果计算机软件不是相关硬件不可缺少的组成部分，则该软件应作为无形资产核算。无论是否存在实物载体，只要将一项资产归类为无形资产，则不具有实物形态仍然是无形资产的特征之一。

3. 具有可辨认性

要作为无形资产进行核算，该资产必须是能够区别于其他资产可单独辨认的，如企业持有的专利权、非专利技术、商标权、土地使用权、特许权等。从可辨认性角度考虑，商誉是与企业整体价值联系在一起的，无形资产的定义要求无形资产是可辨认的，以便与商誉清楚地区分开来。企业合并中取得的商誉代表了购买方为从不能单独辨认并独立确认的资产中获得预期未来经济利益而付出的代价。这些未来经济利益可能产生于取得的可辨认资产之间的协同作用，也可能产生于购买者在企业合并中准备支付的、但不符合在财务报表上确认条件的资产。从计量上来讲，商誉是企业合并成本大于合并中取得的各项可辨认资产、负债公允价值份额的差额，代表的是企业未来现金流量大于每一单项资产产生未来现金流量的合计金额，其存在无法与企业自身区分开来，由于不具有可辨认性，虽然商誉也是没有实物形态的非货币性资产，但不构成无形资产。

符合以下条件之一的，则认为其具有可辨认性：

(1)能够从企业中分离或者划分出来，并能单独用于出售或转让等，而不需要同时处置在同一获利活动中的其他资产，则说明无形资产可以辨认。某些情况下无形资产可能需要与有关的合同一起用于出售、转让等，这种情况下也视为可辨认无形资产。

(2)产生于合同性权利或其他法定权利，无论这些权利是否可以从企业或其他权利和义务中转移或者分离。如一方通过与另一方签订特许权合同而获得的特许使用权，通过法律程序申请获得的商标权、专利权等。

如果企业有权获得一项无形资产产生的未来经济利益，并能约束其他方获取这些利益，则表明企业控制了该项无形资产。例如，对于会产生经济利益的技术知识，若其受到版权、贸易协议约束(如果允许)等法定权利或雇员保密法定职责的保护，那么说明该企业控制了相关利益。而客户关系、人力资源等，由于企业无法控制其带来的未来经济利益，不符合无形资产的定义，不应将其确认为无形资产。内部产生的品牌、报刊名、刊头、客户名单和实质上类似项目的支出不能与整个业务开发成本区分开来。因此，这类项目不应确认为无形资产。

4. 无形资产属于非货币性资产

非货币性资产，是指企业持有的货币资金和将以固定或可确定的金额收取的资产以外的其他资产。无形资产由于没有发达的交易市场，一般不容易转化成现金，在持有过程中为企业带来未来经济利益的情况不确定，不属于以固定或可确定的金额收取的资产，属于非货币性资产。货币性资产主要有现金、银行存款、应收账款、应收票据和短期有价证券等，它们的共同特点是直接表现为固定的货币数额或在将来收到一定货币数额的权利。应收款项等资产也没有实物形态，其与无形资产的区别在于无形资产属于非货币性资产，而应收款项等资产则不属于非货币性资产。另外，虽然固定资产也属于非货币性资产，但其为企业带来经济利益的方式与无形资产不同，固定资产是通过实物价值的磨损和转移来为企业带来未来经济利益，而无形资产很大程度上通过某些权利、技术等优势为企业带来未来经济利益。

7.1.2 无形资产的内容

无形资产通常包括专利权、非专利技术、商标权、著作权、特许权、土地使用权等。

1. 专利权

专利权是指国家专利主管机关依法授予发明创造专利申请人，对其发明创造在法定期限内所享有的专有权利，包括发明专利权、实用新型专利权和外观设计专利权。发明，是指对产品、方法或者其改进所提出的新的技术方案。实用新型，是指对产品的形状、构造或者其结合所提出的适于实用的新的技术方案。外观设计，是指对产品的形状、图案或者其结合以及色彩与形状、图案的结合所作出的富有美感并适用于工业应用的新设计。发明专利权的期限为20年，实用新型专利权和外观设计专利权的期限为10年，均自申请日起计算。

2. 非专利技术

非专利技术也称专有技术。它是指不为外界所知，在生产经营活动中已采用了的、不享有法律保护的、可以带来经济效益的各种技术和诀窍。非专利技术一般包括工业专有技术、商业贸易专有技术、管理专有技术等。工业专有技术，指在生产上已经采用，仅限于少数人知道，不享有专利权或发明权的生产、装配、修理、工艺或加工方法的技术知识，可以用蓝图、配方、技术记录、操作方法的说明等具体资料表现出来，也可以通过卖方派出技术人员进行指导，或接受买方人员的技术实习等手段实现；商业贸易专有技术，指具有保密性质的市场情报、原材料价格情报以及用户、竞争对象的情况的有关知识；管理专有技术，指生产组织的经营方式、管理方法、培训职工方法等保密知识。非专利技术并不是专利法的保护对象，非专利技术用自我保密的方式来维持其独占性，具有经济性、机密性和动态性等特点。

3. 商标权

商标是用来辨认特定的商品或劳务的标记。商标权指专门在某类指定的商品或产品上使用特定的名称或图案的权利。经商标局核准注册的商标为注册商标，包括商品商标、服务商标和集体商标、证明商标，商标注册人享有商标专用权，受法律保护。集体商标，是指以团体、协会或者其他组织名义注册，供该组织成员在商事活动中使用，以表明使用者在该组织中的成员资格的标志。证明商标，是指由对某种商品或者服务具有监督能力的组织所控制，而由该组织以外的单位或者个人用于其商品或者服务，用以证明该商品或者服务的原产地、原料、制造方法、质量或者其他特定品质的标志。注册商标的有效期为10年，自核准注册之日起计算。注册商标有效期满，需要继续使用的，应当在期满前6个月内申请续展注册；在此期间未能提出申请的，可以给予6个月的宽展期。宽展期满仍未提出申请的，注销其注册商标。每次续展注册的有效期为10年。

4. 著作权

著作权又称版权，指作者对其创作的文学、科学和艺术作品依法享有的某些特殊权利。著作权包括作品署名权、发表权、修改权和保护作品完整权，还包括复制权、发行权、出租权、展览权、表演权、放映权、广播权、信息网络传播权、摄制权、改编权、翻译权、汇编权以及应当由著作权人享有的其他权利。著作权人包括作者和其他依法享有著作权的公民、法人或者其他组织。著作权属于作者，创作作品的公民是作者。由法人或者其他组织主持，代表法人或者其他组织意志创作，并由法人或者其他组织承担责任的作品，法人或者其他组织视为作者。作者的署名权、修改权、保护作品完整权的保护期不受限制。公民的作品，其发表权、复制权、发行权、出租权、展览权、表演权、放映权、广播权、信息网络传播权、摄制权、改编权、翻译权、汇编权以及应当由著作权人享有的其他权利的保护期，为作者终生及其死亡后50年，截止于作者死亡后第50年的12月31日；如果是合作作品，截止于最后死亡的作者死亡后第50年的12月31日。

5. 特许权

特许权，又称经营特许权、专营权，指企业在某一地区经营或销售某种特定商品的权利，或是一家企业接受另一家企业使用其商标、商号、技术秘密等的权利。通常有两种形式，一种是由政府机构授权，准许企业使用或在一定地区享有经营某种业务的特权，如水、电、邮电通信等专营权、烟草专卖权等等；另一种指企业间依照签订的合同，有限期或无限期使用另一家企业的某些权利，如连锁店分店使用总店的名称等。特许权业务涉及特许权受让人和让与人两个方面。通常在特许权转让合同中规定了特许权转让的期限、转让人和受让人的权利和义务。转让人一般要向受让人提供商标、商号等使用权，传授专有技术，并负责培训营业人员，提供经营所必需的设备和特殊原料。受让人则需要向转让人支付取得特许权的费用，开业后则按营业收入的一定比例或其他计算方法支付享用特许权费用。此外，还要为转让人保守商业秘密。

6. 土地使用权

土地使用权，指国家准许某企业在一定期间内对国有土地享有开发、利用、经营的权利。根据我国土地管理法的规定，我国土地实行公有制，任何单位和个人不得侵占、买卖或者以其他形式非法转让。企业取得土地使用权的方式大致有行政划拨取得、外购取得（如以缴纳土地出让金方式取得）及投资者投资取得几种。通常情况下，作为投资性房地产或者作为固定资产核算的土地，按照投资性房地产或者固定资产核算；以缴纳土地出让金等方式外购的土地使用权、投资者投入等方式取得的土地使用权，作为无形资产核算。

7.1.3 无形资产的确认条件

无形资产应当在符合定义的前提下，同时满足以下两个确认条件时，才能予以确认。

1. 与该资产有关的经济利益很可能流入企业

作为无形资产确认的项目，必须具备产生的经济利益很可能流入企业。通常情况下，无形资产产生的未来经济利益可能包括在销售商品、提供劳务的收入中，或者企业使用该项无形资产而减少或节约的成本中，或体现在获得的其他利益中。例如，生产加工企业在生产工序中使用了某种知识产权，使其降低了未来生产成本，而不是增加未来收入。实务中，要确定无形资产创造的经济利益是否很可能流入企业，需要实施职业判断。在实施这种判断时，需要对无形资产在预计使用寿命内可能存在的各种经济因素作出合理估计，并且应当有明确的证据支持，比如，企业是否有足够的人力资源、高素质的管理队伍、相关的硬件设备、相关的原材料等来配合无形资产为企业创造经济利益；同时，更为重要的是关注一些外界因素的影响，比如是否存在相关的新技术、新产品冲击与无形资产相关的技术或据其生产的产品的市场等。在实施判断时，企业的管理层应对无形资产的预计使用寿命内存在的各种因素作出最稳健的估计。

2. 该无形资产的成本能够可靠地计量

成本能够可靠地计量是资产确认的一项基本条件。对于无形资产来说，这个条件相对更为重要。比如，企业内部产生的品牌、报刊名等，因其成本无法可靠地计量，不作为无形资产确认。又比如，一些高新科技企业的科技人才，假定其与企业签订了服务合同，且合同规定其在一定期限内不能为其他企业提供服务。在这种情况下，虽然这些科技人才的知识在规定的期限内预期能够为企业创造经济利益，但由于这些技术人才的知识难以辨认，且形成这些知识所发生的支出难以计量，因而不能作为企业的无形资产加以确认。

7.1.4 无形资产的初始计量

无形资产通常是按实际成本计量，即以取得无形资产并使之达到预定用途而发生的全部支出，作为无形资产的成本。对于不同来源取得的无形资产，其初始成本构成不尽相同。

1. 外购的无形资产成本

外购的无形资产，其成本包括购买价款、相关税费以及直接归属于使该项资产达到预定用途所发生的其他支出。其中，直接归属于使该项资产达到预定用途所发生的其他支出包括使无形资产达到预定用途所发生的专业服务费用、测试无形资产是否能够正常发挥作用的费用等。下列各项不包括在无形资产的初始成本中：

(1)为引入新产品进行宣传发生的广告费、管理费用及其他间接费用。

(2)无形资产已经达到预定用途以后发生的费用。例如，在形成预定经济规模之前发生的初始运作损失，以及在无形资产达到预定用途之前发生的其他经营活动的支出，如果该经营活动并非是为无形资产达到预定用途而必不可少的，则有关经营活动的损益应于发生时计入当期损益，而不构成无形资产的成本。

外购的无形资产，应按其取得成本进行初始计量；如果购入的无形资产超过正常信用条件延期支付价款，实质上具有融资性质的，应按所取得无形资产购买价款的现值计量其成本，现值与应付价款之间的差额作为未确认的融资费用，在付款期间内按照实际利率法确认为利息费用。

例7-1 广州A科技公司某项生产活动需要乙公司已获得的专利技术，如果使用了该项专利技术，广州A科技公司预计其生产能力比原先提高20%，销售利润率增长15%。为此，广州A科技公司从乙公司购入一项专利权，按照协议约定以银行存款支付，实际支付的价款为300万元，并支付相关税费1万元和有关专业服务费用5万元，款项已通过银行转账支付。

分析：①广州A科技公司购入的专利权符合无形资产的定义，即广州A科技公司能够拥有或者控制该项专利技术，符合可辨认的条件，同时该无形资产是不具有实物形态的非货币性资产。②广州A科技公司购入的专利权符合无形资产的确认条件。首先，广州A科技公司的某项生产活动需要乙公司已获得的专利技术，广州A科技公司使用了该项专利技术，预计广州A科技公司的生产能力比原先提高20%，销售利润率增长15%，即经济利益很可能流入公司；其次，广州A科技公司购买该项专利权的成本为300万元，另外支付相关税费和有关专业服务费用6万元，即成本能够可靠地计量。由此，符合无形资产的确认条件。

无形资产初始计量的成本＝300＋1＋5＝306(万元)

广州A科技公司的账务处理如下：

借：无形资产——专利权　　　　　　3 060 000

　贷：银行存款　　　　　　　　　　　　3 060 000

例7－2　2011年1月8日，广州A科技公司从乙公司购买一项商标权，由于广州A科技公司资金周转比较紧张，经与乙公司协议采用分期付款方式支付款项。合同规定，该项商标权总计1 000万元，每年末付款200万元，5年付清。假定银行同期贷款利率为5%。为了简化核算，假定不考虑其他有关税费(已知5年期利率为5%，其年金现值系数为4.3295)。广州A科技公司的账务处理如下(见表7－1)。

表7－1　未确认的融资费用　　　　金额单位：万元

年次	融资余额	利率	本年利息	付款	未确认融资费用
			融资余额×利率		上年余额－本年利息
0	865.90				134.10
1	709.20	0.05	43.30	200.00	90.80
2	544.66	0.05	35.46	200.00	55.34
3	371.89	0.05	27.23	200.00	28.11
4	190.48	0.05	18.59	200.00	9.52
5	0.00	0.05	9.52	200.00	0.00
合计			134.10	1000.00	

无形资产现值：1 000×20%×4.3295＝865.9(万元)

未确认的融资费用＝1 000－865.9＝134.1(万元)

借：无形资产——商标权　　　　　　8 659 000

　　未确认融资费用　　　　　　　　1 341 000

　贷：长期应付款　　　　　　　　　　　10 000 000

2011年年底付款时：

借：长期应付款　　　　　　　　　　2 000 000

　贷：银行存款　　2 000 000
借：财务费用　　433 000
　贷：未确认融资费　　433 000
2012 年年底付款时：
借：长期应付款　　2 000 000
　贷：银行存款　　2 000 000
借：财务费用　　354 600
　贷：未确认融资费用　　354 600
2013 年年底付款时：
借：长期应付款　　2 000 000
　贷：银行存款　　2 000 000
借：财务费用　　272 300
　贷：未确认融资费用　　272 300
2014 年年底付款时：
借：长期应付款　　2 000 000
　贷：银行存款　　2 000 000
借：财务费用　　185 900
　贷：未确认融资费用　　185 900
2015 年年底付款时：
借：长期应付款　　2 000 000
　贷：银行存款　　2 000 000
借：财务费用　　95 200
　贷：未确认融资费用　　95 200

2. 投资者投入的无形资产成本

投资者投入的无形资产的成本，应当按照投资合同或协议约定的价值确定无形资产的取得成本。如果投资合同或协议约定价值不公允的，应按无形资产的公允价值作为无形资产初始成本入账。

例 7－3　因乙公司创立的商标已有较好的声誉，广州 A 科技公司预计使用乙公司商标后可使其未来利润增长 30%。为此，广州 A 科技公司与乙公司商定，乙公司以其商标权投资于广州 A 科技公司，双方协议价格(等于公允价值)为 500 万元，广州 A 科技公司另支付印花税等相关税费 2 万元，款项已通过银行转账支付。

该商标权的初始计量，应当以取得时的成本为基础。取得时的成本为投资协议约定的价格 500 万元，加上支付的相关税费 2 万元。

广州 A 科技公司接受乙公司作为投资的商标权的成本＝500＋2＝502(万元)

广州 A 科技公司的账务处理如下：

借：无形资产——商标权　　5 020 000
　贷：实收资本(或股本)　　5 000 000
　　　银行存款　　20 000

3. 通过非货币性资产交换取得的无形资产成本

企业通过非货币性资产交换取得的无形资产，包括以投资、存货、固定资产或无形资产换入的无形资产等。非货币性资产交换具有商业实质且公允价值能够可靠地计量的，在发生补价的情况下，支付补价方应当以换出资产的公允价值加上支付的补价（即换入无形资产的公允价值）和应支付的相关税费，作为换入无形资产的成本；收到补价时，应当以换入无形资产的公允价值（或换出资产的公允价值减去补价）和应支付的相关税费，作为换入无形资产的成本。

4. 通过债务重组取得的无形资产成本

通过债务重组取得的无形资产，是指企业作为债权人取得的债务人用于偿还债务的非现金资产，且企业作为无形资产管理的资产。通过债务重组取得的无形资产成本，应当以其公允价值入账。

5. 通过政府补助取得的无形资产成本

通过政府补助取得的无形资产成本，应当按照公允价值计量；公允价值不能可靠取得的，按照名义金额计量。

6. 土地使用权的处理

企业取得的土地使用权，通常应当按照取得时所支付的价款及相关税费确认为无形资产。土地使用权用于自行开发建造厂房等地上建筑物时，土地使用权的账面价值不与地上建筑物合并计算其成本，而仍作为无形资产进行核算，土地使用权与地上建筑物分别进行摊销和提取折旧，但下列情况除外：

（1）房地产开发企业取得的土地使用权用于建造对外出售的房屋建筑物，相关的土地使用权应当计入所建造的房屋建筑物成本。

（2）企业外购的房屋建筑物，实际支付的价款中包括土地以及建筑物的价值，则应当对支付的价款按照合理的方法（如公允价值比例）在土地和地上建筑物之间进行分配；如果确实无法在地上建筑物与土地使用权之间进行合理分配的，应当全部作为固定资产，按照固定资产确认和计量的规定进行处理。

企业改变土地使用权的用途，将其用于出租或增值目的时，应将其转为投资性房地产。

例7-4 2014年1月1日，A股份有限公司购入一块土地的使用权，以银行存款转账支付8 000万元，并在该土地上自行建造厂房等工程，发生材料支出12 000万元，工资费用8 000万元，其他相关费用10 000万元。该工程已经完工并达到预定可使用状态。假定土地使用权的使用年限为50年，该厂房的使用年限为25年，两者都没有净残值，都采用直线法进行摊销和计提折旧。摊销是在规定的使用年限内，平均分摊取得的土地使用权的价值。为简化核算，不考虑其他相关税费。

分析：A公司购入土地使用权，使用年限为50年，表明它属于使用寿命有限的无形资产，在该土地上自行建造厂房，应将土地使用权和地上建筑物分别作为无形资产和固定资产进行核算，并分别摊销和计提折旧。

A公司的账务处理如下：

（1）支付转让价款：

借：无形资产——土地使用权　　80 000 000
　贷：银行存款　　80 000 000

(2)在土地上自行建造厂房：

借：在建工程　　300 000 000
　贷：工程物资　　120 000 000
　　　应付职工薪酬　　80 000 000
　　　银行存款　　100 000 000

(3)厂房达到预定可使用状态：

借：固定资产　　300 000 000
　贷：在建工程　　300 000 000

(4)每年分期摊销土地使用权和对厂房计提折旧：

借：管理费用　　1 600 000
　　制造费用　　12 000 000
　贷：累计摊销　　1 600 000
　　　累计折旧　　12 000 000

每年计入管理费用的折旧额：80 000 000 ÷ 50 = 1 600 000(元)

每年计入制造费用的折旧额：300 000 000 ÷ 25 = 12 000 000(元)

7. 企业合并中取得的无形资产成本

企业合并中取得的无形资产，按照企业合并的分类，分别处理：

(1)同一控制下吸收合并，按照被合并企业无形资产的账面价值确认为取得时的初始成本；同一控制下控股合并，合并方在合并日编制合并报表时，应当按照被合并方无形资产的账面价值作为合并基础。

(2)非同一控制下的企业合并中，购买方取得的无形资产应以其在购买日的公允价值计量，包括：

①被购买企业原已确认的无形资产。

②被购买企业原未确认的无形资产，但其公允价值能够可靠地计量，购买方就应在购买日将其独立于商誉确认为一项无形资产。例如，被购买方正在进行当中的一个研究开发项目，符合无形资产的定义且其公允价值能够可靠地计量，则购买方应将其独立于商誉确认为一项无形资产。

公允价值的取得一般有以下途径：

①活跃市场中的市场报价，该报价提供了无形资产公允价值的最可靠的估计。恰当的市场价格一般是现行出价。在无法获得现行出价的情况下，如果类似交易的最近交易日和资产公允价值估计日之间的经济情况没有发生重大变化，则可以类似交易的最近价格为基础来估计公允价值。

②如果无形资产不存在活跃市场，则其公允价值应按照购买日从购买方可获得的信息为基础，在熟悉情况并自愿的当事人之间进行的公平交易中，为取得该资产所支付的金额，如对无形资产预计产生的未来现金流量进行折现。

在企业合并中，如果取得的无形资产本身可以单独辨认，但其计量或处置必须与有形的或其他无形的资产一并作价，如天然矿泉水的商标可能与特定的泉眼有关，但不能独立于该泉眼出售，在这种情况下，如果该无形资产及与其相关的资产各自的公允价值不能可靠计量，则应将该资产组（即将无形资产与其相关的有形资产一并）独立于商誉确认为单项资产。

7.2 内部研究开发费用的确认和计量

通常情况下，企业自创商誉以及企业内部产生的无形资产不确认为无形资产，如企业内部产生的品牌、报刊名等。但是，由于确定研究与开发费用是否符合无形资产的定义和相关特征（如可辨认性）、能否或者何时能够为企业产生预期未来经济利益，以及成本能否可靠地计量尚存在不确定因素，因此，研究与开发活动发生的费用，除了要遵循无形资产确认和初始计量的一般要求外，还需要满足其他特定的条件，才能够确定为一项无形资产。首先，为评价内部产生的无形资产是否满足确认标准，企业应当将资产的形成过程分为研究阶段与开发阶段两部分；其次，对于开发过程中发生的费用，在符合一定条件的情况下，才可确认为一项无形资产。在实务工作中，具体划分研究阶段与开发阶段，以及是否符合资本化的条件，应当根据企业的实际情况以及相关信息予以判断。

7.2.1 研究阶段和开发阶段的划分

对于企业自行进行的研究开发项目，应当区分研究阶段与开发阶段两个部分分别进行核算。

1. 研究阶段

研究阶段，是指为获取新的技术和知识等进行的有计划的调查。有关研究活动的例子包括：为了获取知识而进行的活动；研究成果或其他知识的应用研究、评价和最终选择；材料、设备、产品、工序、系统或服务替代品的研究；新的或经改进的材料、设备、产品、工序、系统或服务的可能替代品的配制、设计、评价和最终选择等。

研究阶段的特点在于：

（1）计划性。研究阶段是建立在有计划的调查基础上，即研发项目已经董事会或者相关管理层的批准，并着手收集相关资料、进行市场调查等。例如，某药品公司为研究开发某药品，经董事会或者相关管理层的批准，有计划地收集相关资料，进行市场调查，比较市场中相关药品的药性、效用等。

（2）探索性。研究阶段基本上是探索性的，为进一步的开发活动进行资料及相关方面的准备，在这一阶段不会形成阶段性成果。

从研究活动的特点看，其研究是否能在未来形成成果，即通过开发后是否会形成无形资产均具有很大的不确定性，企业也无法证明其能够带来未来经济利益的无形资产的存在，因此，研究阶段的有关支出在发生时，应当予以费用化计入当期损益。

2. 开发阶段

开发阶段是指在进行商业性生产或使用前，将研究成果或其他知识应用于某项计划或设计，以生产出新的或具有实质性改进的材料、装置、产品等。有关开发活动的例子包括：生产前或使用前的原型和模型的设计、建造和测试；含新技术的工具、夹具、模具和冲模的设计；不具有商业性生产经济规模的试生产设施的设计、建造和运营；新的或经改造的材料、设备、产品、工序、系统或服务所选定的替代品的设计、建造和测试等。

开发阶段的特点在于：

(1)具有针对性。开发阶段是建立在研究阶段基础上的，因而，对项目的开发具有针对性。

(2)形成成果的可能性较大。进入开发阶段的研发项目往往形成成果的可能性较大。

由于开发阶段相对于研究阶段更进一步，相对于研究阶段来讲，进入开发阶段，则很大程度上形成一项新产品或新技术的基本条件已经具备，此时如果企业能够证明满足无形资产的定义及相关确认条件，所发生的开发支出可资本化，确认为无形资产的成本。

3. 研究阶段与开发阶段的不同点

(1)目标不同。研究阶段一般目标不具体、不具有针对性；而开发阶段多是针对具体目标、产品、工艺等。

(2)对象不同。研究阶段一般很难具体化到特定项目上；而开发阶段往往形成对象化的成果。

(3)风险不同。研究阶段的成功概率很难判断，一般成功率很低，风险比较大；而开发阶段的成功率较高、风险相对较小。

(4)结果不同。研究阶段的结果多是研究报告等基础性成果；而开发阶段的结果则多是具体的新技术、新产品等。

7.2.2 开发阶段有关支出资本化的条件

在开发阶段，判断可以将有关支出资本化计入无形资产成本的条件包括：

(1)完成该无形资产以使其能够使用或出售在技术上具有可行性。企业在判断是否满足该条件时，应以目前阶段的成果为基础，说明在此基础上进一步进行开发所需的技术条件等已经具备，基本上不存在技术上的障碍或其他不确定性，企业在判断时，应提供相关的证据和材料。

(2)具有完成该无形资产并使用或出售的意图。开发某项产品或专利技术产品等，是使用还是出售，通常根据管理当局决定该项研发活动的目的或者意图所决定。即研发项目形成成果以后，是为出售，还是为自己使用并从使用中获得经济利益，应当以管理当局意图而定。因此，企业的管理当局应能够说明其持有拟开发无形资产的目的，具有完成该项无形资产开发并使其能够使用或出售的可能性。

(3)无形资产产生经济利益的方式，包括能够证明运用该无形资产生产的产品存在市场或无形资产自身存在市场，无形资产将在内部使用的，应当证明其有用性。作为无形资产确认，其基本条件是能够为企业带来未来经济利益。就其能够为企业带来未来经济利益的方式来说，如果有关的无形资产在形成以后，主要是用于形成新产品或新工艺的，企业应对运用该无形资产生产的产品市场情况进行估计，应能够证明所生产的产品存在市场，并能够带来经济利益的流入；如果有关的无形资产开发以后主要是用于对外出售的，则企业应能够证明市场上存在对该类无形资产的需求，开发以后存在外在的市场，可以出售并带来经济利益的流入；如果无形资产开发以后，不是用于生产产品，也不是用于对外出售，而是在企业内部使用的，则企业应能够证明在企业内部使用时对企业的有用性。

（4）有足够的技术、财务资源和其他资源支持，以完成该无形资产的开发，并有能力使用或出售该无形资产。这一条件主要包括：①为完成该项无形资产开发具有技术上的可靠性。开发的无形资产并使其形成成果具有在技术上的可靠性，是继续开发活动的关键。因此，必须有确凿证据证明企业继续开发该项无形资产有足够的技术支持和技术能力。②有财务资源和其他资源支持。财务和其他资源支持是能够完成该项无形资产开发的经济基础，因此，企业必须能够证明为完成该项无形资产的开发所需的财务和其他资源，是否能够足以支持完成该项无形资产的开发。③能够证明企业在开发过程中所需的技术、财务和其他资源，以及企业获得这些资源的相关计划等。如在企业自有资金不足以提供支持的情况下，是否存在外部其他方面的资金支持，如银行等金融机构愿意为该无形资产的开发提供所需资金的声明等来证实，并有能力使用或出售该无形资产。

（5）归属于该无形资产开发阶段的支出能够可靠地计量。企业对于开发活动发生的支出应单独核算，如发生的开发人员的工资、材料费等，在企业同时从事多项开发活动的情况下，所发生的支出同时用于支持多项开发活动的，应按照一定的标准在各项开发活动之间进行分配，无法明确分配的，应予费用化计入当期损益，不计入开发活动的成本。

7.2.3 内部开发的无形资产的计量

内部研发活动形成的无形资产成本，由可直接归属于该资产的创造、生产并使该资产能够以管理层预定的方式运作的所有必要支出组成。可直接归属成本包括：开发该无形资产时耗费的材料、劳务成本、注册费，在开发该无形资产过程中使用的其他专利权和特许权的摊销，以及按照借款费用的处理原则可资本化的利息支出。在开发无形资产过程中发生的除上述可直接归属于无形资产开发活动的其他销售费用、管理费用等间接费用，无形资产达到预定用途前发生的可辨认的无效和初始运作损失，为运行该无形资产发生的培训支出等，不构成无形资产的开发成本。

值得说明的是，内部开发无形资产的成本仅包括在满足资本化条件的时点至无形资产达到预定用途前发生的支出总和，对于同一项无形资产在开发过程中达到资本化条件之前已经费用化计入当期损益的支出不再进行调整。

7.2.4 内部研究开发费用的会计处理

1. 基本原则

企业内部研究和开发无形资产，其在研究阶段的支出全部费用化，计入当期损益（管理费用）；开发阶段的支出符合资本化条件的资本化，不符合资本化条件的计入当期损益（管理费用）。如果确实无法区分研究阶段的支出和开发阶段的支出，应将其所发生的研发支出全部费用化，计入当期损益。

2. 具体账务处理方法

(1)企业自行开发无形资产发生的研发支出，不满足资本化条件的，借记“研发支出——费用化支出”科目，满足资本化条件的，借记“研发支出——资本化支出”科目，贷记“原材料”“银行存款”“应付职工薪酬”等科目。

(2)企业以其他方式取得的正在进行中的研究开发项目，应按确定的金额，借记“研发支出——资本化支出”科目，贷记“银行存款”等科目。以后发生的研发支出，应当比照上述第一条原则进行处理。

(3)研究开发项目达到预定用途形成无形资产的，应按“研发支出——资本化支出”科目的余额，借记“无形资产”科目，贷记“研发支出——资本化支出”科目。

例7－5 2013 年 1 月 1 日，广州 A 科技公司经董事会批准研发某项新产品，该公司董事会认为，研发该项目具有可靠的技术和财务等资源的支持，并且一旦研发成功将降低该公司产品的生产成本。该公司在研究开发过程中发生材料费 5 000 万元、人工工资 1 000 万元，以及其他费用 4 000 万元，总计 10 000 万元，其中，符合资本化条件的支出为 6 000 万元。2013 年 12 月 31 日，该产品已经达到预定用途。

分析： 首先，广州 A 科技公司经董事会批准研发某项新产品，并认为完成该项新产品无论从技术上还是财务等方面都能够得到可靠的资源支持，并且一旦研发成功将降低公司的生产成本，因此，符合条件的开发费用可以资本化。其次，广州 A 科技公司在开发该项新型技术中，累计发生 10 000 万元的研究与开发支出，其中符合资本化条件的开发支出为 6 000 万元，其符合“归属于该无形资产开发阶段的支出能够可靠地计量”的条件。

广州 A 科技公司的账务处理如下：

(1)发生研发支出：

借：研发支出——费用化支出　　40 000 000
　　　　　　——资本化支出　　60 000 000
　贷：原材料　　　　　　　　　　50 000 000
　　　应付职工薪酬　　　　　　　10 000 000
　　　银行存款　　　　　　　　　40 000 000

(2)2013 年 12 月 31 日，该产品已经达到预定用途：

借：管理费用　　40 000 000
　　无形资产　　60 000 000
　贷：研发支出——费用化支出　　40 000 000
　　　　　　　——资本化支出　　60 000 000

除了内部开发产生的无形资产外，其他内部产生的无形资产，比照上述原则进行处理。

7.3 无形资产的后续计量

7.3.1 无形资产后续计量的原则

无形资产初始确认和计量后，在使用该项无形资产期间内应以成本减去累计摊销额和累计减值损失后的余额计量。要确定无形资产在使用过程中的累计摊销额，基础工作是估计其使用寿命，使用寿命有限的无形资产在估计使用寿命内应采用系统合理的方法进行摊销，而对于使用寿命不确定的无形资产则不需要摊销。

1. 估计无形资产的使用寿命

企业应当于取得无形资产时分析判断其使用寿命。无形资产的使用寿命如为有限的，应当估计该无形资产使用寿命的年限或者构成使用寿命的产量等类似计量单位数量；无法预见无形资产为企业带来未来经济利益期限的，应当视为使用寿命不确定的无形资产。

估计无形资产使用寿命应考虑的主要因素包括：

(1)该资产通常的产品寿命周期，以及可获得的类似资产使用寿命的信息；

(2)技术、工艺等方面的现实情况及对未来发展的估计；

(3)该资产在本行业运用的稳定性和生产的产品或服务的市场需求情况；

(4)现在或潜在的竞争者预期采取的行动；

(5)为维持该资产产生未来经济利益的能力所需要的维护支出，以及企业预计支付有关支出的能力；

(6)对该资产的控制期限，以及对该资产使用的法律或类似限制，如特许使用期间、租赁期间等；

(7)与企业持有的其他资产使用寿命的关联性等。

例如，企业以支付土地出让金方式取得一块土地50年的使用权，如果企业准备持续持有，在50年期间内没有计划出售，则该项土地使用权预期为企业带来未来经济利益的期间为50年。

2. 无形资产使用寿命的确定

某些无形资产的取得源自合同性权利或其他法定权利，其估计的使用寿命不应超过合同性权利或其他法定权利的期限。但如果企业使用资产的预期期限短于合同性权利或其他法定权利规定的期限的，则应当按照企业预期使用的期限确定其使用寿命。例如，企业取得一项专利技术，法律保护期间为20年，企业预计运用该专利生产的产品在未来15年内会为企业带来经济利益。就该项专利技术，第三方向企业承诺在5年内以其取得之日公允价值的60%购买该专利权，从企业管理层目前的持有计划来看，企业准备在5年内将其出售给第三方。为此，该项专利权的实际使用寿命为5年。

如果合同性权利或其他法定权利能够在到期时因续约等延续，则仅当有证据表明企业续约不需要付出重大成本时，续约期才能够包括在使用寿命的估计中。下列情况下，一般说明企业无需付出重大成本即可延续合同性权利或其他法定权利：①有证据表明合同性权利或法定权利将被重新延续，如果在延续之前需要第三方同意，则还需有第三方将会同意的证据；②有证据表明为获得重新延续所必需的所有条件将被满足，以及企业为延续持有无形资产付出的成本相对于预期从重新延续中流入企业的未来经济利益相比不具有重要性。如果企业为延续无形资产持有期间而付出的成本与预期从重新延续中流入企业的未来经济利益相比具有重要性，则从本质上来看是企业获得的一项新的无形资产。

没有明确的合同或法律规定无形资产的使用寿命的，企业应当综合各方面情况，例如，聘请相关专家进行论证、与同行业的情况进行比较以及参考企业的历史经验等，来确定无形资产为企业带来未来经济利益的期限。如果经过这些努力，仍确实无法合理确定无形资产为企业带来经济利益的期限的，才能将该无形资产作为使用寿命不确定的无形资产。例如，企业取得了一项在过去几年市场份额领先的畅销产品的商标。该商标按照法律规定还有 5 年的使用寿命，但是在保护期届满时，企业可每 10 年即以较低的手续费申请延期，同时有证据表明企业有能力申请延期。此外，有关的调查表明，根据产品生命周期、市场竞争等方面情况综合判断，该品牌将在不确定的期间内为企业产生现金流量。综合各方面情况，该商标可视为使用寿命不确定的无形资产。又如，企业通过公开拍卖取得一项出租车运营许可，按照所在地规定，以现有出租运营许可为限，不再授予新的运营许可，而且在旧的出租车报废以后，有关的运营许可可用于新的出租车。企业估计在有限的未来，其将持续经营出租车行业。对于该运营许可，其为企业带来未来经济利益的期限从目前情况看，无法可靠估计，因此应视其为使用寿命不确定的无形资产。

3. 无形资产使用寿命的复核

企业至少应当于每年年度终了，对无形资产的使用寿命及摊销方法进行复核，如果有证据表明无形资产的使用寿命及摊销方法不同于以前的估计，如由于合同的续约或无形资产应用条件的改善，延长了无形资产的使用寿命，则对于使用寿命有限的无形资产，应改变其摊销年限及摊销方法，并按照会计估计变更进行处理。例如，企业使用的某项非专利技术，原预计使用寿命为 5 年，使用至第 2 年年末，该企业计划再使用 2 年即不再使用，为此，企业应当在第 2 年年末变更该项无形资产的使用寿命，并作为会计估计变更进行处理。又如，某项无形资产计提了减值准备，这可能表明企业原估计的摊销期限需要作出变更。

对于使用寿命不确定的无形资产，如果有证据表明其使用寿命是有限的，则应视为会计估计变更，应当重新估计其使用寿命并按照使用寿命有限的无形资产的处理原则进行处理。

7.3.2 使用寿命有限的无形资产的后续计量

使用寿命有限的无形资产，应在其预计的使用寿命内采用系统合理的方法对应摊销金额进行摊销。应摊销金额，是指无形资产的成本扣除残后的金额。已计提减值准备的无形资产，还应扣除已计提的无形资产减值准备累计金额。使用寿命有限的无形资产，其残值一般应当视为零。

1. 摊销期和摊销方法

无形资产的摊销期自其可供使用(即其达到预定用途)时起至终止确认时止，即无形资产摊销的起始和停止日期为：当月增加的无形资产，当月开始摊销；当月减少的无形资产，当月不再摊销。

在无形资产的使用寿命内系统地分摊其应摊销金额，存在多种方法。这些方法包括直线法、产量法等。企业选择的无形资产摊销方法，应当能够反映与该项无形资产有关的经济利益的预期实现方式，并一致地运用于不同会计期间。例如，受技术陈旧因素影响较大的专利权和专有技术等无形资产，可采用类似固定资产加速折旧的方法进行摊销；有特定产量限制的特许经营权或专利权，应采用产量法进行摊销。无法可靠确定其预期实现方式的，应当采用直线法进行摊销。

无形资产的摊销一般应计入当期损益，但如果某项无形资产是专门用于生产某种产品或者其他资产的，其所包含的经济利益是通过转入到所生产的产品或其他资产中实现的，则无形资产的摊销费用应当计入相关资产的成本。例如，某项专门用于生产过程中的专利技术，其摊销费用应构成所生产产品成本的一部分，计入制造该产品的制造费用。

持有待售的无形资产不进行摊销，按照账面价值与公允价值减去处置费用后的净额孰低进行计量。

2. 残值的确定

除下列情况外，无形资产的残值一般为零：

(1)有第三方承诺在无形资产使用寿命结束时购买该项无形资产；

(2)可以根据活跃市场得到无形资产预计残值信息，并且该市场在该项无形资产使用寿命结束时可能存在。

无形资产的残值，意味着在其经济寿命结束之前企业预计将会处置该无形资产，并且从该处置中取得利益。估计无形资产的残值应以资产处置时的可收回金额为基础，此时的可收回金额是指在预计出售日，出售一项使用寿命已满且处于类似使月状况下，同类无形资产预计的处置价格(扣除相关税费)。残值确定以后，在持有无形资产的期间，至少应于每年年末进行复核，预计其残值与原估计金额不同的，应按照会计估计变更进行处理。如果无形资产的残值重新估计以后高于其账面价值的，则无形资产不再摊销，直至残值降至低于账面价值时再恢复摊销。

例如，企业从外单位购入一项实用专利技术的成本为100万元，根据目前企业管理层的持有计划，预计5年后转让给第三方。根据目前活跃市场上得到的信息，该实用专利技术预计残值为10万元。企业采取生产总量法对该项无形资产进行摊销。到第3年期末，市场发生变化，经复核重新估计，该项实用专利技术预计残值为30万元，如果此时企业已摊销72万元，该项实用专利技术账面价值为28万元，低于重新估计的该项实用专利技术的残值，则不再对该项实用专利技术进行摊销，直至残值降至低于其账面价值时再恢复摊销。

3. 使用寿命有限的无形资产摊销的账务处理

使用寿命有限的无形资产应当在其使用寿命内，采用合理的摊销方法进行摊销。摊销时，应当考虑该项无形资产所服务的对象，并以此为基础将其摊销价值计入相关资产的成本或者当期损益。

例7-6 2013年1月1日，A公司从外单位购得一项非专利技术，支付价款5 000万元，款项已用银行存款支付，估计该项非专利技术的使用寿命为10年，该项非专利技术用于产品生产；同时，购入一项商标权，支付价款3 000万元，款项已用银行存款支付，估计该商标权的使用寿命为15年。假定这两项无形资产的净残值均为零，并按直线法摊销。

本例中，A公司外购的非专利技术的估计使用寿命为10年，表明该项无形资产是使用寿命有限的无形资产，且该项无形资产用于产品生产，因此，应当将其摊销金额计入相关产品的制造成本。A公司外购的商标权的估计使用寿命为15年，表明该项无形资产也是使用寿命有限的无形资产，而商标权的摊销金额通常直接计入当期管理费用。

A公司的账务处理如下：

(1)取得无形资产时：

借：无形资产——非专利技术　　50 000 000
　　　　　　——商标权　　30 000 000
　贷：银行存款　　80 000 000

(2)按年摊销时：

借：制造费用——非专利技术　　5 000 000
　　管理费用——商标权　　2 000 000
　贷：累计摊销　　7 000 000

如果例7-6中A公司于2014年12月31日根据科学技术发展的趋势判断，2013年购入的该项非专利技术在4年后将被淘汰，不能再为企业带来经济利益，决定对其再使用4年后不再使用。为此，A公司应当在2014年12月31日据此变更该项非专利技术的估计使用寿命，并按会计估计变更进行处理。

2013年12月31日该项无形资产累计摊销金额为1 000(500×2)万元，2014年该项无形资产的摊销金额为1 000[(5 000-1 000)÷4]万元。A公司2014年对该项非专利技术按年摊销的账务处理如下：

借：制造费用——非专利技术　　10 000 000
　贷：累计摊销　　10 000 000

7.3.3 使用寿命不确定的无形资产的后续计量

根据可获得的相关信息判断，如果无法合理估计某项无形资产的使用寿命的，应作为使用寿命不确定的无形资产进行核算。对于使用寿命不确定的无形资产，在持有期间内不需要摊销，但应当在每个会计期间进行减值测试。其减值测试的方法按照资产减值的原则进行处理，如经减值测试表明已发生减值，则需要计提相应的减值准备，其相关的账务处理为：借记“资产减值损失”科目，贷记“无形资产减值准备”科目。

例7－7 2013年1月1日，A公司购入一项市场领先的畅销产品的商标权的成本为6 000万元，该商标权按照法律规定还有5年的使用寿命，但是在保护期届满时，A公司可每10年以较低的手续费申请延期，同时，A公司有充分的证据表明其有能力申请延期。此外，有关的调查表明，根据产品生命周期、市场竞争等方面情况综合判断，该商标权将在不确定的期间内为企业带来现金流量。

根据上述情况，该商标权可视为使用寿命不确定的无形资产，在持有期间内不需要进行摊销。

2014年年底，A公司对该商标权按照资产减值的原则进行减值测试，经测试表明该商标权已发生减值。2014年年底，该商标权的公允价值为4 000万元。

则A公司的账务处理如下：

(1)2013年购入商标时：

借：无形资产——商标权　　　　60 000 000

　贷：银行存款　　　　　　　　　　60 000 000

(2)2014年发生减值时：

借：资产减值损失(60 000 000－40 000 000)　　20 000 000

　贷：无形资产减值准备——商标权　　　　　　20 000 000

7.4 无形资产的处置

无形资产的处置，主要是指无形资产出售、对外出租、对外捐赠，或者是无法为企业带来未来经济利益时，终止确认并转销。

7.4.1 无形资产的出售

企业出售某项无形资产，表明企业放弃无形资产的所有权，应将所取得的价款与该无形资产账面价值的差额作为资产处置利得或损失(营业外收入或营业外支出)，与固定资产处置性质相同，计入当期损益。但是，值得注意的是，企业出售无形资产确认其利得的时点，应按照收入确认中的有关原则进行确定。

出售无形资产时，应按实际收到的金额，借记“银行存款”等科目；按已计提的累计摊销，借记“累计摊销”科目；原已计提减值准备的，借记“无形资产减值准备”科目；按应支付的相关税费，贷记“应交税费”等科目；按其账面余额，贷记“无形资产”科目；按其差额，贷记“营业外收入——处置非流动资产利得”科目或借记“营业外支出——处置非流动资产损失”科目。

例7－8 2013年1月1日，B公司拥有某项专利技术的成本为1 000万元。已摊销金额为500万元，已计提的减值准备为20万元。该公司于2013年将该项专利技术出售给C公司，取得出售收入600万元，应交纳的营业税等相关税费为36万元。

出售该项无形资产时，B公司的账务处理为：

借：银行存款　　6 000 000
　　累计摊销　　5 000 000
　　无形资产减值准备　　200 000
　贷：无形资产　　10 000 000
　　　应交税费——应交营业税　　360 000
　　　营业外收入——处置非流动资产利得　　840 000

如果该公司转让该项专利技术取得的收入为400万元，应交纳的营业税等相关税费为24万元。则B公司的账务处理为：

借：银行存款　　4 000 000
　　累计摊销　　5 000 000
　　无形资产减值准备　　200 000
　　营业外支出——处置非流动资产损失　　1 040 000
　贷：无形资产　　10 000 000
　　　应交税费——应交营业税　　240 000

7.4.2 无形资产的出租

企业将所拥有的无形资产的使用权让渡给他人，并收取租金，属于与企业日常活动相关的其他经营活动取得的收入，在满足收入确认条件的情况下，应确认相关的收入及成本，并通过其他业务收支科目进行核算。让渡无形资产使用权而取得的租金收入，借记"银行存款"等科目，贷记"其他业务收入"等科目；摊销出租无形资产的成本并发生与转让有关的各种费用支出时，借记"其他业务成本"科目，贷记"累计摊销"科目。

例7-9　2013年1月1日，A企业将一项专利技术出租给B企业使用，该专利技术账面余额为500万元，摊销期限为10年。出租合同规定，承租方每销售一件用该专利生产的产品，必须付给出租方10元专利技术使用费。假定承租方当年销售该产品10万件。(假定不考虑增值税的计算)

A企业的账务处理如下：

(1)取得该项专利技术使用费时：

借：银行存款　　1 000 000
　贷：其他业务收入　　1 000 000

(2)按年对该项专利技术进行摊销：

借：其他业务成本　　500 000
　贷：累计摊销　　500 000

7.4.3 无形资产的报废

如果无形资产预期不能为企业带来未来经济利益，例如，该无形资产已被其他新技术所替代或超过法律保护期，不能再为企业带来经济利益，则不再符合无形资产的定义，应将其报废并予以转销，其账面价值转作当期损益。转销时，应按已计提的累计摊销，借记"累计摊销"科目；按其账面余额，贷记"无形资产"科目；按其差额，借记"营业外支出”科目。已计提减值准备的，还应同时结转减值准备。

例7－10 D企业拥有某项专利技术，根据市场调查，用其生产的产品已没有市场，决定予以转销。转销时，该项专利技术的账面余额为600万元，摊销期限为10年，采用直线法进行摊销，已累计摊销300万元，假定该项专利权的残值为零，已累计计提的减值准备为160万元，并不考虑其他相关因素。

本例中，D公司的账务处理如下：

借：累计摊销　　3 000 000

　　无形资产减值准备　　1 600 000

　　营业外支出——处置非流动资产损失　　1 400 000

　贷：无形资产——专利权　　6 000 000

8 投资性房地产业务外包

投资性房地产业务外包包括投资性房地产的初始确认业务外包、投资性房地产的后续确认业务外包、投资性房地产的处置和转换业务外包。在处理投资性房地产的外包业务时，要注意成本计量法和公允价值计量法的差异。

8.1 投资性房地产的特征与范围

8.1.1 投资性房地产的定义及特征

房地产是土地和房屋及其权属的总称。在我国，土地归国家或集体所有，企业只能取得土地使用权。因此，房地产中的土地是指土地使用权。房屋是指土地上的房屋等建筑物及构筑物。随着我国社会主义市场经济的发展和完善，房地产市场日益活跃，企业持有的房地产，除了用作自身管理、生产经营活动场所和对外销售之外，出现了将房地产用于赚取租金或增值收益的活动，甚至作为个别企业的主营业务。就某些企业而言，投资性房地产属于日常经常性活动，形成的租金收入或转让增值收益确认为企业的主营业务收入，但对于大部分企业而言，投资性房地产是与经营性活动相关的其他经营活动，形成的租金收入或转让增值收益构成企业的其他业务收入。投资性房地产的确认、计量和披露适用《企业会计准则第 3 号——投资性房地产》(以下简称投资性房地产准则)的规定，房地产租金收入的确认、计量和披露适用《企业会计准则第 21 号——租赁》的规定。

投资性房地产，是指为赚取租金或资本增值，或者两者兼有而持有的房地产。投资性房地产主要有以下特征。

1. 投资性房地产是一种经营性活动

投资性房地产的主要形式是出租建筑物、出租土地使用权，这实质上属于一种让渡资产使用权行为。房地产租金就是让渡资产使用权取得的使用费收入，是企业为完成其经营目标所从事的经营性活动以及与之相关的其他活动形成的经济利益总流入。投资性房地产的另一种形式是持有并准备增值后转让的土地使用权，尽管其增值收益通常与市场供求、经济发展等因素相关，但目的是增值后转让以赚取增值收益，也是企业为完成其经营目标所从事的经营性活动以及与之相关的其他活动形成的经济利益总流入。根据税法的规定，企业房地产出租、国有土地使用权增值后转让均属于一种经营活动，其取得的房地产租金收入或国有土地使用权转让收益应当缴纳营业税等。按照国家有关规定认定的闲置土地，不属于持有并准备增值后转让的土地使用权。在我国实务中，持有并准备增值后转让土地使用权的情况较少。

2. 投资性房地产在用途、状态、目的等方面区别于作为生产经营场所的房地产和用于销售的房地产

企业持有的房地产除了用作生产经营活动场所和对外销售之外，出现了将房地产用于赚取租金或增值收益的活动，甚至是个别企业的主营业务。这就需要将投资性房地产单独作为一项资产核算和反映，与自用的厂房、办公楼等房地产和作为存货(已建完工商品房)的房地产加以区别，从而更加清晰地反映企业所持有房地产的构成情况和盈利能力。企业在首次执行投资性房地产准则时，应当根据投资性房地产的定义对企业资产进行重新分类，凡是符合投资性房地产定义和确认条件的建筑物和土地使用权，应当归为投资性房地产。

投资性房地产有两种后续计量模式。企业通常应当采用成本模式对投资性房地产进行后续计量，只有在满足特定条件的情况下，即有确凿证据表明其所持有投资性房地产的公允价值能够持续可靠取得的，才可以采用公允价值模式进行后续计量。也就是说，投资性房地产准则适当引入公允价值模式，在满足特定条件的情况下，可以对投资性房地产采用公允价值模式进行后续计量。但是，同一企业只能采用一种模式对所有投资性房地产进行后续计量，不得同时采用两种计量模式进行后续计量。

8.1.2 投资性房地产的范围

投资性房地产的范围包括：已出租的土地使用权、持有并准备增值后转让的土地使用权、已出租的建筑物。

1. 已出租的土地使用权

已出租的土地使用权，是指企业通过出让或转让方式取得的、以经营租赁方式出租的土地使用权。企业取得的土地使用权通常包括在一级市场上以交纳土地出让金的方式取得土地使用权，也包括在二级市场上接受其他单位转让的土地使用权。例如，广州 A 科技公司与乙公司签署了土地使用权租赁协议，广州 A 科技公司以年租金 720 万元租赁使用乙公司拥有的 40 万平方米土地使用权。那么，自租赁协议约定的租赁期开始日起，这项土地使用权属于乙公司的投资性房地产。

对于以经营租赁方式租入土地使用权再转租给其他单位的，不能确认为投资性房地产。

2. 持有并准备增值后转让的土地使用权

持有并准备增值后转让的土地使用权，是指企业取得的、准备增值后转让的土地使用权。这类土地使用权很可能给企业带来资本增值收益，符合投资性房地产的定义。例如，企业发生转产或厂址搬迁，部分土地使用权停止自用，企业管理当局(董事会或类似机构)作出书面决议明确继续持有这部分土地使用权，待其增值后转让以赚取增值收益。

企业依法取得土地使用权后，应当按照国有土地有偿使用合同或建设用地批准书规定的期限动工开发建设。根据 1999 年 4 月 26 日国土资源部发布的《闲置土地处理办法》的规定，土地使用者依法取得土地使用权后，未经原批准用地的人民政府同意，超过规

定的期限未动工开发建设的建设用地属于闲置土地。具有下列情形之一的，也可以认定为闲置土地：①国有土地有偿使用合同或者建设用地批准书未规定动工开发建设日期，自国有土地有偿使用合同生效或者土地行政主管部门建设用地批准书颁发之日起满1年未动工开发建设的；②已动工开发建设但开发建设的面积占应动工开发建设总面积不足1/3或者已投资额占总投资额不足25%且未经批准中止开发建设连续满1年的；③法律、行政法规规定的其他情形。《闲置土地处理办法》还规定，经法定程序批准，对闲置土地可以选择延长开发建设时间（不超过1年），改变土地用途，办理有关手续后继续开发建设等处置方案。

按照国家有关规定认定的闲置土地，不属于持有并准备增值后转让的土地使用权，也就不属于投资性房地产。

3. 已出租的建筑物

已出租的建筑物是指企业拥有产权的、以经营租赁方式出租的建筑物，包括自行建造或开发活动完成后用于出租的建筑物。比如，广州A科技公司将其拥有的某栋厂房整体出租给乙公司，租赁期2年。对于广州A科技公司而言，一般自租赁期开始日期起，这栋厂房属于其投资性房地产。企业在判断和确认已出租的建筑物时，应当把握以下要点：

（1）用于出租的建筑物是指企业拥有产权的建筑物。企业以经营租赁方式租入再转租的建筑物不属于投资性房地产。例如，甲企业与乙企业签订了一项经营租赁合同，乙企业将其持有产权的一栋办公楼出租给甲企业，为期5年。甲企业一开始将该办公楼改装后用于自行经营餐馆。2年后，由于连续亏损，甲企业将餐馆转租给丙公司，以赚取租金差价。这种情况下，对于甲企业而言，该栋楼不属于其投资性房地产。对于乙企业而言，则属于其投资性房地产。

（2）已出租的建筑物是企业已经与其他方签订了租赁协议，约定以经营租赁方式出租的建筑物。一般应自租赁协议规定的租赁期开始日起，经营租出的建筑物才属于已出租的建筑物。通常情况下，对企业持有以备经营出租的空置建筑物，如董事会或类似机构作出书面决议，明确表明将其用于经营出租且持有意图短期内不再发生变化的，即使尚未签订租赁协议，也应视为投资性房地产。这里所说的空置建筑物，是指企业新购入、自行建造或开发完工但尚未使用的建筑物，以及不再用于日常生产经营活动且经整理后达到可经营出租状态的建筑物。例如，甲企业在当地房地产交易中心通过竞拍取得一块土地的使用权。甲企业按照合同规定对这块土地进行了开发，并在这块土地上建造了一栋商贸大楼，拟用于整体出租，但尚未开发完工。本例中，该尚未开发完工的商贸大楼不属于“空置建筑物”，不属于投资性房地产。

（3）企业将建筑物出租，按租赁协议向承租人提供的相关辅助服务在整个协议中不重大的，应当将该建筑物确认为投资性房地产。例如，企业将其办公楼出租，同时向承租人提供维护、保安等日常辅助服务，企业应当将其确认为投资性房地产。再如，甲企业购买了一栋写字楼，共十二层。其中一层经营出租给某家大型超市，二至五层经营出租给乙公司，六至十二层经营出租给丙公司。甲企业同时为该写字楼提供保安、维修等日常辅助服务。本例中，甲企业将写字楼出租，同时提供的辅助服务不重大。对于甲企业而言，这栋写字楼属于甲企业的投资性房地产。

下列项目不属于投资性房地产：

(1)自用房地产。自用房地产是指为生产商品、提供劳务或者经营管理而持有的房地产。如企业生产经营用的厂房和办公楼属于固定资产；企业生产经营用的土地使用权属于无形资产。自用房地产的特征在于服务于企业自身的生产经营活动，其价值将随着房地产的使用而逐渐转移到企业的产品或服务中去，通过销售商品或提供服务为企业带来经济利益，在产生现金流量的过程中与企业持有的其他资产密切相关。例如，企业出租给本企业职工居住的宿舍，虽然也收取租金，但间接为企业自身的生产经营服务，因此具有自用房地产的性质。又如，企业拥有并自行经营的旅馆饭店。旅馆饭店的经营者在向顾客提供住宿服务的同时，还提供餐饮、娱乐等其他服务，其经营目的主要是通过向客户提供服务取得服务收入，因此，企业自行经营的旅馆饭店是企业的经营场所，应当属于自用房地产。

(2)作为存货的房地产。作为存货的房地产通常是指房地产开发企业在正常经营过程中销售的或为销售而正在开发的商品房和土地使用权。这部分房地产属于房地产开发企业的存货，其生产、销售构成企业的主营业务活动，产生的现金流量也与企业的其他资产密切相关。因此，具有存货性质的房地产不属于投资性房地产。

从事房地产经营开发的企业依法取得的、用于开发后出售的土地使用权，属于房地产开发企业的存货，即使房地产开发企业决定待增值后再转让其开发的土地使用权，也不得将其确认为投资性房地产。

在实务中，存在某项房地产部分自用或作为存货出售、部分用于赚取租金或资本增值的情形。如某项投资性房地产不同用途的部分能够单独计量和出售的，应当分别确认为固定资产、无形资产、存货和投资性房地产。例如，甲房地产开发商建造了一栋商住两用楼盘，一层出租给一家大型超市，已签订经营租赁合同；其余楼层均为普通住宅，正在公开销售中。这种情况下，如果一层商铺能够单独计量和出售，应当确认为甲企业的投资性房地产，其余楼层为甲企业的存货，即开发产品。

8.2 投资性房地产的确认和初始计量及后续支出处理

8.2.1 投资性房地产的确认和初始计量

投资性房地产只有在符合定义的前提下，同时满足下列条件，才能予以确认：①与该投资性房地产有关的经济利益很可能流入企业；②该投资性房地产的成本能够可靠地计量。对已出租的土地使用权、已出租的建筑物，其作为投资性房地产的确认时点一般为租赁期开始日，即土地使用权、建筑物进入出租状态、开始赚取租金的日期。但对企业持有以备经营出租的空置建筑物，董事会或类似机构作出书面决议，明确表明将其用于经营出租且持有意图，短期内不再发生变化的，即使尚未签订租赁协议，也应视为投资性房地产。对持有并准备增值后转让的土地使用权，其作为投资性房地产的确认时点为企业将自用土地使用权停止自用、准备增值后转让的日期。

投资性房地产应当按照成本进行初始计量。

8.2.1.1 外购投资性房地产的确认和初始计量

在采用成本模式计量下，外购的土地使用权和建筑物，按照取得时的实际成本进行初始计量，借记“投资性房地产”科目，贷记“银行存款”等科目。取得时的实际成本包括购买价款、相关税费和可直接归属于该资产的其他支出。企业购入的房地产，部分用于出租(或资本增值)、部分自用，用于出租(或资本增值)的部分应当予以单独确认的，应按照不同部分的公允价值占公允价值总额的比例将成本在不同部分之间进行分配。

在采用公允价值模式计量下，外购的投资性房地产应当按照取得时的实际成本进行初始计量，其实际成本的确定与采用成本模式计量的投资性房地产一致。企业应当在“投资性房地产”科目下设置“成本”和“公允价值变动”两个明细科目，按照外购的土地使用权和建筑物发生的实际成本，计入“投资性房地产——成本”科目。

采用公允价值模式计量的条件，将在8.3节“投资性房地产的后续计量”中介绍。

例8-1 2014年3月，甲企业计划购入一栋写字楼用于对外出租。3月15日，甲企业与乙企业签订了经营租赁合同，约定自写字楼购买日起将这栋写字楼出租给乙企业，为期5年。4月5日，甲企业实际购入写字楼，支付价款共计1 200万元(假设不考虑其他因素，甲企业采用成本模式进行后续计量)。

甲企业的账务处理如下：

借：投资性房地产——写字楼　　12 000 000

　贷：银行存款　　12 000 000

例8-2 沿用例8-1，假设甲企业拥有的投资性房地产符合采用公允价值计量模式的条件，采用公允价值模式进行后续计量。

甲企业的账务处理如下：

借：投资性房地产——成本(写字楼)　12 000 000

　贷：银行存款　　12 000 000

8.2.1.2 自行建造投资性房地产的确认和初始计量

自行建造投资性房地产，其成本由建造该项资产达到预定可使用状态前发生的必要支出构成，包括土地开发费、建筑成本、安装成本、应予以资本化的借款费用、支付的其他费用和分摊的间接费用等。建造过程中发生的非正常性损失，直接计入当期损益，不计入建造成本。采用成本模式计量的，应按照确定的成本，借记“投资性房地产”科目，贷记“在建工程”或“开发成本”科目。采用公允价值模式计量的，应按照确定的成本，借记“投资性房地产——成本”科目，贷记“在建工程”或“开发成本”科目。

例8-3 2014年1月，甲企业从其他单位购入一块土地的使用权，并在这块土地上开始自行建造三栋厂房。2014年10月，甲企业预计厂房即将完工，与乙公司签订了经营租赁合同，将其中的一栋厂房租赁给乙公司使用。租赁合同约定，该厂房于完工(达到预定可使用状态)时开始起租。2014年11月1日，三栋厂房同时完工(达到预定可使用状态)。该块土地使用权的成本为600万元；三栋厂房的实际造价均为1 000万元，能够单独出售。假设甲企业采用成本计量模式。

甲企业对每栋厂房的账务处理如下：

土地使用权中的对应部分同时转换为投资性房地产 = 600 ÷ 3 = 200（万元）

借：投资性房地产——厂房　　10 000 000

　贷：在建工程　　10 000 000

借：投资性房地产——土地使用权　　2 000 000

　贷：无形资产——土地使用权　　2 000 000

8.2.1.3 非投资性房地产转换为投资性房地产的确认和初始计量

非投资性房地产转换为投资性房地产，实质上是因房地产用途发生改变而对房地产进行的重新分类。转换日通常为租赁期开始日。房地产转换的计量将在8.4节“投资性房地产的转换和处置”中进行介绍。

8.2.2 与投资性房地产有关的后续支出处理

8.2.2.1 资本化的后续支出处理

与投资性房地产有关的后续支出，满足投资性房地产确认条件的，应当计入投资性房地产成本。例如，企业为了提高投资性房地产的使用效能，往往需要对投资性房地产进行改建、扩建而使其更加坚固耐用，或者通过装修而改善其室内装潢，改扩建或装修支出满足确认条件的，应当将其资本化。企业对某项投资性房地产进行改扩建等再开发且将来仍作为投资性房地产的，在再开发期间应继续将其作为投资性房地产，再开发期间不计提折旧或摊销。

例8-4　2014年3月，甲企业与乙企业的一项厂房经营租赁合同即将到期。该厂房按照成本模式进行后续计量，原价为2 000万元，已计提折旧600万元。为了提高厂房的租金收入，甲企业决定在租赁期满后对厂房进行改扩建，并与丙企业签订了经营租赁合同，约定自改扩建完工时将厂房出租给丙企业。3月15日，与乙企业的租赁合同到期，厂房随即进入改扩建工程。12月10日，厂房改扩建工程完工，共发生支出150万元，即日按照租赁合同出租给丙企业。假设甲企业采用成本计量模式。

本例中，改扩建支出属于资本化的后续支出，应当计入投资性房地产的成本。

甲企业的账务处理如下：

（1）2014年3月15日，投资性房地产转入改扩建工程：

借：投资性房地产——厂房（在建）　　14 000 000

　　投资性房地产累计折旧　　6 000 000

　贷：投资性房地产——厂房　　20 000 000

（2）2014年3月15日至12月10日：

借：投资性房地产——厂房（在建）　　1 500 000

　贷：银行存款　　1 500 000

（3）2014年12月10日，改扩建工程完工：

借：投资性房地产——厂房　　15 500 000

　贷：投资性房地产——厂房（在建）　　15 500 000

例8-5　2014年3月，甲企业与乙企业的一项厂房经营租赁合同即将到期，决定进行改扩建，并与丙企业签订了经营租赁合同，约定自改扩建完工时将厂房出租给丙企业。3月15日，与乙企业的租赁合同到期，厂房随即进入改扩建工程。11月10日，厂房改扩建工程完工，共发生支出150万元，即日起按照租赁合同出租给丙企业。3月15日，厂房账面余额为1 200万元，其中成本1 000万元，累计公允价值变动200万元。假设甲企业采用公允价值计量模式。

甲企业的账务处理如下：

(1)2014年3月15日，投资性房地产转入改扩建工程：

借：投资性房地产——厂房(在建)　12 000 000
　贷：投资性房地产——成本　10 000 000
　　　　　　　　——公允价值变动　2 000 000

(2)2014年3月15日至11月10日：

借：投资性房地产——厂房(在建)　1 500 000
　贷：银行存款　1 500 000

(3)2014年11月10日，改扩建工程完工：

借：投资性房地产——成本　13 500 000
　贷：投资性房地产——厂房(在建)　13 500 000

8.2.2.2 费用化的后续支出

与投资性房地产有关的后续支出，不满足投资性房地产确认条件的，应当在发生时计入当期损益，例如企业对投资性房地产进行日常维护发生的支出。企业在发生投资性房地产费用化的后续支出时，应借记“其他业务成本”等科目，贷记“银行存款”等科目。

例8-6　甲企业对其某项投资性房地产进行日常维修，发生维修支出1.5万元。

本例中，日常维修支出属于费用化的后续支出，应当计入当期损益。

甲企业的账务处理如下：

借：其他业务成本　15 000
　贷：银行存款　15 000

8.3 投资性房地产的后续计量

投资性房地产的后续计量，通常应当采用成本模式，只有在满足特定条件的情况下才可以采用公允价值模式。但是，同一企业只能采用一种模式对所有投资性房地产进行后续计量，不得同时采用两种计量模式。

8.3.1 采用成本模式进行后续计量的投资性房地产

采用成本模式进行后续计量的投资性房地产，应当按照《企业会计准则第4号——固定资产》或《企业会计准则第6号——无形资产》的有关规定，按期(月)计提折旧或摊销，借记“其他业务成本”等科目，贷记“投资性房地产累计折旧(摊销)”科目。取得的租金收入，借记“银行存款”等科目，贷记“其他业务收入”等科目。

投资性房地产存在减值迹象的，还应当适用资产减值的有关规定。经减值测试后确定发生减值的，应当计提减值准备，借记“资产减值损失”科目，贷记“投资性房地产减值准备”科目。如果已经计提减值准备的投资性房地产的价值又得以恢复，则不得转回。

例8－7 甲企业的一栋办公楼出租给乙企业使用，已确认为投资性房地产，并采用成本模式进行后续计量。假设这栋办公楼的成本为1 800万元，按照直线法计提折旧，使用寿命为20年，预计净残值为零。按照经营租赁合同的约定，乙企业每月支付甲企业租金8万元。当年12月，这栋办公楼发生减值迹象，经减值测试，其可收回金额为1 200万元，此时办公楼的账面价值为1 500万元，以前未计提减值准备。

甲企业的账务处理如下：

(1)计提折旧：

每月计提的折旧＝1 800÷20÷12＝7.5(万元)

借：其他业务成本　　75 000

　贷：投资性房地产累计折旧　　75 000

(2)确认租金：

借：银行存款(或其他应收款)　　80 000

　贷：其他业务收入　　80 000

(3)计提减值准备：

借：资产减值损失　　3 000 000

　贷：投资性房地产减值准备　　3 000 000

8.3.2 采用公允价值模式进行后续计量的投资性房地产

企业有确凿证据表明其投资性房地产的公允价值能够持续可靠取得的，可以对投资性房地产采用公允价值模式进行后续计量。企业选择公允价值模式后，应当对其所有投资性房地产采用公允价值模式进行后续计量，不得对一部分投资性房地产采用成本模式进行后续计量，对另一部分投资性房地产采用公允价值模式进行后续计量。在极少数情况下，如企业采用公允价值对投资性房地产进行后续计量后，有证据表明，当企业首次取得某项投资性房地产(或某项现有房地产在完成建造或开发活动或改变用途后首次成为投资性房地产)时，该投资性房地产公允价值不能持续可靠取得，该企业应当对该投资性房地产采用成本模式计量直至处置，并假设无残值。但是，企业采用成本模式对投资性房地产进行后续计量后，即使有证据表明，当企业首次取得某项投资性房地产时，该投资性房地产公允价值能够持续可靠取得，该企业仍应对该项投资性房地产采用成本模式进行后续计量。

采用公允价值模式计量的投资性房地产，应当同时满足下列条件：

(1)投资性房地产所在地有活跃的房地产交易市场。所在地，通常指投资性房地产所在的城市。对于大中型城市，所在地应当为投资性房地产所在的城区。

(2)企业能够从活跃的房地产交易市场上取得同类或类似房地产的市场价格及其他相关信息，从而对投资性房地产的公允价值作出合理的估计。

投资性房地产的公允价值是指在公平交易中，熟悉情况的当事人之间自愿进行房地产交换的价格。企业在确定投资性房地产的公允价值时，应当参照活跃市场上同类或类似房地产的现行市场价格（市场公开报价）；无法取得同类或类似房地产现行市场价格的，应当参照活跃市场上同类或类似房地产的最近交易价格，并考虑交易情况、交易日期、所在区域等因素，对投资性房地产的公允价值作出合理的估计；也可以基于预计未来获得的租金收益和相关现金流量的现值计量。"同类或类似"的房地产，对建筑物而言，是指所处地理位置和地理环境相同、性质相同、结构类型相同或相近、新旧程度相同或相近、可使用状况相同或相近的建筑物；对土地使用权而言，是指同一位置区域、所处地理环境相同或相近、可使用状况相同或相近的土地。

投资性房地产采用公允价值模式进行后续计量的，不计提折旧或摊销，应当以资产负债表日的公允价值计量。在资产负债表日，如投资性房地产的公允价值高于其账面余额的差额，借记"投资性房地产——公允价值变动"科目，贷记"公允价值变动损益"科目；如公允价值低于其账面余额的差额，则作相反的会计分录。

例8－8 广州A科技公司为从事房地产经营开发的企业。2014年8月，广州A科技公司与乙公司签订租赁协议，约定将广州A科技公司开发的一栋精装修的写字楼于开发完成的同时开始租赁给乙公司使用，租赁期为10年。当年10月1日，该写字楼开发完成并开始起租，写字楼的造价为9 000万元。2014年12月31日，该写字楼的公允价值为9 200万元。假设广州A科技公司采用公允价值计量模式。

广州A科技公司的账务处理如下：

(1)2014年10月1日，广州A科技公司开发完成写字楼并出租：

借：投资性房地产——成本　　　　90 000 000

　贷：开发成本　　　　　　　　　　　　90 000 000

(2)2014年12月31日，按照公允价值为基础调整其账面价值；公允价值与原账面价值之间的差额计入当期损益：

借：投资性房地产——公允价值变动　2 000 000

　贷：公允价值变动损益　　　　　　　　2 000 000

8.3.3　投资性房地产后续计量模式的变更

为保证会计信息的可比性，企业对投资性房地产的计量模式一经确定，不得随意变更。只有在房地产市场比较成熟、能够满足采用公允价值计量模式条件的情况下，才允许企业对投资性房地产从以成本模式计量变更为以公允价值模式计量。

从成本模式转为公允价值模式计量的，应当作为会计政策变更处理，并按计量模式变更时公允价值与账面价值的差额调整期初留存收益。已采用公允价值模式计量的投资性房地产，不得从公允价值模式计量转为成本模式计量。

例8－9 2013年，甲企业将一栋写字楼对外出租，采用成本模式进行后续计量。2015年2月1日，假设甲企业持有的投资性房地产满足采用公允价值模式计量的条件，甲企业决定采用公允价值模式对该写字楼进行后续计量。2015年2月1日，该写字楼的原价为9 000万元，已计提折旧270万元，账面价值为8 730万元，公允价值为9 500万元。甲企业按净利润的10%计提盈余公积。假定除上述对外出租的写字楼外，甲企业无其他的投资性房地产。

甲企业的账务处理如下：

借：投资性房地产——成本　　95 000 000

　　投资性房地产累计折旧　　2 700 000

　贷：投资性房地产　　90 000 000

　　利润分配——未分配利润　　6 930 000

　　盈余公积　　770 000

8.4 投资性房地产的转换和处置

8.4.1 投资性房地产的转换

8.4.1.1 投资性房地产转换形式和转换日

1. *房地产转换形式*

房地产的转换，是因房地产用途发生改变而对房地产进行的重新分类。这里所说的房地产转换是针对房地产用途发生改变而言的，而不是后续计量模式的转变。企业必须有确凿证据表明房地产用途发生了改变，才能将投资性房地产转换为非投资性房地产或者将非投资性房地产转换为投资性房地产，例如自用的办公楼改为出租等。这里的确凿证据包括两个方面，一是企业董事会或类似机构应当就改变房地产用途形成正式的书面决议，二是房地产因用途改变而发生实际状态上的改变，如从自用状态改为出租状态。房地产转换形式主要包括：

(1)投资性房地产开始自用，相应地由投资性房地产转换为固定资产或无形资产。投资性房地产开始自用是指企业将原来用于赚取租金或资本增值的房地产改为用于生产商品、提供劳务或者经营管理。例如，企业将出租的厂房收回，并用于生产本企业的产品；又如，从事房地产开发的企业将出租的开发产品收回，作为企业的固定资产使用。

(2)作为存货的房地产改用于出租，通常指房地产开发企业将其持有的开发产品以经营租赁的方式出租，相应地由存货转换为投资性房地产。

(3)自用土地使用权停止自用，用于赚取租金或资本增值，相应地由无形资产转换为投资性房地产。

(4)自用建筑物停止自用，改为出租，相应地由固定资产转换为投资性房地产。

(5)房地产企业将用于经营出租的房地产重新开发用于对外销售，从投资性房地产转为存货。

2. *投资性房地产转换日的确定*

投资性房地产转换日的确定关系到资产的确认时点和入账价值，因此非常重要。转换日即房地产的用途发生改变、状态相应发生改变的日期。转换日的确定标准主要包括：

(1)投资性房地产开始自用，转换日即房地产达到自用状态，企业开始将房地产用于生产商品、提供劳务或者经营管理的日期。

(2)投资性房地产转换为存货，转换日为租赁期届满、企业董事会或类似机构作出书面决议明确表明将其重新开发用于对外销售的日期。

(3)作为存货的房地产改为出租，或者自用建筑物或土地使用权停止自用改为出租，转换日通常为租赁期开始日。租赁期开始日是指承租人有权行使其使用租赁资产权利的日期。

8.4.1.2 投资性房地产转换为非投资性房地产的处理

1. 采用成本模式进行后续计量的投资性房地产转换为自用房地产的处理

企业将原本用于赚取租金或资本增值的房地产改用于生产商品、提供劳务或者经营管理，投资性房地产相应地转换为固定资产或无形资产。例如，企业将出租的厂房收回，并用于生产本企业的产品。在此种情况下，转换日为房地产达到自用状态，企业开始将房地产用于生产商品、提供劳务或者经营管理的日期。

企业将投资性房地产转换为自用房地产，应当按该项投资性房地产在转换日的账面余额、累计折旧或摊销、减值准备等，分别转入"固定资产""累计折旧""固定资产减值准备"等科目；按投资性房地产的账面余额，借记"固定资产"或"无形资产"科目，贷记"投资性房地产"科目；按已计提的折旧或摊销，借记"投资性房地产累计折旧(摊销)"科目，贷记"累计折旧"或"累计摊销"科目；原已计提减值准备的，借记"投资性房地产减值准备"科目，贷记"固定资产减值准备"或"无形资产减值准备"科目。

例8－10 2014年8月1日，甲企业将出租在外的厂房收回，开始用于本企业生产商品。该项房地产账面价值为3 765万元，其中，原价5 000万元，累计已提折旧1 235万元。假设甲企业采用成本计量模式。

甲企业的账务处理如下：

借：固定资产　　50 000 000
　　投资性房地产累计折旧　　12 350 000
　贷：投资性房地产　　50 000 000
　　　累计折旧　　12 350 000

2. 采用公允价值模式进行后续计量的投资性房地产转为自用房地产的处理

企业将采用公允价值模式计量的投资性房地产转换为自用房地产时，应当以其转换当日的公允价值作为自用房地产的账面价值，公允价值与原账面价值的差额计入当期损益。

在转换日，企业按该项投资性房地产的公允价值，借记"固定资产"或"无形资产"科目；按该项投资性房地产的成本，贷记"投资性房地产——成本"科目；按该项投资性房地产的累计公允价值变动，贷记或借记"投资性房地产——公允价值变动"科目；按其差额，贷记或借记"公允价值变动损益"科目。

例8－11 2014年10月15日，甲企业因租赁期满，将出租的写字楼收回，开始作为办公楼用于本企业的行政管理。2014年10月15日，该写字楼的公允价值为4 800万元。该项房地产在转换前采用公允价值模式计量，原账面价值为4 750万元，其中，成本为4 500万元，公允价值变动为增值250万元。

甲企业的账务处理如下：

借：固定资产　　48 000 000

　贷：投资性房地产——成本　　45 000 000

　　　　　　　　——公允价值变动　　2 500 000

　　公允价值变动损益　　500 000

3. 采用成本模式进行后续计量的投资性房地产转换为存货的处理

房地产开发企业将用于经营出租的房地产重新开发用于对外销售的，从投资性房地产转换为存货。这种情况下，转换日为租赁期届满、企业董事会或类似机构作出书面决议明确表明将其重新开发用于对外销售的日期。

企业将投资性房地产转换为存货时，应当按照该项房地产在转换日的账面价值，借记“开发产品”科目；按照已计提的折旧或摊销，借记“投资性房地产累计折旧（摊销）”科目；原已计提减值准备的，借记“投资性房地产减值准备”科目；按其账面余额，贷记“投资性房地产”科目。

4. 采用公允价值模式进行后续计量的投资性房地产转换为存货的处理

企业将采用公允价值模式计量的投资性房地产转换为存货时，应当以其转换当日的公允价值作为存货的账面价值，公允价值与原账面价值的差额计入当期损益。

在转换日时，按该项投资性房地产的公允价值，借记“开发产品”科目；按该项投资性房地产的成本，贷记“投资性房地产——成本”科目；按该项投资性房地产的累计公允价值变动，贷记或借记“投资性房地产——公允价值变动”科目；按其差额，贷记或借记“公允价值变动损益”科目。

例8－12　甲房地产开发企业将其开发的部分写字楼用于对外经营租赁。2014年10月15日，因租赁期满，甲企业将出租的写字楼收回，并作出书面决议，将该写字楼重新开发用于对外销售，即由投资性房地产转换为存货，当日的公允价值为5 800万元。该项房地产在转换前采用公允价值模式计量，原账面价值为5 600万元，其中，成本为5 000万元，公允价值增值为600万元。

甲企业的账务处理如下：

借：开发产品　　58 000 000

　贷：投资性房地产——成本　　50 000 000

　　　　　　　　——公允价值变动　　6 000 000

　　公允价值变动损益　　2 000 000

8.4.1.3　非投资性房地产转换为投资性房地产的处理

1. 非投资性房地产转换为采用成本模式进行后续计量的投资性房地产的处理

（1）作为存货的房地产转换为投资性房地产。作为存货的房地产转换为投资性房地产，通常指房地产开发企业将其持有的开发产品以经营租赁的方式出租，存货相应地转换为投资性房地产。这种情况下，转换日通常为房地产的租赁期开始日。一般而言，对于企业自行建造或开发完成但尚未使用的建筑物，如果企业董事会或类似机构正式作出书面决议，明确表明其自行建造或开发产品用于经营出租、持有意图短期内不再发生变化的，应视为存货转换为投资性房地产，转换日为企业董事会或类似机构作出书面决议的日期。

企业将作为存货的房地产转换为采用成本模式计量的投资性房地产时，应当按该项存货在转换日的账面价值，借记“投资性房地产”科目；原已计提跌价准备的，借记“存货跌价准备”科目；按其账面余额，贷记“开发产品”等科目。

例8－13 甲企业是从事房地产开发业务的企业，在2014年3月10日，甲企业与乙企业签订了租赁协议，将其开发的一栋写字楼出租给乙企业使用，租赁期开始日为2014年4月15日。在2014年4月15日，该写字楼的账面余额为4.5亿元，未计提存货跌价准备。假设甲企业采用成本模式对其投资性房地产进行后续计量。

甲企业的账务处理如下：

借：投资性房地产——写字楼　　450 000 000

　贷：开发产品　　450 000 000

(2)自用房地产转换为投资性房地产。企业将原本用于日常生产商品、提供劳务或者经营管理的房地产改用于出租，通常应于租赁期开始日，按照固定资产或无形资产的账面价值，将固定资产或无形资产相应地转换为投资性房地产。对不再用于日常生产经营活动且经整理后达到可经营出租状况的房地产，如果企业董事会或类似机构正式作出书面决议，明确表明其自用房地产用于经营出租且持有意图在短期内不再发生变化的，应视为自用房地产转换为投资性房地产，转换日为企业董事会或类似机构正式作出书面决议的日期。

企业将自用土地使用权或建筑物转换为以成本模式计量的投资性房地产时，应当按该项建筑物或土地使用权在转换日的原价、累计折旧、减值准备等，分别转入“投资性房地产”“投资性房地产累计折旧(摊销)”“投资性房地产减值准备”科目；按其账面余额，借记“投资性房地产”科目，贷记“固定资产”或“无形资产”科目；按已计提的折旧或摊销，借记“累计摊销”或“累计折旧”科目，贷记“投资性房地产累计折旧(摊销)”科目；原已计提减值准备的，借记“固定资产减值准备”或“无形资产减值准备”科目，贷记“投资性房地产减值准备”科目。

例8－14 甲企业拥有一栋办公楼，用于本企业总部办公。2014年3月10日，甲企业与乙企业签订了经营租赁协议，将该栋办公楼整体出租给乙企业使用，租赁期开始日为2014年4月15日，为期5年。2014年4月15日，该栋办公楼的账面余额为4.5亿元，已计提折旧300万元。假设甲企业采用成本计量模式。

甲企业的账务处理如下：

借：投资性房地产——写字楼　　450 000 000

　　累计折旧　　3 000 000

　贷：固定资产　　450 000 000

　　　投资性房地产累计折旧　　3 000 000

2. 非投资性房地产转换为采用公允价值进行后续计量的投资性房地产的处理

(1)作为存货的房地产转换为投资性房地产。企业将作为存货的房地产转换为采用公允价值模式计量的投资性房地产，应当按该项房地产在转换日的公允价值入账，借记“投资性房地产——成本”科目；原已计提跌价准备的，借记“存货跌价准备”科目；按其账面余额，贷记“开发产品”等科目。同时，转换日的公允价值小于账面价值的，按其差额，借记“公允价值变动损益”科目；转换日的公允价值大于账面价值的，按其差额，贷记“其他综合收益”科目。当该项投资性房地产被处置时，因转换计入其他综合收益的部分应转入当期损益。

例 8－15 2014 年 3 月 10 日，甲房地产开发公司与乙企业签订了租赁协议，将其开发的一栋写字楼出租给乙企业，租赁期开始日为 2014 年 4 月 15 日。2014 年 4 月 15 日，该写字楼的账面余额为 4.5 亿元，公允价值为 4.7 亿元。2014 年 12 月 31 日，该项投资性房地产的公允价值为 4.8 亿元。

甲企业的账务处理如下：

①2014 年 4 月 15 日：

借：投资性房地产——成本　　470 000 000

　贷：开发产品　　450 000 000

　　其他综合收益　　20 000 000

②2014 年 12 月 31 日：

借：投资性房地产——公允价值变动　10 000 000

　贷：公允价值变动损益　　10 000 000

（2）自用房地产转换为投资性房地产。企业将自用房地产转换为采用公允价值模式计量的投资性房地产，应当按该项土地使用权或建筑物在转换日的公允价值，借记“投资性房地产——成本”科目；按已计提的累计摊销或累计折旧，借记“累计摊销”或“累计折旧”科目；原已计提减值准备的，借记“无形资产减值准备”“固定资产减值准备”科目；按其账面余额，贷记“固定资产”或“无形资产”科目。同时，转换日的公允价值小于账面价值的，按其差额，借记“公允价值变动损益”科目；转换日的公允价值大于账面价值的，按其差额，贷记“资本公积——其他资本公积”科目。当该项投资性房地产处置时，因转换计入资本公积的部分应转入当期损益。

例 8－16 2014 年 6 月，甲企业打算搬迁至新建办公楼，由于原办公楼处于商业繁华地段，甲企业准备将其出租，以赚取租金收入。2014 年 10 月 30 日，甲企业完成了搬迁工作，原办公楼停止自用，并与乙企业签订了租赁协议，将其原办公楼租赁给乙企业使用，租赁期开始日为 2014 年 10 月 30 日，租赁期限为 3 年。2014 年 10 月 30 日，该办公楼原价为 5 亿元，已提折旧 1.425 亿元，公允价值为 3.5 亿元。假设甲企业对投资性房地产采用公允价值模式计量。

甲企业的账务处理如下：

借：投资性房地产——成本　　350 000 000

　公允价值变动损益　　7 500 000

　累计折旧　　142 500 000

　贷：固定资产　　500 000 000

8.4.2 投资性房地产的处置

当投资性房地产被处置，或者永久退出使用且预计不能从其处置中取得经济利益时，应当终止确认该项投资性房地产。

企业可以通过对外出售或转让的方式处置投资性房地产取得收益。对于那些由于使用而不断磨损直到最终报废，或者由于遭受自然灾害等非正常原因发生毁损的投资性房地产应当及时进行清理。此外，企业因其他原因，如非货币性交易等而减少投资性房地产也属于投资性房地产的处置。企业出售、转让、报废投资性房地产或者发生投资性房地产毁损，应当将处置收入扣除其账面价值和相关税费后的金额计入当期损益。

8.4.2.1 采用成本模式计量的投资性房地产的处置

处置采用成本模式进行后续计量的投资性房地产时，应当按实际收到的金额，借记"银行存款"等科目，贷记"其他业务收入"科目；按该项投资性房地产的账面价值，借记"其他业务成本"科目；按其账面余额，贷记"投资性房地产"科目；按照已计提的折旧或摊销，借记"投资性房地产累计折旧(摊销)"科目；原已计提减值准备的，借记"投资性房地产减值准备"科目。

例 8－17 广州 A 科技公司将其出租的一栋写字楼确认为投资性房地产，采用成本模式计量。租赁期届满后，广州 A 科技公司将该栋写字楼出售给乙公司，合同价款为 30 000 万元，乙公司已用银行存款付清。出售时，该栋写字楼的成本为 28 000 万元，已计提折旧 3 000 万元(假设不考虑相关税费)。

广州 A 科技公司的账务处理如下：

借：银行存款　　300 000 000
　贷：其他业务收入　　300 000 000
借：其他业务成本　　250 000 000
　　投资性房地产累计折旧　　30 000 000
　贷：投资性房地产——写字楼　　280 000 000

8.4.2.2 采用公允价值模式计量的投资性房地产的处置

处置采用公允价值模式计量的投资性房地产，应当按实际收到的金额，借记"银行存款"等科目，贷记"其他业务收入"科目；按该项投资性房地产的账面余额，借记"其他业务成本"科目；按其成本，贷记"投资性房地产——成本"科目；按其累计公允价值变动，贷记或借记"投资性房地产——公允价值变动"科目。同时结转投资性房地产累计公允价值变动。若存在原转换日计入资本公积的金额，也一并结转。

例 8－18 甲企业为一家房地产开发企业，在 2014 年 3 月 10 日，甲企业与乙企业签订了租赁协议，将其开发的一栋写字楼出租给乙企业使用，租赁期开始日为 2014 年 4 月 15 日。2014 年 4 月 15 日时，该写字楼的账面余额为 45 000 万元，公允价值为 47 000 万元。2014 年 12 月 31 日，该项投资性房地产的公允价值为 48 000 万元。2015 年 6 月租赁期届满，企业收回该项投资性房地产，并以 55 000 万元出售，出售款项已收讫。甲企业采用公允价值模式计量，不考虑相关税费。

甲企业的账务处理如下：

(1)2014 年 4 月 15 日，存货转换为投资性房地产：

借：投资性房地产——成本　　470 000 000
　贷：开发产品　　450 000 000
　　　其他综合收益　　20 000 000

(2)2014 年 12 月 31 日，公允价值变动：

借：投资性房地产——公允价值变动 10 000 000
　贷：公允价值变动损益 10 000 000

(3)2015 年 6 月，出售投资性房地产：

借：银行存款 550 000 000
　　公允价值变动损益 10 000 000
　　其他综合收益 20 000 000
　　其他业务成本 450 000 000
　贷：投资性房地产——成本 470 000 000
　　　　　　　　——公允价值变动 10 000 000
　　其他业务收入 550 000 000

9 负债业务外包

负债业务包括流动负债、长期负债及应付职工薪酬等业务的处理。在负债业务中主要是确认负债的利息、负债的偿还等业务的处理，货币性薪酬和非货币性福利的处理主要是应付职工薪酬的确认。

9.1 流动负债

9.1.1 短期借款

短期借款是指企业向银行或其他金融机构等借入的期限在一年以下(含一年)的各种借款。企业借入的短期借款构成了一项负债。对于企业发生的短期借款，应设置"短期借款"科目核算；每个资产负债表日，企业应计算确定短期借款的应计利息，按照应计的金额，借记"财务费用""利息支出(金额企业)"等科目，贷记"应付利息"等科目。

9.1.2 应付票据

应付票据是由出票人出票，委托付款人在指定日期无条件支付特定的金额给收款人或者持票人的票据。企业应设置"应付票据"科目进行核算。应付票据按是否带息分为带息应付票据和不带息应付票据两种。

1. 带息应付票据的处理

由于我国商业汇票期限较短，在期末，通常对尚未支付的应付票据计提利息，计入当期财务费用；票据到期支付票款时，尚未计提的利息部分直接计入当期财务费用。

2. 不带息应付票据的处理

不带息应付票据，其面值就是票据到期时的应付金额。

例 9－1 某企业为增值税一般纳税人，采购原材料采用商业汇票方式结算货款，根据有关发票账单，购入材料的实际成本为 15 万元，增值税专用发票上注明的增值税为 2.55 万元。材料已经验收入库。企业开出三个月承兑的不带息商业汇票，并用银行存款支付运杂费。该企业采用实际成本进行材料的日常核算。

根据上述资料，企业应作如下会计分录：

借：原材料　　150 000
　　应交税费——应交增值税(进项税额)　　25 500
　贷：应付票据　　175 500

开出并承兑的商业承兑汇票后，如果不能如期支付的，企业应在票据到期时，将“应付票据”科目的账面价值转入“应付账款”科目，待协商后再行处理。如果重新签发新的票据以清偿原应付票据的，再从“应付账款”科目转入“应付票据”科目。如果银行承兑汇票到期，企业却无力支付到期票款时，承兑银行除凭票向持票人无条件付款外，对出票人尚未支付的汇票金额转作逾期贷款处理。企业无力支付到期银行承兑汇票，在接到银行转来的“××号汇票无款支付转入逾期贷款户”等有关凭证时，借记“应付票据”科目，贷记“短期借款”科目。对银行计收的利息，按短期借款利息的处理办法处理。

9.1.3 应付及预收款项

1. 应付账款

应付账款指因购买材料、商品或接受劳务供应等而发生的债务。这是买卖双方由于取得物资或服务与支付货款（或服务费）在时间上不一致而产生的负债。因购买商品等而产生的应付账款，应设置“应付账款”科目进行核算，用以反映这部分负债的价值。

应付账款入账时间的确定，一般应以与所购买物资所有权有关的风险和报酬已经转移或劳务已经接受为标志。但在实际工作中，一般是区别下列情况处理：在物资和发票账单同时到达的情况下，应付账款一般待物资验收入库后，才按发票账单登记入账，这主要是为了确认所购入的物资是否在质量、数量和品种上都与合同上订明的条件相符，以免因先入账而在验收入库时发现购入物资错、漏、破损等问题再进行调账；在物资和发票账单未同时到达的情况下，由于应付账款需根据发票账单登记入账，有时货物已到，发票账单要相隔较长时间才能到达，由于这笔负债已经成立，应作为一项负债反映。为在资产负债表上客观反映企业所拥有的资产和承担的债务，在实际工作中采用在月份终了时将所购物资和应付债务估计入账，待下月初再用红字予以冲回的办法。

应付账款一般按应付金额入账，而不按到期应付金额的现值入账。如果购入的资产在形成一笔应付账款时是带有现金折扣的，应付账款入账金额的确定按发票上记载的应付金额的总值（即不扣除折扣）记账。在这种方法下，应按发票上记载的全部应付金额，借记有关科目，贷记“应付账款”科目；获得的现金折扣冲减财务费用。

2. 预收账款

预收账款是买卖双方协议商定的，由购货方预先支付一部分货款给供应方而发生的一项负债。预收账款的核算应视企业的具体情况而定。如果预收账款比较多的，可以设置“预收账款”科目；预收账款不多的，也可以不设置“预收账款”科目，直接记入“应收账款”科目的贷方。单独设置“预收账款”科目核算的，其“预收账款”科目的贷方，反映预收的货款和补付的货款，借方反映应收的货款和退回多收的货款；期末贷方余额反映尚未结清的预收款项，借方余额反映应收的款项。

9.1.4 职工薪酬

9.1.4.1 职工薪酬的内容

职工薪酬是指企业为获得职工提供的服务而给予各种形式的报酬以及其他相关支

出。这里所称的"职工"比较宽泛，包括三类人员：一是与企业订立劳动合同的所有人员，含全职、兼职和临时职工；二是未与企业订立劳动合同，但由企业正式任命的企业治理层和管理层人员，如董事会成员、监事会成员等，尽管有些董事会、监事会成员不是本企业员工，未与企业订立劳动合同，但对其发放的津贴、补贴等仍属于职工薪酬；三是在企业的计划和控制下，虽未与企业订立劳动合同或未由其正式任命，但获得其提供的与职工类似服务的人员，如通过中介机构签订用工合同，为企业提供与本企业职工类似服务的人员。

职工薪酬核算企业因职工提供服务而支付的或放弃的对价，企业需要全面综合考虑职工薪酬的内容，以确保其准确性。职工薪酬主要包括以下内容：

(1)职工工资、奖金、津贴和补贴。是指构成工资总额的计时工资、计件工资、支付给职工的超额劳动报酬和增收节支的劳动报酬、为了补偿职工特殊或额外的劳动消耗和因其他特殊原因支付给职工的津贴，以及为了保证职工工资水平不受物价影响支付给职工的物价补贴等。

(2)职工福利费。主要是尚未实行医疗统筹企业职工的医疗费用、职工因公负伤赴外地就医路费、职工生活困难补助，以及按照国家规定开支的其他职工福利支出。

(3)医疗保险费、养老保险费、失业保险费、工伤保险费和生育保险费等社会保险费。是指企业按照国务院、各地方政府规定的基准和比例计算，向社会保险经办机构缴纳的医疗保险费、养老保险费、失业保险费、工伤保险费和生育保险费。企业按照年金计划规定的基准和比例计算，向企业年金管理人缴纳的补充养老保险，以及企业以购买商业保险形式提供给职工的各种保险待遇。

(4)住房公积金。是指企业按照国家规定的基准和比例计算，向住房公积金管理机构缴存的住房公积金。

(5)工会经费和职工教育经费。是指企业为了改善职工文化生活、为职工学习先进技术和提高文化水平和业务素质，用于开展工会活动和职工教育及职业技能培训等的相关支出。

(6)非货币性福利。是指企业以自己的产品或外购商品发放给职工作为福利。企业提供给职工无偿使用自己拥有的资产或租赁资产供职工无偿使用，比如提供给企业高级管理人员使用的住房等，免费为职工提供诸如医疗保健的服务或向职工提供企业支付了一定补贴的商品或服务等，比如以低于成本的价格向职工出售住房等，均属于非货币性福利，应确认为职工薪酬。

(7)因解除与职工的劳动关系给予的补偿。是指由于分离办社会职能，实施主辅分离、辅业改制分流安置富余人员，实施重组、改组计划，职工不能胜任等原因，企业在职工劳动合同尚未到期之前解除与职工的劳动关系，或者为鼓励职工自愿接受裁减而提出补偿建议的计划中给予职工的经济补偿，即国际财务报告准则中所指的辞退福利。

(8)其他与获得职工提供的服务相关的支出。是指除上述七种薪酬以外的其他为获得职工提供的服务而给予的薪酬，比如企业提供给职工以权益形式结算的认股权、以现金形式结算但以权益工具公允价值为基础确定的现金股票增值权等。

9.1.4.2 职工薪酬的确认和计量

企业应当在职工为其提供服务的会计期间，将应付的职工薪酬确认为负债，除因解除与职工的劳动关系给予的补偿外，应当根据职工提供服务的受益对象，分别下列情况处理：

(1)应由生产产品、提供劳务负担的职工薪酬，计入产品成本或劳务成本。生产产品、提供劳务中的直接生产人员和直接提供劳务人员发生的职工薪酬，计入存货成本，但非正常消耗的直接生产人员和直接提供劳务人员的职工薪酬，应当在发生时确认为当期损益。

(2)应由在建工程、无形资产负担的职工薪酬，计入建造固定资产或无形资产成本。自行建造固定资产和自行研究开发无形资产过程中发生的职工薪酬，能否计入固定资产或无形资产成本，取决于相关资产的成本确定原则。比如企业在研究阶段发生的职工薪酬不能计入自行开发无形资产的成本，在开发阶段发生的职工薪酬，符合无形资产资本化条件的，应当计入自行开发无形资产的成本。

(3)除上述两项之外的其他职工薪酬，计入当期损益。除直接生产人员、直接提供劳务人员，符合企业会计准则规定条件的建造固定资产人员、开发无形资产人员以外的职工，包括公司总部管理人员、董事会成员、监事会成员等人员相关的职工薪酬，因难以确定直接对应的受益对象，均应当在发生时计入当期损益。

1. 职工货币性薪酬的计量

对于职工货币性薪酬，企业一般应当根据职工提供服务情况和职工货币薪酬的标准，计算应计入职工薪酬的金额，按照受益对象计入相关成本或当期费用，借记“生产成本”“管理费用”等科目，贷记“应付职工薪酬”科目；发放时，借记“应付职工薪酬”科目，贷记“银行存款”等科目。在确定应付职工薪酬和应当计入成本费用的职工薪酬金额时，企业还有两种特殊情况：

(1)对于国务院有关部门，省、自治区、直辖市人民政府或经批准的企业年金计划规定了计提基础和计提比例的职工薪酬项目，企业应当按照规定的计提标准，计量企业承担的职工薪酬、义务和计入成本费用的职工薪酬。其中：①“五险一金”。对于医疗保险费、养老保险费、失业保险费、工伤保险费、生育保险费和住房公积金，企业应当按照国务院、所在地政府或企业年金计划规定的标准计量应付职工薪酬义务和应相应计入成本费用的职工薪酬金额。②工会经费和职工教育经费。企业应当按照国家相关规定，分别按照职工工资总额的2%和15%计量应付职工薪酬(工会经费、职工教育经费)金额和应相应计入成本费用的职工薪酬金额；从业人员技术要求高、培训任务重、经济效益好的企业，可根据国家相关规定，按照职工工资总额的2.5%计量应计入成本费用的职工教育经费。按照明确标准计算确定应承担的职工薪酬义务后，再根据受益对象计入相关资产的成本或当期费用。

(2)对于国家(包括省、市、自治区政府)相关法律法规没有明确规定计提基础和计提比例的职工福利费，企业应当根据历史经验数据和自身实际情况，预计应付职工薪酬金额和应计入成本费用的职工薪酬金额；在每个资产负债表日，企业应当对实际发生的福利费金额和预计金额进行调整。

例9－2　2014年6月，安吉公司当月应发工资2 000万元，其中：生产部门直接生产人员工资1 000万元；生产部门管理人员工资200万元；公司管理部门人员工资360万元；公司专设产品销售机构人员工资100万元；建造厂房人员工资220万元；内部开发存货管理系统人员工资120万元。

根据所在地政府规定，公司分别按照职工工资总额的10%、12%、2%和10.5%计提医疗保险费、养老保险费、失业保险费和住房公积金，缴纳给当地社会保险经办机构和住房公积金管理机构。公司内设医务室，根据2012年实际发生的职工福利费情况，公司2014年应承担的职工福利费义务金额为职工工资总额的2%，职工福利的受益对象为上述所有人员。公司分别按照职工工资总额的2%和1.5%计提工会经费和职工教育经费。假定公司存货管理系统已处于开发阶段，并符合《企业会计准则第6号——无形资产》规定的资本化为无形资产的条件。

本例中，应计入生产成本的职工薪酬金额＝1 000＋1 000×(10%＋12%＋2%＋10.5%＋2%＋2%＋1.5%)＝1 400(万元)

应计入制造费用的职工薪酬金额＝200＋200×(10%＋12%＋2%＋10.5%＋2%＋2%＋1.5%)＝280(万元)

应计入管理费用的职工薪酬金额＝360＋360×(10%＋12%＋2%＋10.5%＋2%＋2%＋1.5%)＝504(万元)。

应计入销售费用的职工薪酬金额＝100＋100×(10%＋12%＋2%＋10.5%＋2%＋2%＋1.5%)＝140(万元)

应计入在建工程成本的职工薪酬金额＝220＋220×(10%＋12%＋2%＋10.5%＋2%＋2%＋1.5%)＝308(万元)

应计入无形资产成本的职工薪酬金额＝120＋120×(10%＋12%＋2%＋1.5%＋2%＋2%＋1.5%)＝168(万元)

公司在分配工资、职工福利费、各种社会保险费、住房公积金、工会经费和职工教育经费等职工薪酬时，应作如下账务处理：

借：生产成本　　14 000 000
　　制造费用　　2 800 000
　　管理费用　　5 040 000
　　销售费用　　1 400 000
　　在建工程　　3 080 000
　　研发支出——资本化支出　　1 680 000
　贷：应付职工薪酬——工资　　20 000 000
　　　　　　　　　——职工福利　　400 000
　　　　　　　　　——社会保险费　　4 800 000
　　　　　　　　　——住房公积金　　2 100 000
　　　　　　　　　——工会经费　　400 000
　　　　　　　　　——职工教育经费　　300 000

2. 职工非货币性薪酬的计量

企业向职工提供的非货币性薪酬，应当分情况进行处理：

(1) 以自产产品或外购商品发放给职工作为福利。企业以其生产的产品作为非货币性福利提供给职工的，应当按照该产品的公允价值和相关税费计量，计入成本费用的职工薪酬金额。相关收入及其成本的确认计量和相关税费的处理，与正常商品销售相同。以外购商品作为非货币性福利提供给职工的，应当按照该商品的公允价值和相关税费计量，计入成本费用的职工薪酬金额。

需要注意的是，在以自产产品或外购商品发放给职工作为福利的情况下，企业在进行账务处理时，应当先通过“应付职工薪酬”科目归集当期应计入成本费用的非货币性薪酬金额，以确定完整准确的企业人工成本金额。

例9－3 某公司为一家生产彩电的企业，共有职工100名，2015年2月，公司以其生产的成本为5 000元的液晶彩电和外购的每台不含税价格为500元的电暖气作为春节福利发放给公司职工。该型号液晶彩电的售价为每台7 000元，某公司适用的增值税税率为17%；某公司购买电暖气时开具了增值税专用发票，增值税税率为17%。假定100名职工中有85名为直接参加生产的职工，有15名为总部管理人员。

分析：企业以自己生产的产品作为福利发放给职工，应计入成本费用的职工薪酬金额以公允价值计量，计入主营业务收入，产品按照成本结转，并要根据相关税收规定，视同销售计算增值税销项税额。

彩电的售价总额＝7 000×85＋7 000×15＝595 000＋105 000＝700 000(元)

彩电的增值税(销项税额)＝7 000×85×17%＋7 000×15×17%＝101 150＋17 850＝119 000(元)

公司决定发放非货币性福利时，应作如下账务处理：

借：生产成本(595 000＋101 150)　　696 150
　　管理费用(105 000＋17 850)　　122 850
　贷：应付职工薪酬——非货币性福利　　819 000

实际发放非货币性福利时，应作如下账务处理：

借：应付职工薪酬——非货币性福利　　819 000
　贷：主营业务收入　　700 000
　　　应交税费——应交增值税(销项税额)　　119 000

借：主营业务成本　　500 000
　贷：库存商品　　500 000

电暖气的售价金额＝500×85＋500×15＝42 500＋7 500＝50 000(元)

电暖气的进项税额＝500×85×17%＋500×15×17%＝7 225＋1 275＝8 500(元)

公司决定发放非货币性福利时，应作如下账务处理：

借：生产成本(42 500＋7 225)　　49 725
　　管理费用(7 500＋1 275)　　8 775
　贷：应付职工薪酬——非货币性福利　　58 500

购买电暖气时，公司应作如下账务处理：

借：应付职工薪酬——非货币性福利　　58 500

　贷：银行存款　　58 500

（2）将拥有的房屋等资产无偿提供给职工使用，或租赁住房等资产供职工无偿使用。企业将拥有的房屋等资产无偿提供给职工使用的，应当根据受益对象，将住房每期应计提的折旧计入相关资产成本或费用，同时确认应付职工薪酬。租赁住房等资产供职工无偿使用的，应当根据受益对象，将每期应付的租金计入相关资产成本或费用，并确认应付职工薪酬。难以认定受益对象的，直接计入当期损益，并确认应付职工薪酬。

例9－4　某公司为总部各部门经理级别以上职工提供汽车免费使用，同时为副总裁级别以上高级管理人员每人租赁一套住房。该公司总部共有部门经理级别以上职工25名，每人提供一辆桑塔纳汽车免费使用，假定每辆桑塔纳汽车每月计提折旧500元；该公司共有副总裁级别以上高级管理人员5名，公司为其每人租赁一套面积为100平方米并带有家具和电器的公寓，月租金为每套4 000元。

该公司每月应作如下账务处理：

借：管理费用　　32 500

　贷：应付职工薪酬——非货币性福利　　32 500

借：应付职工薪酬——非货币性福利　　32 500

　贷：累计折旧　　12 500

　　　其他应付款　　20 000

3. 向职工提供企业支付了补贴的商品或服务

企业有时以低于其取得成本的价格向职工提供商品或服务，如以低于成本的价格向职工出售住房或提供医疗保健服务，其实质是企业向职工提供补贴。对此，企业应根据出售商品或服务合同条款的规定分情况进行处理：

（1）如果合同规定职工在取得住房等商品或服务后至少应提供服务的年限，企业应将出售商品或服务的价格与其成本间的差额，作为长期待摊费用处理，在合同规定的服务年限内平均摊销，根据受益对象分别计入相关资产成本或当期损益。

（2）如果合同没有规定职工在取得住房等商品或服务后至少应提供服务的年限，企业应将出售商品或服务的价格与其成本间的差额，作为对职工过去提供服务的一种补偿，直接计入向职工出售商品或服务当期的损益。

例9－5　2014年1月，某公司为留住人才，将以每套100万元的价格购买并按照固定资产入账的50套公寓，以每套60万元的价格出售给公司管理层和生产一线的优秀职工。其中，出售给公司管理层20套，出售给一线生产工人30套。出售合同规定，职工在取得住房后必须在公司服务10年（不考虑相关税费）。

公司出售住房时，应作如下账务处理：

借：银行存款　　30 000 000

　　长期待摊费用　　20 000 000

　贷：固定资产　　50 000 000

出售住房后的10年内，公司应按照直线法摊销该项长期待摊费用，并作如下账务处理：

借：生产成本　　　　　　　　　　　　1 200 000
　　管理费用　　　　　　　　　　　　　800 000
　贷：应付职工薪酬——非货币性福利　　　　2 000 000

借：应付职工薪酬——非货币性福利　2 000 000
　贷：长期待摊费用　　　　　　　　　　　2 000 000

9.1.4.3 辞退福利(解除劳动关系补偿)的确认和计量

1. 辞退福利的含义

辞退福利包括两方面的内容：一是在职工劳动合同尚未到期前，不论职工本人是否愿意，企业决定解除与职工的劳动关系而给予的补偿。二是在职工劳动合同尚未到期前，为鼓励职工自愿接受裁减而给予的补偿，职工有权利选择继续在职或接受补偿离职。辞退福利还包括当公司控制权发生变动时对辞退的管理层人员进行补偿的情况。辞退福利通常采取解除劳动关系时一次性支付补偿的方式，也有通过提高退休后养老金或其他离职后福利的标准，或者在职工不再为企业带来经济利益后，将职工工资部分支付到辞退后未来某一期间的方式。

在确定企业提供的经济补偿是否为辞退福利时，应当注意以下两个问题：

(1)辞退福利与正常退休养老金应当区分开来。辞退福利是在职工与企业签订的劳动合同到期前，企业根据法律、与职工本人或职工代表(工会)签订的协议，或者基于商业惯例，承诺当其提前终止对职工的雇佣关系时支付的补偿，引发补偿的事项是辞退。因此，企业应当在辞退时进行确认和计量。

职工在正常退休时获得的养老金，是其与企业签订的劳动合同到期时，或者职工达到了国家规定的退休年龄时获得的退休后生活补偿金额，此种情况下给予补偿的事项是职工在职时提供的服务而不是退休本身。因此，企业应当是在职工提供服务的会计期间进行确认和计量。

职工虽然没有与企业解除劳动合同，但未来不再为企业提供服务，为此企业承诺提供实质上具有辞退福利性质的经济补偿，比照辞退福利处理。

(2)无论职工因何种原因离开都要支付的福利属于离职后福利，不是辞退福利。有些企业对职工本人提出的自愿辞退比企业提出的要求职工非自愿辞退情况下支付较少的补偿，在这种情况下，非自愿辞退提供的补偿与职工本人要求辞退提供的补偿之间的差额，才属于辞退福利。

2. 辞退福利的确认

企业在职工劳动合同到期之前解除与职工的劳动关系，或者为鼓励职工自愿接受裁减而提出给予补偿的建议，同时满足下列条件的，应当确认因解除与职工的劳动关系给予补偿而产生的预计负债，同时计入当期管理费用：

(1)企业已经制定正式的解除劳动关系计划或提出自愿裁减建议，并即将实施。该计划或建议应当包括拟解除劳动关系或裁减的职工所在部门、职位及数量；根据有关规定按工作类别或职位确定的解除劳动关系或裁减补偿金额，拟解除劳动关系或裁减的时间。这里所称的解除劳动关系计划和自愿裁减建议应当经过董事会或类似权力机构的批准；即将实施是指辞退工作一般应当在一年内实施完毕，但因付款程序等原因使部分付款推迟到一年后支付的，视为符合辞退福利预计负债的确认条件。

(2)企业不能单方面撤回解除劳动关系计划或裁减建议。如果企业能够单方面撤回解除劳动关系计划或裁减建议，则表明未来经济利益流出不是很可能，因而不符合负债确认条件。

由于被辞退的职工不再为企业带来未来经济利益，因此，对于满足负债确认条件的所有辞退福利，均应当于辞退计划满足预计负债确认条件的当期计入费用，不计入资产成本。在确认辞退福利时，需要注意的是，对于分期或分阶段实施的解除劳动关系计划或自愿裁减建议，企业应当将整个计划看作是由一个个单项解除劳动关系计划或自愿裁减建议组成，在每期或每阶段计划符合预计负债确认条件时，将该期或该阶段计划中由提供辞退福利产生的预计负债予以确认，计入该部分计划中满足预计负债确认条件的当期管理费用；不能等全部计划都符合确认条件时再予以确认。

对于企业实施的职工内部退休计划，由于这部分职工不再为企业带来经济利益，企业应当比照辞退福利处理。在内退计划符合职工薪酬准则规定的确认条件时，按照内退规定，将自职工停止服务日至正常退休日期间，企业拟支付的内退人员工资和缴纳的社会保险费等确认为预计负债，一次计入当期管理费用。

3. 辞退福利的计量

企业应当严格根据职工薪酬和或有事项准则中关于辞退计划条款的规定，合理预计并确认辞退福利产生的负债。辞退福利的计量因辞退计划中职工有无选择权而有所不同：

(1)对于职工没有选择权的辞退计划，应当根据计划条款规定拟解除劳动关系的职工数量、每一职位的辞退补偿等计提应付职工薪酬(预计负债)。

(2)对于自愿接受裁减建议，因接受裁减的职工数量不确定，企业应当参照或有事项的规定，预计将会接受裁减建议的职工数量，根据预计的职工数量和每一职位的辞退补偿等计提应付职工薪酬(预计负债)。

(3)实质性辞退工作在一年内实施完毕、但补偿款项超过一年支付的辞退计划，企业应当选择恰当的折现率，以折现后的金额计量应计入当期管理费用的辞退福利金额，该项金额与实际应支付的辞退福利之间的差额，作为未确认融资费用，在以后各期实际支付辞退福利款项时，计入财务费用。

4. 辞退福利的账务处理

确认因辞退福利产生的预计负债时，借记“管理费用”“未确认融资费用”科目，贷记“应付职工薪酬——辞退福利”科目；各期支付辞退福利款项时，借记“应付职工薪酬——辞退福利”科目，贷记“银行存款”科目；同时，借记“财务费用”科目，贷记“未确认融资费用”科目。应付辞退福利款金额与其折现后金额相差不大的，也可不折现。

例9-6 某公司为一家家用电器制造企业，2013年9月，为了能够在下一年度顺利实施转产，该公司管理层制定了一项辞退计划，计划规定，从2014年1月1日起，企业将以职工自愿方式，辞退其平面直角系列彩电生产车间的职工。辞退计划的详细内容，包括拟辞退的职工所在部门、数量、各级别职工能够获得的补偿以及计划大体实施的时间等均已与职工沟通，并达成一致意见，辞退计划已于2013年12月10日经董事会正式批准，辞退计划将于下一个年度内实施完毕。该项辞退计划的详细内容如表9－1所示。

表9－1　某公司2014年辞退计划一览表　　　金额单位：万元

所属部门	职位	辞退数量	工龄（年）	每人补偿金额
彩电车间	车间主任 副主任	10	1～10	10
			10～20	20
			20～30	30
	高级技工	50	1～10	8
			10～20	18
			20～30	28
	一般技工	100	1～10	5
			10～20	15
			20～30	25
合　计		160		

2013年12月31日，公司预计各级别职工拟接受辞退职工数量的最佳估计数（最可能发生数）及其应支付的补偿如表9－2所示。

表9－2　估计接受辞退职工的数量及补偿一览表　　　金额单位：万元

所属部门	职位	辞退数量	工龄（年）	接受数量	每人补偿金额	总计补偿金额
彩电车间	车间主任 副主任	10	1～10	5	10	50
			10～20	2	20	40
			20～30	1	30	30
	高级技工	50	1～10	20	8	160
			10～20	10	18	180
			20～30	5	28	140
	一般技工	100	1～10	50	5	250
			10～20	20	15	300
			20～30	10	25	250
合　计		160		123		1 400

按照或有事项有关计算最佳估计数的方法，预计接受辞退的职工数量可以根据最可能发生的数量确定，也可以采用按照各种发生数量及其发生概率的方式计算确定。根据表9－2，愿意接受辞退职工的最可能数量为123名，预计补偿总额为1 400万元，则该公司在2013年（辞退计划于2013年12月10日由董事会批准）应作如下账务处理：

借：管理费用　　　　　　　　　　14 000 000

　贷：应付职工薪酬——辞退福利　　　　　　14 000 000

以本例中彩电车间主任和副主任级别、工龄在1～10年的职工为例，假定接受辞退的职工各种数量及发生概率如表9－3所示。

表9－3　接受辞退的职工数量及发生的概率一览表

接受辞退的职工数量	发生概率	最佳估计数
0	0	0
1	3%	0.03
2	5%	0.1
3	5%	0.15
4	20%	0.8
5	15%	0.75
6	25%	1.5
7	8%	0.56
9	12%	1.08
10	7%	0.7
合　计		5.67

由上述计算结果可知，彩电车间主任和副主任级别、工龄在1～10年的职工接受辞退计划的最佳估计数为5.67名，则应确认该职级的辞退福利金额应为56.7(5.67×10)万元，由于所有的辞退福利预计负债均应计入当期费用，因此，2013年(辞退计划2013年12月10日由董事会批准)公司应作如下账务处理：

借：管理费用　　　　　　　　　　567 000

　贷：应付职工薪酬——辞退福利　　　　　　567 000

9.1.5　应交税费

企业在一定时期内取得营业收入和实现利润或发生特定经营行为，要按照规定向国家交纳各种税金。这些应交的税金，应按照权责发生制的原则确认。这些应交的税金在尚未交纳之前，形成了企业的一项负债。

9.1.5.1　增值税

1. 增值税征收范围

增值税是就货物或应税劳务的增值部分征收的一种税。按照《增值税暂行条例》规定，企业购入货物或接受应税劳务支付的增值税(即进项税额)，可以从销售货物或提供劳务按规定收取的增值税(即销项税额)中抵扣。按照规定，企业购入货物或接受劳务必须具备以下凭证，其进项税额才能予以扣除。

(1)增值税专用发票。实行增值税以后，一般纳税企业销售货物或者提供应税劳务均应开具增值税专用发票，增值税专用发票记载了销售货物的售价、税率以及税额等，购货方以增值税专用发票上记载的购入货物时已支付的税额，作为扣税和记账的依据。

(2)完税凭证。企业进口货物必须交纳增值税，其交纳的增值税在完税凭证上注明，进口货物交纳的增值税根据从海关取得的完税凭证上注明的增值税税额，作为扣税和记账依据。

购进免税农产品，按照经税务机关批准的收购凭证上注明的价款或收购金额的一定比率计算进项税额，并以此作为扣税和记账的依据。

企业购入货物或者接受应税劳务，如没有按照规定取得并保存增值税扣税凭证，或者增值税扣税凭证上未按照规定注明增值税税额及其他有关事项的，其进项税额不能从销项税额中抵扣。值得注意的是，按照修订后的《中华人民共和国增值税暂行条例》，企业购入的机器设备等生产经营用固定资产所支付的增值税在符合税收法规规定的情况下，也应从销项税额中扣除，不再计入固定资产成本。按照税收法规规定，购入用于集体福利或个人消费等目的的固定资产而支付的增值税，不能从销项税额中扣除，仍应计入固定资产成本。

会计核算中，如果企业不能取得有关的扣税证明，则购进货物或接受应税劳务支付的增值税税额不能作为进项税额扣税，其已支付的增值税只能计入购入货物或接受劳务的成本。

2. 增值税的会计处理

1)科目设置

企业应交的增值税，在“应交税费”科目下设置“应交增值税”明细科目进行核算。“应交增值税”明细科目的借方发生额，反映企业购进货物或接受应税劳务支付的进项税额、实际已交纳的增值税等；贷方发生额，反映销售货物或提供应税劳务应交纳的增值税额，如出口货物退税、转出已支付或应分担的增值税等；期末借方余额，反映企业尚未抵扣的增值税。“应交税费——应交增值税”科目分别设置“进项税额”“已交税金”“销项税额”“出口退税”“进项税额转出”“转出未交增值税”“转出多交增值税”“减免税款”“出口抵减内销产品应纳税额”等专栏。

2)一般纳税企业一般购销业务的会计处理

实行增值税的一般纳税企业从税务角度看，一是可以使用增值税专用发票，企业销售货物或提供劳务可以开具增值税专用发票(或完税凭证、购进免税农产品凭证、外购物资支付的运输费用的结算单据，下同)；二是购入货物取得的增值税专用发票上注明的增值税额可以用销项税额抵扣；三是如果企业销售货物或者提供劳务采用销售额和销项税额合并定价方法的，按公式“销售额 = 含税销售额 ÷ (1 + 增值税税率)”还原为不含税销售额，并按不含税销售额计算销项税额。

根据上述特点，一般纳税企业在账务处理上的主要特点为：一是在购进阶段，会计处理时实行价与税的分离，价与税分离的依据为增值税专用发票上注明的价款和增值税，属于价款部分，计入购入货物的成本；属于增值税税额的部分，计入进项税额。二是在销售阶段，销售价格中不再含税，如果定价时含税，应还原为不含税价格作为销售收入，向购买方收取的增值税作为销项税额。

例9－7 某企业为增值税一般纳税人，本期购入一批原材料，增值税专用发票上注明的原材料价款为600万元，增值税税额为102万元。货款已经支付，材料已经到达并验收入库。该企业当期销售产品收入为1 200万元(不含应向购买者收取的增值税)，符合收入确认条件，货款尚未收到。假如该产品的增值税税率为17%，不交纳消费税。根据上述经济业务，企业应作如下账务处理(该企业采用计划成本进行日常材料核算，原材料入库分录略)：

(1)借：材料采购　　6 000 000

　　应交税费——应交增值税(进项税额)　　1 020 000

　贷：银行存款　　7 020 000

(2)销项税额＝1 200×17%＝204(万元)

借：应收账款　　14 040 000

　贷：主营业务收入　　12 000 000

　　应交税费——应交增值税(销项税额)　　2 040 000

3)一般纳税企业购入免税产品的会计处理

按照《增值税暂行条例》规定，对农业生产者销售的自产农业产品、古旧图书等部分项目免征增值税。企业销售免征增值税项目的货物，不能开具增值税专用发票，只能开具普通发票。企业购进免税产品，一般情况下不能扣税，但按税法规定，对于购入的免税农业产品、收购废旧物资等可以按买价(或收购金额)的一定比率计算进项税额，并准予从销项税额中抵扣。这里购入免税农业产品的买价是指企业购进免税农业产品支付给农业生产者的价款。在会计核算时，一是按购进免税农业产品有关凭证上确定的金额(买价)或者按收购金额，扣除一定比例的进项税额，作为购进农业产品(或收购废旧物资)的成本；二是扣除的部分作为进项税额，待以后用销项税额抵扣。

例9－8 某企业为增值税一般纳税人，本期收购农业产品实际支付的价款为200万元，收购的农业产品已验收入库，款项已经支付。企业应作如下账务处理(该企业采用计划成本进行日常材料核算，比率为13%。原材料入库分录略)：

进项税额＝200×13%＝26(万元)

借：材料采购　　1 740 000

　　应交税费——应交增值税(进项税额)　　260 000

　贷：银行存款　　2 000 000

4)小规模纳税企业的会计处理

小规模纳税企业的特点：一是小规模纳税企业销售货物或者提供应税劳务，一般情况下，只能开具普通发票，不能开具增值税专用发票；二是小规模纳税企业销售货物或提供应税劳务，实行简易办法计算应纳税额，按照销售额的一定比例计算；三是小规模纳税企业的销售额不包括其应纳税额。采用销售额和应纳税额合并定价方法的，按照公式“销售额＝含税销售额÷(1＋征收率)”还原为不含税销售额计算。

从会计核算角度看，首先，小规模纳税企业购入货物无论是否具有增值税专用发票，其支付的增值税税额均不计入进项税额，不得由销项税额抵扣，应计入购入货物的成本。相应地，其他企业从小规模纳税企业购入货物或接受劳务支付的增值税税额，如果不能取得增值税专用发票，也不能作为进项税额抵扣，而应计入购入货物或应税劳务的成本；其次，小规模纳税企业的销售收入按不含税价格计算；另外，小规模纳税企业“应交税费——应交增值税”科目，应采用三栏式账户。

例9－9 某工业生产企业被核定为小规模纳税人，本期购入原材料，按照增值税专用发票上记载的原材料价款为100万元，支付的增值税税额为17万元，企业开出承兑的商业汇票，材料已到达并验收入库（材料按实际成本核算）。该企业本期销售产品的销售价格总额为90万元（含税），假定符合收入确认条件，货款尚未收到。根据上述经济业务，企业应作如下账务处理（假定小规模纳税人的增值税税率为3%）：

购进货物时：

借：原材料　　　　　　　　　　1 170 000

　贷：应付票据　　　　　　　　　　1 170 000

销售货物时：

不含税价格＝90÷（1＋3%）≈87.3786（万元）

应交增值税：87.3786×3%＝2.6214（万元）

借：应收账款　　　　　　　　　900 000

　贷：主营业务收入　　　　　　　　873 786

　　　应交税费——应交增值税　　　　26 214

5）视同销售的会计处理

按照《增值税暂行条例实施细则》的规定，对于企业将自产、委托加工或购买的货物分配给股东或投资者，将自产、委托加工的货物用于集体福利或个人消费等行为，视同销售货物，需计算交纳增值税。对于税法上某些视同销售的行为，如以自产产品对外投资，从会计角度看属于非货币性资产交换。因此，会计核算遵照非货币性资产交换准则进行会计处理。但是，无论会计上如何处理，只要税法规定需要交纳增值税的，应当计算交纳增值税销项税额，并计入“应交税费——应交增值税”科目中的“销项税额”专栏。

例9－10 甲公司为增值税一般纳税人，本期以自产产品对乙公司投资，双方协议按产品的售价作价。该批产品的成本为200万元，假设售价和计税价格均为220万元。该产品的增值税税率为17%。假如该笔交易符合非货币性资产交换准则规定的按公允价值计量的条件，乙公司收到投入的产品作为原材料使用。根据上述经济业务，甲、乙（假如乙公司原材料采用实际成本进行核算）公司应分别作如下账务处理：

甲公司：

对外投资转出计算的销项税额＝220×17%＝37.4（万元）

借：长期股权投资　　　　　　　2 574 000

　贷：主营业务收入　　　　　　　　2 200 000

　　　应交税费——应交增值税（销项税额）　374 000

借：主营业务成本　　　　　　　2 000 000

　贷：库存商品　　　　　　　　　　2 000 000

乙公司：

收到投资时，视同购进处理：

借：原材料　　2 200 000

　　应交税费——应交增值税(进项税额)　　374 000

　贷：实收资本　　2 574 000

6)不予抵扣项目的会计处理

按照《增值税暂行条例及其实施细则》的规定，企业购进用于集体福利或个人消费的货物、用于非应税项目的购进货物或者应税劳务等按规定不予抵扣增值税进项税额。属于购入货物时即能认定其进项税额不能抵扣的，如购入的货物直接用于免税项目、直接用于非应税项目，或者直接用于集体福利和个人消费的，进行会计处理时，其增值税专用发票上注明的增值税税额应计入购入货物及接受劳务的成本。属于购入货物时不能直接认定其进项税额能否抵扣的，增值税专用发票上注明的增值税额，按照增值税会计处理方法记入“应交税费——应交增值税(进项税额)”科目；如果这部分购入货物以后用于按规定不得抵扣进项税额项目的，应将原已计入进项税额并已支付的增值税转入有关的承担者予以承担，通过“应交税费——应交增值税(进项税额转出)”科目转入有关的“在建工程”“应付职工薪酬——职工福利”“待处理财产损溢”等科目。

例9－11　某企业为增值税一般纳税人，本期购入一批材料，增值税专用发票上注明的增值税额为20.4万元，材料价款为120万元。材料已入库，货款已经支付(假如该企业材料采用实际成本进行核算)。材料入库后，该企业将该批材料全部用于办公楼工程建设项目。

根据该项经济业务，企业可作如下账务处理：

(1)材料入库时：

借：原材料　　1 200 000

　　应交税费——应交增值税(进项税额)　　204 000

　贷：银行存款　　1 404 000

(2)工程领用材料时：

借：在建工程　　1 404 000

　贷：应交税费——应交增值税　　204 000

　　　原材料　　1 200 000

7)转出多交增值税和未交增值税的会计处理

为了分别反映增值税一般纳税人欠交增值税税款和待抵扣增值税的情况，确保企业及时足额上交增值税，避免出现企业用以前月份欠交的增值税抵扣以后月份未抵扣的增值税的情况，企业应在“应交税费”科目下设置“未交增值税”明细科目，核算企业月份终了从“应交税费——应交增值税”科目转入的当月未交或多交的增值税；同时，在“应交税费——应交增值税”科目下设置“转出未交增值税”和“转出多交增值税”专栏。月份终了，企业计算出当月应交未交的增值税，借记“应交税费——应交增值税(转出未交增值税)”科目，贷记“应交税费——未交增值税”科目；当月多交的增值税，借记“应交税费——未交增值税”科目，贷记“应交税费——应交增值税(转出多交增值税)”科目，经过结转后，月份终了，“应交税费——应交增值税”科目的余额，反映企业尚未抵扣的增值税。

值得注意的是，企业当月交纳当月的增值税，仍然通过“应交税费——应交增值税（已交税金）”科目核算；当月交纳以前各期未交的增值税，通过“应交税费——未交增值税”科目，不通过“应交税费——应交增值税（已交税金）”科目核算。

9.1.5.2 消费税

1. 消费税的征收方法

为了正确引导消费方向，国家在普遍征收增值税的基础上，选择部分消费品，再征收一道消费税。消费税的征收方法采取从价定率和从量定额两种方法。实行从价定率方法计征的应纳税额的税基为销售额，如果企业应税消费品的销售额中未扣除增值税税款，或者因不能开具增值税专用发票而发生价款和增值税税款合并收取的，在计算消费税时，按公式“应税消费品的销售额＝含增值税的销售额÷（1＋增值税税率或征收率）”换算为不含增值税税款的销售额。实行从量定额方法计征的应纳税额的销售数量是指应税消费品的数量；属于销售应税消费品的，为应税消费品的销售数量；属于自产自用应税消费品的，为应税消费品的移送使用数量；属于委托加工应税消费品的，为纳税人收回的应税消费品数量；进口的应税消费品，为海关核定的应税消费品进口征税数量。

2. 消费税的会计处理

1）科目设置

企业按规定应交的消费税，在“应交税费”科目下设置“应交消费税”明细科目核算。“应交消费税”明细科目的借方发生额，反映实际交纳的消费税和待扣的消费税；贷方发生额，反映按规定应交纳的消费税；期末贷方余额，反映尚未交纳的消费税；期末借方余额，反映多交或待扣的消费税。

2）应税产品销售的会计处理

企业销售产品时应交纳的消费税，应分别情况进行处理：

企业将生产的产品直接对外销售的，对外销售产品应交纳的消费税，通过“营业税金及附加”科目核算；企业按规定计算出应交的消费税，借记“营业税金及附加”科目，贷记“应交税费——应交消费税”科目。

例9－12 某企业为增值税一般纳税人（采用计划成本核算原材料），本期销售其生产的应纳消费税产品，应纳消费税产品的售价为24万元（不含应向购买者收取的增值税税额），产品成本为15万元。该产品的增值税税率为17%，消费税税率为10%。产品已经发出，符合收入确认条件；款项尚未收到。

根据这项经济业务，企业可作如下账务处理：

（1）应向购买者收取的增值税税额＝240 000×17%＝40 800（元）

（2）应交的消费税＝240 000×10%＝24 000（元）

借：应收账款　　　　　　　　280 800

　贷：主营业务收入　　　　　　　　240 000

　　　应交税费——应交增值税（销项税额）　40 800

借：营业税金及附加　　　　　24 000

　贷：应交税费——应交消费税　　　24 000

借：主营业务成本　　　　　　　　　　150 000

　贷：库存商品　　　　　　　　　　　　　150 000

企业将应税消费品用于在建工程、非生产机构等其他方面，按规定应交纳的消费税，应计入有关的成本。例如，企业以应税消费品用于在建工程项目，应交的消费税计入在建工程成本。

3）委托加工应税消费品的会计处理

按照税法规定，企业委托加工的应税消费品，由受托方在向委托方交货时代扣代缴税款（除受托加工或翻新改制金银首饰按规定由受托方交纳消费税外）。委托加工的应税消费品，委托方用于连续生产应税消费品的，所纳税款准予按规定抵扣。这里的委托加工应税消费品，是指由委托方提供原料和主要材料，受托方只收取加工费和代垫部分辅助材料加工的应税消费品，对于由受托方提供原材料生产的应税消费品，或者受托方先将原材料卖给委托方，然后再接受加工的应税消费品，以及由受托方以委托方名义购进原材料生产的应税消费品，都不作为委托加工应税消费品，而应当按照销售自制应税消费品交纳消费税。委托加工的应税消费品直接出售的，不再征收消费税。

在会计处理时，需要交纳消费税的委托加工应税消费品，于委托方提货时，由受托方代收代缴税款。受托方按应扣税款金额，借记"应收账款""银行存款"等科目，贷记"应交税费——应交消费税"科目。委托加工应税消费品收回后直接用于销售的，委托方应将代收代缴的消费税计入委托加工的应税消费品成本，借记"委托加工物资""生产成本"等科目，贷记"应付账款""银行存款"等科目，待委托加工应税消费品销售时，不需要再交纳消费税；委托加工的应税消费品收回后用于连续生产应税消费品，按规定准予抵扣的，委托方应按代收代缴的消费税款，借记"应交税费——应交消费税"科目，贷记"应付账款""银行存款"等科目，待用委托加工的应税消费品生产出应纳消费税的产品销售时，再交纳消费税。

例9－13　某企业委托外单位加工材料（非金银首饰），原材料价款为20万元，加工费用为5万元，由受托方代收代缴的消费税为0.5万元（不考虑增值税），材料已经加工完毕验收入库，加工费用尚未支付。假定该企业材料采用实际成本核算。

（1）该项经济业务，如果委托方收回加工后的材料用于继续生产应税消费品，则委托方的账务处理如下：

借：委托加工物资　　　　　　　　　　200 000

　贷：原材料　　　　　　　　　　　　　200 000

借：委托加工物资　　　　　　　　　　50 000

　　应交税费——应交消费税　　　　　　5 000

　贷：应付账款　　　　　　　　　　　　55 000

借：原材料　　　　　　　　　　　　　250 000

　贷：委托加工物资　　　　　　　　　　250 000

（2）该项经济业务，如果委托方收回加工后的材料直接用于销售，则委托方的账务处理如下：

借：委托加工物资　　　　　　　　　　200 000

贷：原材料　　　　　　　　　　　　　200 000
借：委托加工物资　　　　　　　　　　55 000
　贷：应付账款　　　　　　　　　　　55 000
借：原材料　　　　　　　　　　　　255 000
　贷：委托加工物资　　　　　　　　　255 000

4)进出口产品的会计处理

需要交纳消费税的进口消费品，其交纳的消费税应计入该进口消费品的成本，借记“固定资产”“材料采购”等科目，贷记“银行存款”等科目。

免征消费税的出口应税消费品区分不同情况进行账务处理：属于生产企业直接出口应税消费品或通过外贸企业出口应税消费品，按规定直接予以免税的，可以不计算应交消费税；属于委托外贸企业代理出口应税消费品的生产企业，应在计算消费税时，按应交消费税税额，借记“应收账款”科目，贷记“应交税费——应交消费税”科目。应税消费品出口收到外贸企业退回的税金时，借记“银行存款”科目，贷记“应收账款”科目。发生退关、退货而补交已退的消费税，作相反的会计分录。

9.1.5.3　其他应交税费

1. 资源税

资源税是国家对在我国境内开采矿产品或者生产盐的单位和个人征收的税种。资源税按照应税产品的课税数量和规定的单位税额计算，公式为：“应纳税额 = 课税数量 × 单位税额”。这里的课税数量为：开采或者生产应税产品销售的，以销售数量为课税数量；开采或者生产应税产品自用的，以自用数量为课税数量。

(1)科目设置。企业按规定应交的资源税，在“应交税费”科目下设置“应交资源税”明细科目核算。“应交资源税”明细科目的借方发生额，反映企业已交的或按规定允许抵扣的资源税；贷方发生额，反映应交的资源税；期末借方余额，反映多交或尚未抵扣的资源税；期末贷方余额，反映尚未交纳的资源税。

(2)销售产品或自产自用产品相关的资源税的会计处理。在会计核算时，企业按规定计算出销售应税产品应交纳的资源税，借记“营业税金及附加”科目，贷记“应交税费——应交资源税”科目；企业计算出自产自用的应税产品应交纳的资源税，借记“生产成本”“制造费用”等科目，贷记“应交税费——应交资源税”科目。

例 9－14　某企业将自产的煤炭 1 000 吨用于产品生产，每吨应交资源税 5 元。

根据该项经济业务，企业应作如下账务处理：

自产自用煤炭应交的资源税 = 1 000 × 5 = 5 000(元)

借：生产成本　　　　　　　　　　　　5 000
　贷：应交税费——应交资源税　　　　　5 000

(3)收购未税矿产品相关资源税的会计处理。按照资源税暂行条例的规定，收购未税矿产品的单位为资源税的扣缴义务人。企业应按收购未税矿产品实际支付的收购款以及代扣代缴的资源税，作为收购矿产品的成本，将代扣代缴的资源税，记入“应交税费——应交资源税”科目。

(4)外购液体盐加工固体盐相关资源税的会计处理。按规定，企业外购液体盐加工固体盐的，所购入液体盐交纳的资源税可以抵扣。在会计核算时，企业购入液体盐时，按所允许抵扣的资源税，借记“应交税费——应交资源税”科目；按外购价款扣除允许抵扣资源税后的数额，借记“材料采购”等科目；按应支付的全部价款，贷记“银行存款”“应付账款”等科目；企业加工成固体盐后，在销售时，按计算出的销售固体盐应交的资源税，借记“营业税金及附加”科目，贷记“应交税费——应交资源税”科目；将销售固体盐应纳资源税抵扣液体盐已纳资源税后的差额上交时，借记“应交税费——应交资源税”科目，贷记“银行存款”科目。

2. 土地增值税

国家从 1994 年起开征了土地增值税，转让国有土地使用权、地上建筑物及其附着物并取得收入的单位和个人，均应交纳土地增值税，土地增值税按照转让房地产所取得的增值额和规定的税率计算征收。这里的增值额是指转让房地产所取得的收入减去规定扣除项目金额后的余额。企业转让房地产所取得的收入，包括货币收入、实物收入和其他收入。计算土地增值额的主要扣除项目有：①取得土地使用权所支付的金额；②开发土地的成本、费用；③新建房屋及配套设施的成本、费用，或者旧房及建筑物的评估价格；④与转让房地产有关的税金。

在会计处理时，企业交纳的土地增值税通过“应交税费——应交土地增值税”科目核算。兼营房地产业务的企业，应由当期收入负担的土地增值税，借记“营业税金及附加”科目，贷记“应交税费——应交土地增值税”科目。转让的国有土地使用权与其地上建筑物及其附着物一并在“固定资产”或“在建工程”科目核算的，转让时应交纳的土地增值税，借记“固定资产清理”“在建工程”科目，贷记“应交税费——应交土地增值税”科目。企业在项目全部竣工结算前转让房地产取得的收入，按税法规定预交的土地增值税，借记“应交税费——应交土地增值税”科目，贷记“银行存款”等科目；待该项房地产销售收入实现时，再按上述销售业务的会计处理方法进行处理。该项目全部竣工、办理结算后进行清算，收到退回多交的土地增值税，借记“银行存款”等科目，贷记“应交税费——应交土地增值税”科目，补交的土地增值税作相反的会计分录。

3. 房产税、土地使用税、车船税和印花税

房产税是国家对在城市、县城、建制镇和工矿区征收的由产权所有人交纳的一种税。房产税依照房产原值一次扣除 10% ~ 30% 后的余额计算交纳。没有房产原值作为依据的，由房产所在地税务机关参考同类房产核定；房产出租的，以房产租金收入为房产税的计税依据。土地使用税是国家为了合理利用城镇土地，调节土地级差收入，提高土地使用效益，加强土地管理而开征的一种税，以纳税人实际占用的土地面积为计税依据，依照规定税额计算征收。车船税由拥有并且使用车船的单位和个人交纳。车船税按照适用税额计算交纳。企业按规定计算应交的房产税、土地使用税、车船税时，借记“管理费用”科目，贷记“应交税费——应交房产税（或土地使用税、车船税）”科目；税费上交时，借记“应交税费——应交房产税（或土地使用税、车船税）”科目，贷记“银行存款”科目。

印花税是对书立、领受购销合同等凭证行为征收的税款，实行由纳税人根据规定自行计算应纳税额，购买并一次贴足印花税票的交纳方法。应纳税凭证包括：购销、加工承揽、建设工程承包、财产租赁、货物运输、仓储保管、借款、财产保险、技术合同或者具有合同性质的凭证；产权转移书据；营业账簿；权利、许可证照等。纳税人根据应纳税凭证的性质，分别按比例税率或者按件定额计算应纳税额。

由于企业交纳的印花税，是由纳税人根据规定自行计算应纳税额以购买并一次贴足印花税票的方法交纳的税款，一般情况下，企业需要预先购买印花税票，待发生应税行为时，再根据凭证的性质和规定的比例税率或者按件计算应纳税额，将已购买的印花税票粘贴在应纳税凭证上，并在每枚税票的骑缝处盖戳注销或者划销，办理完税手续。企业交纳的印花税，不会发生应付未付税款的情况，不需要预计应纳税金额，同时也不存在与税务机关结算或清算的问题。因此，企业交纳的印花税不需要通过"应交税费"科目核算，于购买印花税票时，直接借记"管理费用"科目，贷记"银行存款"科目。

4. 城市维护建设税

为了加强城市的维护建设，扩大和稳定城市维护建设资金的来源，国家开征了城市维护建设税。在会计核算时，企业按规定计算出的城市维护建设税，借记"营业税金及附加"等科目，贷记"应交税费——应交城市维护建设税"科目；实际上交时，借记"应交税费——应交城市维护建设税"科目，贷记"银行存款"科目。

5. 所得税

企业的生产、经营所得和其他所得，依照有关所得税暂行条例及其细则的规定需要交纳所得税。企业应交纳的所得税，在"应交税费"科目下设置"应交所得税"明细科目核算；当期应计入损益的所得税，作为一项费用，在净收益前扣除。企业按照一定方法计算计入损益的所得税，借记"所得税费用"等科目，贷记"应交税费——应交所得税"科目。

6. 耕地占用税

耕地占用税是国家为了利用土地资源，加强土地管理，保护农用耕地而征收的一种税。耕地占用税以实际占用的耕地面积计税，按照规定税额一次征收。企业交纳的耕地占用税，不需要通过"应交税费"科目核算。企业按规定计算交纳耕地占用税时，借记"在建工程"科目，贷记"银行存款"科目。

9.1.6 应付利息

应付利息，是指企业按照合同约定应支付的利息，包括吸收存款、分期付息到期还本的长期借款、企业债券等应支付的利息。

资产负债表日，应按摊余成本和实际利率计算确定的利息费用，借记"利息支出""在建工程""财务费用""研发支出"等科目，按合同利率计算确定的应付未付利息，贷记"应付利息"科目，按借贷双方之间的差额，借记或贷记"长期借款——利息调整"等科目。

合同利率与实际利率差异较小的，也可以采用合同利率计算确定利息费用。实际支付利息时，借记"应付利息"科目，贷记"银行存款"等科目。

"应付利息"科目期末贷方余额，反映了企业应付未付的利息。

9.1.7 应付股利

应付股利，是指企业经股东大会或类似机构审议批准分配的现金股利或利润。企业股东大会或类似机构审议批准的利润分配方案、宣告分派的现金股利或利润，在实际支付前，形成企业的负债。企业董事会或类似机构通过的利润分配方案中拟分配的现金股利或利润，不应确认负债，但应在附注中披露。

企业经股东大会或类似机构审议批准的利润分配方案，按应支付的现金股利或利润时，借记“利润分配”科目，贷记“应付股利”科目；实际支付现金股利或利润时，借记“应付股利”科目，贷记“银行存款”等科目。

9.1.8 其他应付款

其他应付款，是指企业除应付票据、应付账款、预收账款、应付职工薪酬、应付利息、应付股利、应交税费、长期应付款等以外的其他各项应付、暂收的款项。

企业采用售后回购方式融入资金的，应按实际收到的金额，借记“银行存款”科目，贷记“其他应付款”“应交税费”等科目。回购价格与原销售价格之间的差额，应在售后回购期间内按期计提利息费用，借记“财务费用”科目，贷记“其他应付款”科目。按照合同约定购回该项商品时，应按实际支付的金额，借记“其他应付款”科目和“应交税费”科目，贷记“银行存款”科目。

企业发生的其他各种应付、暂收款项，借记“管理费用”等科目，贷记“其他应付款”科目；支付的其他各种应付、暂收款项，借记“其他应付款”科目，贷记“银行存款”等科目。

9.2 非流动负债

9.2.1 长期借款

长期借款，是指企业从银行或其他金融机构借入的期限在一年以上(不含一年)的借款。

企业借入各种长期借款时，按实际收到的款项，借记“银行存款”科目，贷记“长期借款——本金”科目；按借贷双方之间的差额，借记“长期借款——利息调整”科目。

在资产负债表日，企业按长期借款的摊余成本和实际利率计算确定的长期借款的利息费用，借记“在建工程”“财务费用”“制造费用”等科目；按借款本金和合同利率计算确定的应付未付利息，贷记“应付利息”科目；按其差额，贷记“长期借款——利息调整”科目。

企业归还长期借款，按归还的长期借款本金，借记“长期借款——本金”科目；按转销的利息调整金额，贷记“长期借款——利息调整”科目；按实际归还的款项，贷记“银行存款”科目；按借贷双方之间的差额，借记“在建工程”“财务费用”“制造费用”等科目。

例 9－15 某企业为建造一幢厂房，2013 年 1 月 1 日借入期限为两年的长期专门借款 1 000 000 元，款项已存入银行。借款利率按市场利率确定为 9%，每年付息一次，期满后一次还清本金。2013 年初，以银行存款支付工程价款共计 600 000 元，2014 年初又以银行存款支付工程费用 400 000 元。该厂房于 2014 年 8 月底完工，达到预定可使用状态。假定不考虑闲置专门借款资金存款的利息收入或者投资收益。

根据上述业务，企业应作如下账务处理：

(1)2013 年 1 月 1 日，取得借款时：

借：银行存款　　　　1 000 000
　贷：长期借款　　　　1 000 000

(2)2013 年初，支付工程款时：

借：在建工程　　　　600 000
　贷：银行存款　　　　600 000

(3)2013 年 12 月 31 日，计算 2013 年应计入工程成本的利息时：

借款利息 = 1 000 000 × 9% = 90 000(元)

借：在建工程　　　　90 000
　贷：应付利息　　　　90 000

(4)2013 年 12 月 31 日支付借款利息时：

借：应付利息　　　　90 000
　贷：银行存款　　　　90 000

(5)2014 年初支付工程款时：

借：在建工程　　　　400 000
　贷：银行存款　　　　400 000

(6)2014 年 8 月底，该厂房达到预定可使用状态，该期应计入工程成本的利息 = (1 000 000 × 9% ÷ 12) × 8 = 60 000(元)

借：在建工程　　　　60 000
　贷：应付利息　　　　60 000

同时：

借：固定资产　　　　1 150 000
　贷：在建工程　　　　1 150 000

(7)2014 年 12 月 31 日，计算 2014 年 9 月至 12 月应计入财务费用的利息 = (1 000 000 × 9% ÷ 12) × 4 = 30 000(元)

借：财务费用　　　　30 000
　贷：应付利息　　　　30 000

(8)2014 年 12 月 31 日支付利息时：

借：应付利息　　　　90 000
　贷：银行存款　　　　90 000

(9)2015 年 1 月 1 日到期还本时：

借：长期借款　　　　　　　　　　　　　1 000 000

　贷：银行存款　　　　　　　　　　　　　　1 000 000

9.2.2 应付债券

9.2.2.1 一般公司债券

1. 公司债券的发行

企业发行的超过一年期以上的债券，构成了企业的长期负债。公司债券的发行方式有三种，即面值发行、溢价发行和折价发行。假设其他条件不变，债券的票面利率高于同期银行存款利率时，可按超过债券票面价值的价格发行，称为溢价发行。溢价是企业以后各期多付利息而事先得到的补偿。如果债券的票面利率低于同期银行存款利率，可按低于债券面值的价格发行，称为折价发行。折价是企业以后各期少付利息而预先给投资者的补偿。溢价或折价是发行债券企业在债券存续期内对利息费用的一种调整。如果债券的票面利率与同期银行存款利率相同，可按票面价格发行，称为面值发行。

无论是按面值发行，还是溢价发行或折价发行，均按债券面值记入“应付债券”科目的“面值”明细科目，实际收到的款项与面值的差额，记入“利息调整”明细科目。企业发行债券时，按实际收到的款项，借记“银行存款”“库存现金”等科目；按债券票面价值，贷记“应付债券——面值”科目；按实际收到的款项与票面价值之间的差额，贷记或借记“应付债券——利息调整”科目。

2. 利息调整的摊销

利息调整应在债券存续期间内采用实际利率法进行摊销。实际利率法是指按照应付债券的实际利率计算其摊余成本及各期利息费用的方法；实际利率是指将应付债券在债券存续期间的未来现金流量折现为该债券当前账面价值所使用的利率。

在资产负债表日，对于分期付息、一次还本的债券，企业应按应付债券的摊余成本和实际利率计算确定的债券利息费用，借记“在建工程”“制造费用”“财务费用”等科目；按票面利率计算确定的应付未付利息，贷记“应付利息”科目；按其差额，借记或贷记“应付债券——利息调整”科目。

例 9－16　2012 年 12 月 31 日，甲公司经批准发行 5 年期一次还本、分期付息的公司债券 10 000 000 元，债券利息在每年 12 月 31 日支付，票面利率为年利率 6%。假定债券发行时的市场利率为 5%。

甲公司该批债券实际发行价格为：

$$10\,000\,000 \times 0.7835 + 10\,000\,000 \times 6\% \times 4.3295 = 10\,432\,700（元）$$

注：0.7835 是利率为 5%，期限为 5 年的复利现值系数；4.3295 是利率为 5%，期限为 5 年的年金现值系数。

甲公司根据上述资料，采用实际利率法和摊余成本法计算确定的利息费用，如表 9－4所示。

表 9－4　利息费用一览表　　　　金额单位：元

付息日期	支付利息	利息费用	摊销的利息调整	应付债券摊余成本
2012 年 12 月 31 日				10 432 700
2013 年 12 月 31 日	600 000	521 635	78 365	10 354 335
2014 年 12 月 31 日	600 000	517 716.75	82 283.25	10 272 051.75
2015 年 12 月 31 日	600 000	513 602.59	86 397.41	10 185 654.34
2016 年 12 月 31 日	600 000	509 282.72	90 717.28	10 094 937.06
2017 年 12 月 31 日	600 000	505 062.94 *	94 937.06 *	10 000 000

注：＊尾数调整。

根据表 9－4 的资料，甲公司的账务处理如下：

(1)2012 年 12 月 31 日发行债券时：

借：银行存款　　　　　　　　　　10 432 700

　贷：应付债券——面值　　　　　　　　10 000 000

　　　　　　——利息调整　　　　　　　　432 700

(2)2013 年 12 月 31 日计算利息费用时：

借：财务费用等　　　　　　　　　　521 635

　　应付债券——利息调整　　　　　　78 365

　贷：应付利息　　　　　　　　　　　　600 000

2014 年、2015 年、2016 年确认利息费用的会计处理同 2013 年。

(3)2017 年 12 月 31 日归还债券本金及最后一期利息费用时：

借：财务费用等　　　　　　　　505 062.94

　　应付债券——面值　　　　10 000 000

　　　　　　——利息调整　　　　94 937.06

　贷：银行存款　　　　　　　　　　10 600 000

对于一次还本付息的债券，应于资产负债表日按摊余成本和实际利率计算确定的债券利息费用，借记“在建工程”“制造费用”“财务费用”等科目；按票面利率计算确定的应付未付利息，贷记“应付债券——应计利息”科目；按其差额，借记或贷记“应付债券——利息调整”科目。

3. 债券的偿还

企业发行的债券通常分为到期一次还本付息和一次还本、分期付息两种。采用一次还本付息方式的，企业应于债券到期支付债券本息时，借记“应付债券——面值”“应付债券——应计利息”科目，贷记“银行存款”科目。采用一次还本、分期付息方式的，在每期支付利息时，借记“应付利息”科目，贷记“银行存款”科目；债券到期偿还本金并支付最后一期利息时，借记“应付债券——面值”“在建工程”“财务费用”“制造费用”等科目，贷记“银行存款”科目，按借贷双方之间的差额，借记或贷记“应付债券——利息调整”科目。

9.2.2.2 可转换公司债券

我国发行可转换公司债券采取记名式无纸化发行方式。企业发行的可转换公司债券在“应付债券”科目下设置“可转换公司债券”明细科目核算。

企业发行的可转换公司债券，应当在初始确认时将其包含的负债成分和权益成分进行分拆，将负债成分确认为应付债券，将权益成分确认为资本公积。在进行分拆时，应当先对负债成分的未来现金流量进行折现，确定负债成分的初始确认金额，再按发行价格总额扣除负债成分初始确认金额后的金额，确定权益成分的初始确认金额。发行可转换公司债券发生的交易费用，应当在负债成分和权益成分之间按照各自的相对公允价值进行分摊。企业应按实际收到的款项，借记“银行存款”等科目；按可转换公司债券包含的负债成分面值，贷记“应付债券——可转换公司债券(面值)”科目；按权益成分的公允价值，贷记“资本公积——其他资本公积”科目；按借贷双方之间的差额，借记或贷记“应付债券——可转换公司债券(利息调整)”科目。

例9－17 甲公司经批准于2011年1月1日按面值发行5年期一次还本、按年付息的可转换公司债券200 000 000元，款项已收存银行，债券票面年利率为6%。债券发行1年后可转换为普通股股票，初始转股价为每股10元，股票面值为每股1元。债券持有人若在当期付息前转换股票的，应按债券面值和应计利息之和除以转股价，计算转换的股份数。假定2012年1月1日债券持有人将持有的可转换公司债券全部转换为普通股股票，甲公司发行可转换公司债券时二级市场上与之类似的没有附带转换权的债券市场利率为9%。

甲公司的账务处理如下：

(1)2011年1月1日发行可转换公司债券时：

借：银行存款　　200 000 000

　　应付债券——可转换公司债券(利息调整)　　23 343 600

　贷：应付债券——可转换公司债券(面值)　　200 000 000

　　　资本公积——其他资本公积　　23 343 600

可转换公司债券负债成分的公允价值为：

200 000 000 ×0.6499＋200 000 000×6%×3.8897＝176 656 400(元)

注：0.6499为利率为6%，期限为5年的复利现值系数；3.8897为利率为6%，期限为5年的年金现值系数。

可转换公司债券权益成分的公允价值为：

200 000 000－176 656 400＝23 343 600(元)

(2)2011年12月31日确认利息费用时：

财务费用等＝(200 000 000－23 343 600)×9%＝15 899 076(元)；可转换公司债券利息＝200 000 000×6%＝12 000 000(元)；利息调整＝15 899 076－12 000 000＝3 899 076(元)

借：财务费用等　　15 899 076

　贷：应付利息——可转换公司债券利息　　12 000 000

应付债券——可转换公司债券(利息调整)　　　　3 899 076

(3)2012 年 1 月 1 日债券持有人行使转换权时(假定利息尚未支付):

转换的股份数为:(200 000 000 - 12 000 000) ÷ 10 = 21 200 000(股)

借:应付债券——可转换公司债券(面值) 200 000 000
　　应付利息——可转换公司债券利息　　12 000 000
　　资本公积——其他资本公积　　　　　23 343 600
　贷:股本　　　　　　　　　　　　　　　　21 200 000
　　　应付债券——可转换公司债券(利息调整)　19 444 524
　　　资本公积——股本溢价　　　　　　　194 699 076

企业发行附有赎回选择权的可转换公司债券后,其在赎回日可能支付的利息补偿金,即债券约定赎回期届满日应当支付的利息减去应付债券票面利息的差额,应当在债券发行日至债券约定赎回届满日期间计提应付利息,分别计入相关资产成本或财务费用。

9.2.3　长期应付款

长期应付款,是指企业除长期借款和应付债券以外的其他各种长期应付款项,包括应付融资租入固定资产的租赁费、以分期付款方式购入固定资产发生的应付款项等。

9.2.3.1　应付融资租入固定资产的租赁费

企业采用融资租赁方式租入的固定资产,应在租赁期开始日,将租赁开始日租赁资产公允价值与最低租赁付款额现值两者中较低者,加上初始直接费用,作为租入资产的入账价值,借记“固定资产”等科目;按最低租赁付款额,贷记“长期应付款”科目;按发生的初始直接费用,贷记“银行存款”等科目;按其差额,借记“未确认融资费用”科目。

企业在计算最低租赁付款额的现值时,能够取得出租人租赁内含利率的,应当采用租赁内含利率作为折现率;否则,应当采用租赁合同规定的利率作为折现率。企业无法取得出租人的租赁内含利率且租赁合同没有规定利率的,应当采用同期银行贷款利率作为折现率。租赁内含利率,是指在租赁开始日,使最低租赁收款额的现值与未担保余值的现值之和等于租赁资产公允价值与出租人的初始直接费用之和的折现率。

未确认融资费用应当在租赁期内各个期间进行分摊。企业应当采用实际利率法计算确认当期的融资费用。

9.2.3.2　具有融资性质的延期付款购买资产

企业购买资产有可能延期支付有关价款。如果延期支付的购买价款超过正常信用条件,实质上具有融资性质的,所购资产的成本应当以延期支付购买价款的现值为基础确定。实际支付的价款与购买价款的现值之间的差额,应当在信用期间内采用实际利率法进行摊销,计入相关资产成本或当期损益。具体来说,企业购入资产超过正常信用条件延期付款实质上具有融资性质时,应按购买价款的现值,借记“固定资产”“在建工程”等科目;按应支付的价款总额,贷记“长期应付款”科目;按其差额,借记“未确认融资费用”科目。

10 所有者权益业务外包

所有者权益的业务主要包括实收资本的确认、资本公积的确认及盈余公积的确认等业务。

所有者权益是指企业资产扣除负债后由所有者享有的剩余权益。公司的所有者权益又称为股东权益。所有者权益的来源包括所有者投入的资产、直接计入所有者权益的利得和损失、留存收益等。通常由实收资本(或股本)、资本公积(含资本溢价或股本溢价、其他资本公积)、盈余公积和未分配利润构成。商业银行等金融企业按照规定在税后利润中提取的一般风险准备，也构成所有者权益。

所有者投入的资本是指所有者投入企业的资本部分，它既包括构成企业注册资本或者股本部分的金额，也包括投入资本超过注册资本或者股本部分的金额，即资本溢价或者股本溢价。资本溢价或股本溢价这部分投入资本在我国企业会计准则体系中被计入资本公积，并在资产负债表中的资本公积项目下反映。

直接计入所有者权益的利得和损失，是指不应计入当期损益、会导致所有者权益发生增减变动的、与所有者投入资本或者向所有者分配利润无关的利得或者损失。利得包括直接计入所有者权益的利得和直接计入当期利润的利得。直接计入所有者权益的利得是指由企业非日常活动所形成的、会导致所有者权益增加的、与所有者投入资本无关的经济利益的流入。损失包括直接计入所有者权益的损失和直接计入当期利润的损失。直接计入所有者权益的损失是指由企业非日常活动所发生的、会导致所有者权益减少的、与向所有者分配利润无关的经济利益的流出。直接计入所有者权益的利得和损失主要包括可供出售金融资产的公允价值变动额、现金流量套期中套期工具公允价值变动额(有效套期部分)等。

留存收益是企业历年实现的净利润留存于企业的部分，主要包括累计计提的盈余公积和未分配利润。

所有者权益根据其核算的内容和要求，可分为实收资本(股本)、资本公积、盈余公积和未分配利润等部分。

10.1 实收资本

按照我国有关法律规定，投资者设立企业首先必须投入资本。实收资本是投资者投入资本形成法定资本的价值。所有者向企业投入的资本，在一般情况下无需偿还，可以长期周转使用。实收资本的构成比例，即投资者的出资比例或股东的股份比例，通常是确定所有者在企业所有者权益中所占的份额和参与企业财务经营决策的基础，也是企业进行利润分配或股利分配的依据，同时还是企业清算时确定所有者对净资产的要求权的依据。

10.1.1 实收资本确认和计量的基本要求

企业应当设置“实收资本”科目，核算企业接受投资者投入的实收资本，股份有限公司应将该科目改为“股本”。投资者可以用现金投资，也可以用现金以外的其他有形资产投资，符合国家规定比例的，还可以用无形资产投资。企业收到投资者的投资时，一般应作如下会计处理：收到投资人投入的现金，应在实际收到或者存入企业开户银行时，按实际收到的金额，借记“银行存款”科目；以实物资产投资的，应在办理实物产权转移手续时，借记“有关资产”科目；以无形资产投资的，应按照合同、协议或公司章程规定移交有关凭证时，借记“无形资产”科目；按投入资本在注册资本或股本中所占份额，贷记“实收资本”或“股本”科目；按其差额，贷记“资本公积——资本溢价”或“资本公积——股本溢价”等科目。

按照《中华人民共和国公司法》的规定，有限责任公司的股东可以用货币出资，也可以用实物、知识产权、土地使用权等可以用货币估价并可以依法转让的非货币财产作价出资；但是，法律、行政法规规定不得作为出资的财产除外。对作为出资的非货币财产应当评估作价，核实财产，不得高估或者低估作价。法律、行政法规对评估作价有规定的，从其规定。全体股东的货币出资金额不得低于有限责任公司注册资本的30%。

初建有限责任公司时，各投资者按照合同、协议或公司章程投入企业的资本，应全部记入“实收资本”科目，注册资本为在公司登记机关登记的全体股东认缴的出资额。在企业增资时，如有新投资者介入，新介入的投资者缴纳的出资额大于其按约定比例计算的其在注册资本中所占的份额部分，不记入“实收资本”科目，而作为资本公积，记入“资本公积”科目。

例10－1 甲、乙、丙共同出资设立有限责任公司A，公司注册资本为10 000 000元，甲、乙、丙持股比例分别为50%、30%和20%。2013年1月5日，A公司如期收到各投资者一次性缴足的款项。

根据上述资料，A公司应作以下账务处理：

借：银行存款	10 000 000	
贷：实收资本——甲		5 000 000
——乙		3 000 000
——丙		2 000 000

股份有限公司是指全部资本由等额股份构成并通过发行股票筹集资本、股东以其认购的股份为限对公司承担责任、公司以其全部财产对公司债务承担责任的企业法人。股份有限公司设立有两种方式，即发起式和募集式。发起式设立的特点是公司的股份全部由发起人认购，不向发起人之外的任何人募集股份；募集式设立的特点是公司股份除发起人认购外，还可以采用向其他法人或自然人发行股票的方式进行募集。公司设立方式不同，筹集资本的风险也不同。发起式设立公司，其所需资本由发起人一次认足，一般

不会发生设立公司失败的情况，因此其筹资风险小。社会募集股份，其筹资对象广泛，在资本市场不景气或股票的发行价格不恰当的情况下，有发行失败(即股票未被全部认购)的可能，因此其筹资风险大。按照有关规定，发行失败损失由发起人负担，包括承担筹建费用、公司筹建过程中的债务和对认股人已缴纳的股款支付银行同期存款利息等责任。

股份有限公司与其他企业相比较，最显著的特点就是将企业的全部资本划分为等额股份，并通过发行股票的方式来筹集资本。股东以其所认购股份对公司承担有限责任。股份是很重要的指标，股票的面值与股份总数的乘积为股本，股本应等于企业的注册资本，所以，股本也是很重要的指标。为了直观地反映这一指标，在会计处理上，股份有限公司应设置“股本”科目。

设置“股本”科目核算股东投入股份有限公司的股本时，企业应将核定的股本总额、股份总数、每股面值记在股本账户中作备查记录。为提供企业股份的构成情况，企业可在“股本”科目下按股东单位或姓名设置明细科目。企业的股本应在核定的股本总额范围内，发行股票取得。但值得注意的是，企业发行股票取得的收入与股本总额往往不一致，公司发行股票取得的收入大于股本总额的，称为溢价发行；小于股本总额的，称为折价发行；等于股本总额的，称为面值发行。我国不允许企业折价发行股票。在采用溢价发行股票的情况下，企业应将相当于股票面值的部分记入“股本”科目，其余部分在扣除发行手续费、佣金等发行费用后记入“资本公积——股本溢价”科目。

例 10－2 B 股份有限公司发行普通股 20 000 000 股，每股面值为 1 元，发行价格为 6 元。股款 120 000 000 元已经全部收到，发行过程中发生相关税费 60 000 元。

根据上述资料，B 股份有限公司应作以下账务处理：

计入股本的金额＝20 000 000×1＝20 000 000(元)

计入资本公积的金额＝(6－1)×20 000 000－60 000＝99 940 000(元)

借：银行存款　　　　119 940 000

　贷：股本　　　　　　　　20 000 000

　　　资本公积——股本溢价　　99 940 000

10.1.2 实收资本增减变动的会计处理

《中华人民共和国公司登记管理条例》规定，公司增加注册资本的，有限责任公司股东认缴新增资本的出资和股份有限公司的股东认购新股，应当分别依照《公司法》设立有限责任公司缴纳出资和设立股份有限公司缴纳股款的有关规定执行。公司法定公积金转增为注册资本的，验资证明应当载明留存的该项公积金不少于转增前公司注册资本的 25%。公司减少注册资本的，应当自公告之日起 45 日后申请变更登记，并应当提交公司在报纸上登载公司减少注册资本公告的有关证明和公司债务清偿或者债务担保情况的说明。公司减资后的注册资本不得低于法定的最低限额。公司变更实收资本的，应当提交依法设立的验资机构出具的验资证明，并应当按照公司章程载明的出资时间、出资方式缴纳出资。公司应当自足额缴纳出资或者股款之日起 30 日内申请变更登记。

10.1.2.1　实收资本增加的会计处理

1. 企业增加资本的一般途径

企业增加资本的途径一般有三种：一是将资本公积转为实收资本或者股本。会计上应借记“资本公积——资本溢价”或“资本公积——股本溢价”科目，贷记“实收资本”或“股本”科目。二是将盈余公积转为实收资本。会计上应借记“盈余公积”科目，贷记“实收资本”或“股本”科目。这里要注意的是，资本公积和盈余公积均属所有者权益，转为实收资本或者股本时，企业如为独资企业的，核算比较简单，直接结转即可；如为股份有限公司或有限责任公司的，应按原投资者所持股份同比例增加各股东的股权。三是所有者(包括原企业所有者和新投资者)投入。企业接受投资者投入的资本，借记“银行存款”“固定资产”“无形资产”“长期股权投资”等科目，贷记“实收资本”或“股本”等科目。

例 10－3　A 有限责任公司由甲、乙两人共同投资设立，原注册资本为20 000 000元，甲、乙出资分别为 15 000 000 元和 5 000 000 元，为了扩大经营规模，经批准，A 公司按照原出资比例将资本公积 5 000 000 元转增为资本。

根据上述资料，A 有限责任公司应作以下账务处理：

借：资本公积　　5 000 000
　贷：实收资本——甲　　3 750 000
　　　　　　　——乙　　1 250 000

2. 股份有限公司发放股票股利

股份有限公司采用发放股票股利实现增资的，在发放股票股利时，按照股东原来持有的股数分配，如股东所持股份按比例分配的股利不足一股时，应采用恰当的方法处理。例如，股东会决议按股票面额的 10% 发放股票股利时(假定新股发行价格及面额与原股相同)，对于所持股票不足 10 股的股东，将会发生不能领取 1 股的情况。在这种情况下，有两种方法可供选择，一是将不足一股的股票股利改为现金股利，用现金支付；二是由股东相互转让，凑为整股。股东大会批准的利润分配方案中分配的股票股利，应在办理增资手续后，借记“利润分配”科目，贷记“股本”科目。

3. 可转换公司债券持有人行使转换权利

可转换公司债券持有人行使转换权利，将其持有的债券转换为股票，按可转换公司债券的余额，借记“应付债券——可转换公司债券(面值、利息调整)”科目；按其权益成分的金额，借记“资本公积——其他资本公积”科目；按股票面值和转换的股数计算的股票面值总额，贷记“股本”科目；按其差额，贷记“资本公积——股本溢价”科目。

4. 企业将重组债务转为资本

企业将重组债务转为资本的，应按重组债务的账面余额，借记“应付账款”等科目；按债权人因放弃债权而享有本企业股份的面值总额，贷记“实收资本”或“股本”科目；按股份的公允价值总额与相应的实收资本或股本之间的差额，贷记或借记“资本公积——资本溢价”或“资本公积——股本溢价”科目；按其差额，贷记“营业外收入——债务重组利得”科目。

5. 以权益结算的股份支付的行权

以权益结算的股份支付换取职工或其他方提供的服务的，应在行权日按根据实际行权情况确定的金额，借记“资本公积——其他资本公积”科目；按应计入实收资本或股本的金额，贷记“实收资本”或“股本”科目。

10.1.2.2 实收资本减少的会计处理

企业实收资本减少的原因大体有两种，一是资本过剩；二是企业发生重大亏损而需要减少实收资本。企业因资本过剩而减资，一般要发还股款。有限责任公司和一般企业发还投资的会计处理比较简单，按法定程序报经批准减少注册资本的，借记“实收资本”科目，贷记“库存现金”“银行存款”等科目。

股份有限公司由于采用的是发行股票的方式筹集股本，发还股款时，则要回购发行的股票，发行股票的价格与股票面值可能不同，回购股票的价格也可能与发行价格不同，会计处理较为复杂。股份有限公司因减少注册资本而回购本公司股份的，应按实际支付的金额，借记“库存股”科目，贷记“银行存款”等科目。注销库存股时，应按股票面值和注销股数计算的股票面值总额，借记“股本”科目；按注销库存股的账面余额，贷记“库存股”科目；按其差额，冲减股票发行时原记入资本公积的溢价部分，借记“资本公积——股本溢价”科目。回购价格超过上述冲减“股本”及“资本公积——股本溢价”科目的部分，应依次借记“盈余公积”“利润分配——未分配利润”等科目；如回购价格低于回购股份所对应的股本，所注销库存股的账面余额与所冲减股本的差额作为增加股本溢价处理，按回购股份所对应的股本面值，借记“股本”科目；按注销库存股的账面余额，贷记“库存股”科目；按其差额，贷记“资本公积——股本溢价”科目。

例 10－4 B 股份有限公司截至 2014 年 12 月 31 日共发行股票 30 000 000 股，股票面值为 1 元，资本公积(股本溢价)为 6 000 000 元，盈余公积为 4 000 000 元。经股东大会批准，B 公司以现金回购本公司股票 3 000 000 股并注销。假定 B 公司按照每股 4 元回购股票，不考虑其他因素，B 公司的账务处理如下：

库存股的成本＝3 000 000×4＝12 000 000(元)

借：库存股　　12 000 000
　贷：银行存款　　12 000 000

借：股本　　3 000 000
　　资本公积——股本溢价　　6 000 000
　　盈余公积　　3 000 000
　贷：库存股　　12 000 000

例 10－5 沿用例 10－4，假定 B 公司以每股 0.9 元回购股票，其他条件不变。B 公司的账务处理如下：

库存股的成本＝3 000000×0.9＝2 700 000(元)

借：库存股　　2 700 000
　贷：银行存款　　2 700 000

借：股本　　3 000 000
　贷：库存股　　2 700 000
　　　资本公积——股本溢价　　300 000

由于 B 公司以低于面值的价格回购股票，股本与库存股成本的差额 300 000 元应作增加资本公积处理。

10.2 资本公积

10.2.1 资本公积概述

资本公积是企业收到投资者的超出其在企业注册资本(或股本)中所占份额的投资，以及直接计入所有者权益的利得和损失等。资本公积包括资本溢价(或股本溢价)和直接计入所有者权益的利得和损失等。

资本溢价(或股本溢价)是企业收到投资者的超出其在企业注册资本(或股本)中所占份额的投资。形成资本溢价(或股本溢价)的原因有溢价发行股票、投资者超额缴入资本等。

直接计入所有者权益的利得和损失是指不应计入当期损益、会导致所有者权益发生增减变动的、与所有者投入资本或者向所有者分配利润无关的利得或者损失。

资本公积一般应当设置“资本(或股本)溢价”“其他资本公积”明细科目核算。

10.2.2 资本公积的确认和计量

10.2.2.1 资本溢价或股本溢价的会计处理

1. 资本溢价

投资者经营的企业(不含股份有限公司)，投资者依其出资份额对企业经营决策享有表决权，依其所认缴的出资额对企业承担有限责任。明确记录投资者认缴的出资额，真实地反映各投资者对企业享有的权利与承担的义务，是会计处理应注意的问题。为此，会计上应设置“实收资本”科目，核算企业投资者按照公司章程所规定的出资比例实际缴付的出资额。在企业创立时，出资者认缴的出资额全部记入“实收资本”科目。超过实收资本部分应计入资本公积——资本溢价中。

在企业重组并有新的投资者加入时，为了维护原有投资者的权益，新加入的投资者的出资额，并不一定全部作为实收资本处理。这是因为，在企业正常经营过程中投入的资金虽然与企业创立时投入的资金在数量上一致，但其获利能力却不一致。企业创立时，要经过筹建、试生产经营、为产品寻找市场、开辟市场等过程，从投入资金到取得投资回报，中间需要许多时间，并且这种投资具有风险性，在这个过程中资本利润率很低。而企业进行正常生产经营后，在正常情况下，资本利润率要高于企业初创阶段。而这高于初创阶段的资本利润率是初创时必要的垫支资本带来的，企业创办者为此付出了代价。因此，相同数量的投资，由于出资时间不同，其对企业的影响程度不同，由此而带给投资者的权利也不同，往往早期出资带给投资者的权利要大于后期出资带给投资者的权利。所以，新加入的投资者要付出大于原有投资者的出资额，才能取得与投资者相同的投资比例。另外，不仅原投资者原有投资从质量上发生了变化，就是从数量上也可能发生了变化，这是因为企业在经营过程中实现的利润的一部分留在企业，形成留存收益，而留存收益也属于投资者权益，但其未转入实收资本。新加入的投资者如与原投资者共享这部分留存收益，也要求其付出大于原有投资者的出资额，才能取得与原有投资者相同的投资比例，这就形成了资本溢价。投资者投入的资本中按其投资比例计算的出资额部分，应记入“实收资本”科目，大于部分应记入“资本公积”科目。

例如，某有限责任公司由甲、乙、丙三位股东各自出资100万元设立。设立时的实收资本为300万元。经过三年的经营，该企业留存收益为150万元。这时又有丁投资者有意参加该企业，并表示愿意出资180万元，而仅占该企业股份的25%。在会计处理时，将丁股东投入资金中的100万元记入“实收资本”科目，其余80万元记入“资本公积”科目。

2. 股本溢价

股份有限公司是以发行股票的方式筹集股本的，股票是企业签发的证明股东按其所持股份享有权利和承担义务的书面证明。由于股东按其所持企业股份享有权利和承担义务，为了反映和便于计算各股东所持股份占企业全部股本的比例，企业的股本总额应按股票的面值与股份总数的乘积计算。国家规定，实收股本总额应与注册资本相等。因此，为提供企业股本总额及其构成和注册资本等信息，在采用与股票面值相同的价格发行股票的情况下，企业发行股票取得的收入，应全部记入“股本”科目；在采用溢价发行股票的情况下，企业发行股票取得的收入，相当于股票面值的部分记入“股本”科目，超出股票面值的溢价收入记入“资本公积”科目。委托证券商代理发行股票而支付的手续费、佣金等，应从溢价发行收入中扣除，企业应按扣除手续费、佣金后的数额记入“资本公积”科目。

例10-6 A公司委托B证券公司代理发行普通股2 000 000股，每股面值1元，按每股1.2元的价格发行。公司与受托单位约定，按发行收入的3%收取手续费，从发行收入中扣除。假如收到的股款已存入银行。

根据上述资料，A公司应作以下账务处理：

公司收到受托发行单位交来的现金 = 2 000 000 × 1.2 × (1 - 3%) = 2 328 000(元)

应记入“资本公积”科目的余额 = 溢价收入 - 发行手续费 = 2 000 000 × (1.2 - 1) - 2 000 000 × 1.2 × 3% = 328 000(元)

借：银行存款　　　　　　　　2 328 000

　贷：股本　　　　　　　　　　　2 000 000

　　资本公积——股本溢价　　　　　328 000

10.2.2.2 其他资本公积的会计处理

其他资本公积，是指除资本溢价(或股本溢价)项目以外所形成的资本公积，其中主要包括直接计入所有者权益的利得和损失。

直接计入所有者权益的利得和损失主要由以下交易或事项引起。

1. 采用权益法核算的长期股权投资

长期股权投资采用权益法核算的，在持股比例不变的情况下，被投资单位除净损益以外所有者权益的其他变动，企业按持股比例计算应享有的份额，如果是利得，应当增加长期股权投资的账面价值，同时增加资本公积(其他资本公积)；如果是损失，应当作相反的会计分录。当处置采用权益法核算的长期股权投资时，应当将原记入“资本公积”科目的相关金额转入“投资收益”科目。

2. 以权益结算的股份支付

以权益结算的股份支付换取职工或其他方提供的服务的，应按照确定的金额，记入“管理费用”等科目，同时增加资本公积(其他资本公积)。在行权日，应按实际行权的权益工具数量计算确定的金额，借记“资本公积——其他资本公积”科目；按计入实收资本或股本的金额，贷记“实收资本”或“股本”科目，并将其差额记入“资本公积——资本溢价”或“资本公积——股本溢价”科目。

3. 存货或自用房地产转换为投资性房地产

企业将作为存货的房地产转换为采用公允价值计量的投资性房地产时，应当按该项房地产在转换日的公允价值，借记“投资性房地产——成本”科目；原已计提跌价准备的，借记“存货跌价准备”科目；按其账面余额，贷记“开发产品”等科目；同时，转换日的公允价值小于账面价值的，按其差额，借记“公允价值变动损益”科目；转换日的公允价值大于账面价值的，按其差额，贷记“资本公积——其他资本公积”科目。

企业将自用的建筑物等转换为采用公允价值计量的投资性房地产时，应当按该项房地产在转换日的公允价值，借记“投资性房地产——成本”科目；原已计提减值准备的，借记“固定资产减值准备”科目；按已计提的累计折旧等，借记“累计折旧”等科目；按其账面余额，贷记“固定资产”等科目；同时，转换日的公允价值小于账面价值的，按其差额，借记“公允价值变动损益”科目；转换日的公允价值大于账面价值的，按其差额，贷记“资本公积——其他资本公积”科目。

待该项投资性房地产处置时，因转换计入资本公积的部分应转入当期的其他业务收入，借记“资本公积——其他资本公积”科目，贷记“其他业务收入”科目。

4. 可供出售金融资产公允价值的变动

可供出售金融资产公允价值变动形成的利得，除减值损失和外币货币性金融资产形成的汇兑差额外，借记“可供出售金融资产——公允价值变动”科目，贷记“资本公积——其他资本公积”科目；公允价值变动形成的损失，作相反的会计分录。

5. 可供出售外币非货币性项目的汇兑差额

对于以公允价值计量的可供出售非货币性项目，如果期末的公允价值以外币反映，则应当先将该外币按照公允价值确定当日的即期汇率折算为记账本位币金额，再与原记账本位币金额进行比较，其差额计入资本公积。具体地说，对于发生的汇兑损失，借记“资本公积——其他资本公积”科目，贷记“可供出售金融资产”科目；对于发生的汇兑收益，借记“可供出售金融资产”科目，贷记“资本公积——其他资本公积”科目。

6. 金融资产的重分类

将可供出售金融资产重分类为采用成本或摊余成本计量的金融资产，在重分类日，该金融资产的公允价值或账面价值作为成本或摊余成本；该金融资产没有固定到期日的，与该金融资产相关、原直接计入所有者权益的利得或损失，应当仍然记入“资本公积——其他资本公积”科目，在该金融资产被处置时转出，计入当期损益。

将持有至到期投资重分类为可供出售金融资产，并以公允价值进行后续计量的，在重分类日，该投资的账面价值与其公允价值之间的差额记入“资本公积——其他资本公积”科目，在该可供出售金融资产发生减值或终止确认时转出，计入当期损益。

按照金融工具确认和计量的规定应当以公允价值计量，但以前公允价值不能可靠计量的可供出售金融资产，企业应当在其公允价值能够可靠计量时改按公允价值计量，将相关账面价值与公允价值之间的差额记入“资本公积——其他资本公积”科目，在其发生减值或终止确认时将上述差额转出，计入当期损益。

10.2.2.3 资本公积转增资本的会计处理

按照公司法的规定，法定公积金(资本公积和盈余公积)转为资本时，所留存的该项公积金不得少于转增前公司注册资本的25%。经股东大会或类似机构决议，用资本公积转增资本时，应冲减资本公积，同时按照转增前的实收资本(或股本)的结构或比例，将转增的金额记入“实收资本”(或“股本”)科目下各所有者的明细分类账。

10.3 留存收益

10.3.1 盈余公积

盈余公积是指企业按照规定从净利润中提取的各种积累资金。公司制企业的盈余公积分为法定盈余公积和任意盈余公积。两者的区别就在于其各自计提的依据不同，前者以国家的法律或行政规章为依据提取；后者则由企业自行决定提取。

10.3.1.1 盈余公积的有关规定

根据公司法等有关法规的规定，企业当年实现的净利润，一般应当按照如下顺序进行分配。

1. 提取法定公积金

公司制企业的法定公积金按照税后利润的10%的比例提取(非公司制企业也可按照超过10%的比例提取)，在计算提取法定盈余公积的基数时，不应包括企业年初未分配利润。公司法定公积金累计额为公司注册资本的50%以上时，可以不再提取法定公积金。

公司的法定公积金不足以弥补以前年度亏损的，在提取法定公积金之前，应当先用当年利润弥补亏损。

2. 提取任意公积金

公司从税后利润中提取法定公积金后，经股东会或者股东大会决议，还可以从税后利润中提取任意公积金。非公司制企业经类似权力机构批准，也可提取任意盈余公积。

3. 向投资者分配利润或股利

公司弥补亏损和提取公积金后所余税后利润，有限责任公司股东按照实缴的出资比例分取红利，但是，全体股东约定不按照出资比例分取红利的除外；股份有限公司按照股东持有的股份比例分配，但股份有限公司章程规定不按持股比例分配的除外。

股东会、股东大会或者董事会违反规定，在公司弥补亏损和提取法定公积金之前向股东分配利润的，股东必须将违反规定分配的利润退还公司。公司持有的本公司股份不得分配利润。

企业提取盈余公积主要可以用于以下几个方面。

1. 弥补亏损

企业发生亏损时，应由企业自行弥补。弥补亏损的渠道主要有三条：一是用以后年度税前利润弥补。按照现行制度规定，企业发生亏损时，可以用以后五年内实现的税前利润弥补，即税前利润弥补亏损的期间为五年。二是用以后年度税后利润弥补。企业发生的亏损经过五年期间未弥补足额的，尚未弥补的亏损应用所得税后的利润弥补。三是以盈余公积弥补亏损。企业以提取的盈余公积弥补亏损时，应当由公司董事会提议，并经股东大会批准。

2. 转增资本

企业将盈余公积转增资本时，必须经股东大会决议批准。在实际将盈余公积转增资本时，要按股东原有持股比例结转。

企业提取的盈余公积，无论是用于弥补亏损，还是用于转增资本，只不过是在企业所有者权益内部作结构上的调整，比如企业以盈余公积弥补亏损时，实际是减少盈余公积留存的数额，以此抵补未弥补亏损的数额，并不引起企业所有者权益总额的变动；企业以盈余公积转增资本时，也只是减少盈余公积结存的数额，但同时增加企业实收资本或股本的数额，也并不引起所有者权益总额的变动。

3. 扩大企业生产经营

盈余公积的用途，并不是指其实际占用形态，提取盈余公积也并不是单独将这部分资金从企业资金周转过程中抽出。企业盈余公积的结存数，实际上只表现为企业所有者权益的组成部分，或表明企业生产经营资金的一个来源而已。其形成的资金可能表现为一定的货币资金，也可能表现为一定的实物资产，如存货和固定资产等，随同企业的其他来源所形成的资金进行循环周转，用于企业的生产经营。

10.3.1.2 盈余公积的确认和计量

为了反映盈余公积的形成及使用情况，企业应设置"盈余公积"科目，并应当分别"法定盈余公积""任意盈余公积"进行明细核算。外商投资企业还应分别"储备基金""企业发展基金"进行明细核算。

企业提取盈余公积时，借记"利润分配——提取法定盈余公积""利润分配——提取任意盈余公积"科目，贷记"盈余公积——法定盈余公积""盈余公积——任意盈余公积"科目。

外商投资企业按规定提取的储备基金、企业发展基金、职工奖励及福利基金，借记"利润分配——提取储备基金""利润分配——提取企业发展基金""利润分配——提取职工奖励及福利基金"科目，贷记"盈余公积——储备基金""盈余公积——企业发展基金""应付职工薪酬"科目。

企业用盈余公积弥补亏损或转增资本时，借记"盈余公积"科目，贷记"利润分配——盈余公积补亏""实收资本"或"股本"科目。经股东大会决议，用盈余公积派送新股，按派送新股计算的金额，借记"盈余公积"科目；按股票面值和派送新股总数计算的股票面值总额，贷记"股本"科目。

10.3.2 未分配利润

未分配利润是企业留待以后年度进行分配的结存利润，也是企业所有者权益的组成部分。相对于所有者权益的其他部分来讲，企业对于未分配利润的使用与分配有较大的自主权。从数量上来讲，未分配利润是由期初未分配利润加上本期实现的净利润，再减去提取的各种盈余公积和分出利润后得出的余额。

在会计处理上，未分配利润是通过“利润分配”科目进行核算的，“利润分配”科目应当分别设置“提取法定盈余公积”“提取任意盈余公积”“应付现金股利或利润”“转作股本的股利”“盈余公积补亏”和“未分配利润”等明细科目进行明细核算。

10.3.2.1 分配股利或利润的会计处理

经股东大会或类似机构决议，分配给股东或投资者的现金股利或利润，借记“利润分配——应付现金股利或利润”科目，贷记“应付股利”科目。经股东大会或类似机构决议，分配给股东的股票股利，应在办理增资手续后，借记“利润分配——转作股本的股利”科目，贷记“股本”科目。

10.3.2.2 期末结转的会计处理

企业期末结转利润时，应将各损益类科目的余额转入“本年利润”科目，结平各损益类科目。结转后“本年利润”的贷方余额为当期实现的净利润，借方余额为当期发生的净亏损。年度终了，应将本年收入和支出相抵后结出的本年实现的净利润或净亏损，转入“利润分配——未分配利润”科目。同时，将“利润分配”科目所属的其他明细科目的余额，转入“未分配利润”明细科目。结转后，“未分配利润”明细科目的贷方余额，就是未分配利润的金额；如出现借方余额，则表示未弥补亏损的金额。“利润分配”科目所属的其他明细科目应无余额。

10.3.2.3 弥补亏损的会计处理

企业在生产经营过程中有可能发生盈利，也有可能出现亏损。企业在当年发生亏损的情况下，与实现利润的情况相同，应当将本年发生的亏损自“本年利润”科目转入“利润分配——未分配利润”科目，借记“利润分配——未分配利润”科目，贷记“本年利润”科目。结转后“利润分配”科目的借方余额，即为未弥补亏损的数额，然后通过“利润分配”科目核算有关亏损的弥补情况。

由于未弥补亏损形成的时间长短不同等原因，以前年度未弥补亏损有的可以以当年实现的税前利润弥补，有的则须用税后利润弥补。以当年实现的利润弥补以前年度结转的未弥补亏损，不需要进行专门的账务处理。企业应将当年实现的利润自“本年利润”科目，转入“利润分配——未分配利润”科目的贷方，其贷方发生额与“利润分配——未分配利润”的借方余额自然抵补。无论是以税前利润还是以税后利润弥补亏损，其会计处理方法均相同。但是，两者在计算交纳所得税时的处理是不同的。在以税前利润弥补亏损的情况下，其弥补的数额可以抵减当期企业应纳税所得额，而以税后利润弥补的数额，则不能作为纳税所得扣除处理。

例 10－7 A 股份有限公司的股本为 100 000 000 元，每股面值 1 元。2014 年年初未分配利润为贷方 80 000 000 元，2014 年实现净利润 50 000 000 元。

假定公司按照2014年实现净利润的10%提取法定盈余公积、5%提取任意盈余公积，同时向股东按每股0.2元派发现金股利，按每10股送3股的比例派发股票股利。2015年3月15日，公司以银行存款支付了全部现金股利，新增股本也已经办理完股权登记和相关增资手续。A公司的账务处理如下：

(1)2014年度终了时，企业结转本年实现的净利润：

借：本年利润　　50 000 000

　贷：利润分配——未分配利润　　50 000 000

(2)提取法定盈余公积和任意盈余公积：

借：利润分配——提取法定盈余公积　　5 000 000

　　　　　　——提取任意盈余公积　　2 500 000

　贷：盈余公积——法定盈余公积　　5 000 000

　　　　　　　——任意盈余公积　　2 500 000

(3)结转“利润分配”的明细科目：

借：利润分配——未分配利润　　7 500 000

　贷：利润分配——提取法定盈余公积　　5 000 000

　　　　　　　——提取任意盈余公积　　2 500 000

A公司2014年年底“利润分配——未分配利润”科目的余额为：

80 000 000 + 50 000 000 − 7 500 000 = 122 500 000(元)

即贷方余额为122 500 000元，反映企业的累计未分配利润为122 500 000元。

(4)批准发放现金股利：

100 000 000 × 0.2 = 20 000 000(元)

借：利润分配——应付现金股利　　20 000 000

　贷：应付股利　　20 000 000

2015年3月15日，实际发放现金股利：

借：应付股利　　20 000 000

　贷：银行存款　　20 000 000

(5)2015年3月15日，发放股票股利：

100 000 000 × 1 × 30% = 30 000 000(元)

借：利润分配——转作股本的股利　　30 000 000

　贷：股本　　30 000 000

11 收入、费用和利润业务外包

收入、费用和利润业务外包主要是包括各种收入的确认、费用的确认和利润的核算等业务。对于收入的外包业务主要是要确认不同方式下各种收入，以及对不能确认为收入的款项的处理。对于费用的外包业务主要是对营业外收入、营业外支出的确认。对于利润的外包业务主要是注意各种利润之间的区别。

11.1 收入

11.1.1 收入的定义及其分类

收入是指企业在日常活动中形成的、会导致所有者权益增加的、与所有者投入资本无关的经济利益的总流入。其中，日常活动是指企业为完成其经营目标所从事的经常性活动以及与之相关的其他活动。

收入可以有不同的分类。

(1)按照企业从事日常活动的性质，可将收入分为销售商品收入、提供劳务收入、让渡资产使用权收入、建造合同收入等。其中，销售商品收入是指企业通过销售商品实现的收入，如工业企业制造并销售产品、商业企业销售商品等实现的收入。提供劳务收入是指企业通过提供劳务实现的收入，如咨询公司提供咨询服务、软件开发企业为客户开发软件、安装公司提供安装服务等实现的收入。让渡资产使用权收入是指企业通过让渡资产使用权实现的收入，如商业银行对外贷款、租赁公司出租资产等实现的收入。建造合同收入是指企业承担建造合同所形成的收入。

(2)按照企业从事日常活动对企业的重要性，可将收入分为主营业务收入、其他业务收入等。其中，主营业务收入是指企业为完成其经营目标从事的经常性活动实现的收入。如工业企业制造并销售产品、商业企业销售商品、保险公司签发保单、咨询公司提供咨询服务、软件开发企业为客户开发软件、安装公司提供安装服务、商业银行对外贷款、租赁公司出租资产等实现的收入。这些活动形成的经济利益的总流入构成收入，属于企业的主营业务收入，根据其性质的不同，分别通过“主营业务收入”“利息收入”“保费收入”等科目进行核算。其他业务收入是指与企业为完成其经营目标所从事的经常性活动相关的活动实现的收入。例如，工业企业对外出售不需用的原材料、对外转让无形资产使用权等，这些活动形成的经济利益的总流入也构成收入，属于企业的其他业务收入，根据其性质的不同，分别通过“其他业务收入”科目核算。

本章主要涉及销售商品、提供劳务、让渡资产使用权、建造合同等的收入确认和计量，不涉及长期股权投资、租赁、原保险合同、再保险合同等形成的收入确认和计量。

11.1.2 销售商品收入

11.1.2.1 销售商品收入的确认和计量

商品包括企业为销售而生产的产品和为转售而购进的商品，如工业企业生产的产品、商业企业购进的商品等，企业销售的其他存货，如原材料、包装物等，也视同企业的商品。

销售商品收入同时满足下列条件的，才能予以确认：①企业已将商品所有权上的主要风险和报酬转移给购货方；②企业既没有保留通常与所有权相联系的继续管理权，也没有对已售出的商品实施有效控制；③收入的金额能够可靠地计量；④相关的经济利益很可能流入企业；⑤相关的已发生或将发生的成本能够可靠地计量。

1. 企业已将商品所有权上的主要风险和报酬转移给购货方

企业已将商品所有权上的主要风险和报酬转移给购货方，是指将与商品所有权有关的主要风险和报酬同时转移给了购货方。其中，与商品所有权有关的风险，是指商品可能发生减值或毁损等形成的损失；与商品所有权有关的报酬，是指商品价值增值或通过使用商品等形成的经济利益。

判断企业是否已将商品所有权上的主要风险和报酬转移给购货方，应当关注交易的实质，而不是形式，并结合所有权凭证的转移或实物的交付进行判断。如果与商品所有权有关的任何损失均不需要销货方承担，与商品所有权有关的任何经济利益也不归销货方所有，就意味着商品所有权上的主要风险和报酬转移给了购货方。通常情况下，转移商品所有权凭证并交付实物后，商品所有权上的所有风险和报酬随之转移．如大多数零售商品。在某些情况下，转移商品所有权凭证或交付实物后，商品所有权上的主要风险和报酬随之转移，企业只保留商品所有权上的次要风险和报酬。如以交款提货方式销售商品，在这种情形下，应当视同商品所有权上的所有风险和报酬已经转移给购货方。

例 11－1 甲公司销售了一批商品给乙公司，乙公司已根据甲公司开出的发票账单支付了货款，取得了提货单，但甲公司尚未将商品移交乙公司。

根据本例的资料，甲公司采用交款提货的销售方式，即购买方已根据销售方开出的发票账单支付货款，并取得卖方开出的提货单。在这种情况下，购买方支付货款并取得提货单，说明商品所有权上的主要风险和报酬已转移给购买方，虽然商品未实际交付，甲公司仍可以认为商品所有权上的主要风险和报酬已经转移，在同时满足销售商品收入确认的其他条件时，应当确认收入。

然而在某些情况下，转移商品所有权凭证或交付实物后，商品所有权上的主要风险和报酬并未随之转移。可分为如下几种情况：

(1)企业销售的商品在质量、品种、规格等方面不符合合同或协议要求，又未根据正常的保证条款予以弥补，因而仍负有责任。

例 11－2 甲公司向乙公司销售一批商品，商品已经发出，乙公司已经预付部分货款，剩余货款由乙公司开出一张商业承兑汇票，销售发票账单已交付乙公司。乙公司收到商品后，发现商品质量没有达到合同约定的要求，立即根据合同有关条款与甲公司交涉，要求在价格上给予一定折让，否则要求退货。双方没有就此达成一致意见，甲公司也未采取任何补救措施。

根据本例的资料，尽管商品已经发出，并将发票账单交付买方，同时收到部分货款，但是由于双方在商品质量的弥补方面未达成一致意见，说明购买方尚未正式接受商品，商品可能被退回。因此，商品所有权上的主要风险和报酬仍保留在甲公司，没有随商品所有权凭证的转移或实物的交付而转移，不能确认收入。

(2)企业销售商品的收入是否能够取得，取决于购买方是否已将商品售出，如采用支付手续费方式委托代销商品等。

支付手续费方式委托代销商品，是指委托方和受托方签订合同或协议，委托方根据代销商品金额或数量向受托方支付手续费的销售方式。在这种方式下，委托方发出商品时，商品所有权上的主要风险和报酬并未转移给受托方，委托方在发出商品时通常不应确认销售商品收入，通常可在收到受托方开出的代销清单时确认销售商品收入；受托方应在商品销售后，按合同或协议约定的方法计算确定的手续费确认收入。

(3)企业尚未完成售出商品的安装或检验工作，且安装或检验工作是销售合同或协议的重要组成部分。

例11－3 甲公司向乙公司销售一部电梯，电梯已经运抵乙公司，发票账单已经交付，甲公司同时收到部分货款。合同约定，甲公司应负责该电梯的安装工作，在安装工作结束并经乙公司验收合格后，乙公司应立即支付剩余货款。

根据本例的资料，电梯安装调试工作通常是电梯销售合同的重要组成部分，在安装过程中可能会发生一些不确定因素，影响电梯销售收入的实现。因此，电梯实物的交付并不表明商品所有权上的主要风险和报酬随之转移，不能确认收入。

需要说明的是，在需要安装或检验的销售中，如果安装程序比较简单或检验是为了最终确定合同或协议价格而必须进行的程序，企业可以在发出商品时确认收入。

(4)销售合同或协议中规定了买方由于特定原因有权退货的条款，且企业又不能确定退货的可能性。

例11－4 甲公司为推销一种新产品，承诺凡购买新产品的客户均有一个月的试用期，在试用期内如果对产品使用效果不满意，甲公司无条件给予退货。该种新产品已交付买方，货款已收讫。

根据本例的资料，甲公司虽然已将产品售出，并已收到货款。但由于是新产品，甲公司无法估计退货的可能性，这表明产品所有权上的主要风险和报酬并未随实物的交付而发生转移，不能确认收入。

2. 企业既没有保留通常与所有权相联系的继续管理权，也没有对已售出的商品实施有效控制

通常情况下，企业售出商品后不再保留与商品所有权相联系的继续管理权，也不再对售出商品实施有效控制，商品所有权上的主要风险和报酬已经转移给购货方，通常应在发出商品时确认收入。

例11－5 甲公司属于房地产开发商。甲公司将住宅小区销售给业主后，接受业主委托代售住宅小区商品房并管理住宅小区物业。

根据本例的资料，甲公司接受业主委托代售住宅小区商品房并管理住宅小区物业，是与住宅小区销售无关的另一项提供劳务的交易。甲公司虽然仍对住宅小区进行管理，但这种管理与住宅小区的所有权无关，因为住宅小区的所有权属于业主。

例11－6 乙公司属于软件开发公司。乙公司销售某成套软件给客户后，接受客户委托对该成套软件进行日常有偿维护管理。

根据本例的资料，乙公司接受客户委托对成套软件进行日常有偿维护管理，是与成套软件销售无关的另一项提供劳务的交易。乙公司虽然仍对该成套软件进行管理，但这种管理与成套软件所有权无关，因为成套软件的所有权属于客户。

3. 收入的金额能够可靠地计量

收入的金额能够可靠地计量，是指收入的金额能够合理地估计。如果收入的金额不能够合理地估计，则无法确认收入。通常情况下，企业在销售商品时，商品销售价格已经确定，企业应当按照已收或应收的合同或协议价款确定收入金额。如果销售商品涉及现金折扣、商业折扣、销售折让等因素，还应当在考虑这些因素后确定销售商品收入金额。如果企业从购货方应收的合同或协议价款的延期收取具有融资性质，企业应按应收的合同或协议价款的公允价值确定销售商品收入金额。

有时，由于销售商品过程中某些不确定因素的影响，也有可能存在商品销售价格发生变动的情况，如附有销售退回条件的商品销售。如果企业不能合理估计退货的可能性，就不能够合理地估计收入的金额，不应在发出商品时确认收入，而应当在售出商品退货期满、销售商品收入金额能够可靠地计量时确认收入。

企业按已收或应收的合同协议价款不公允的，应按公允的交易价格确定收入金额，不公允的价款不应确定为收入金额。

4. 相关的经济利益很可能流入企业

相关的经济利益很可能流入企业，是指销售商品价款收回的可能性大于不能收回的可能性，即销售商品价款收回的可能性超过50%。企业在确定销售商品价款收回的可能性时，应当结合以前和买方交往的直接经验、政府有关政策、其他方面取得的信息等因素进行综合分析。企业销售的商品符合合同或协议要求，已将发票账单交付买方，买方承诺付款，通常表明满足本确认条件(相关的经济利益很可能流入企业)。如果企业根据以前与买方交往的直接经验判断买方信誉较差，或销售时得知买方在另一项交易中发生了巨额亏损，资金周转十分困难，或在出口商品时不能肯定进口企业所在国政府是否允许将款项汇出等，就可能会出现与销售商品相关的经济利益不能流入企业的情况，不应确认收入。如果企业判断销售商品收入满足确认条件后确认了一笔应收债权，以后由于购货方资金周转困难无法收回该债权时，不应调整原确认的收入，而应对该债权计提坏账准备，确认坏账损失。

5. 相关的已发生或将发生的成本能够可靠地计量

通常情况下，与销售商品相关的已发生或将发生的成本能够合理地估计，如库存商品的成本等。如果库存商品是本企业生产的，其生产成本能够可靠地计量；如果是外购的，购买成本能够可靠地计量。有时，与销售商品相关的已发生或将发生的成本不能够合理地估计，此时企业不应确认收入，已收到的价款应确认为负债。

例 11－7　甲公司与乙公司签订协议，约定甲公司生产并向乙公司销售一台大型设备。限于自身生产能力不足，甲公司委托丙公司生产该大型设备的一个主要部件。甲公司与丙公司签订的协议约定，丙公司生产该主要部件发生的成本经甲公司认定后，其金额的110%即为甲公司应支付给丙公司的款项。假定甲公司本身负责的部件生产任务和丙公司负责的部件生产任务均已完成，并由甲公司组装后运抵乙公司，乙公司验收合格后及时支付了货款。但是，丙公司尚未将由其负责的部件相关的成本资料交付甲公司认定。

本例中，虽然甲公司已将大型设备交付乙公司，且已收到货款。但是，甲公司为该大型设备发生的相关成本因丙公司相关资料未送达而不能可靠地计量，也不能合理估计。因此，甲公司收到货款时不应确认为收入。

如果甲公司为该大型设备发生的相关成本因丙公司相关资料未送达而不能可靠地计量，但是甲公司基于以往经验能够合理估计出该大型设备的成本，仍可以认为满足本确认条件。

11.1.2.2　销售商品收入的会计处理

1. 通常情况下销售商品收入的会计处理

确认销售商品收入时，企业应按已收或应收的合同或协议价款，加上应收取的增值税额，借记“银行存款”“应收账款”“应收票据”等科目；按确定的收入金额，贷记“主营业务收入”“其他业务收入”等科目；按应收取的增值税额，贷记“应交税费——应交增值税(销项税额)”科目；同时或在资产负债表日，按应交纳的消费税、资源税、城市维护建设税、教育费附加等税费金额，借记“营业税金及附加”科目，贷记“应交税费——应交消费税(或应交资源税、应交城市维护建设税等)”科目。

如果售出商品不符合收入确认条件，则不应确认收入，已经发出的商品，应当通过“发出商品”科目进行核算。

2. 托收承付方式销售商品的会计处理

托收承付，是指企业根据合同发货后，委托银行向异地付款单位收取款项，由购货方向银行承诺付款的销售方式。在这种销售方式下，企业通常应在发出商品且办妥托收手续时确认收入。如果商品已经发出且办妥托收手续，但由于各种原因与发出商品所有权有关的风险和报酬没有转移的，企业不应确认收入。

例 11－8　甲公司在2013年3月12日向乙公司销售一批商品，开出的增值税专用发票上注明的销售价格为200 000元，增值税税额为34 000元，款项尚未收到；该批商品成本为120 000元。甲公司在销售时已知乙公司资金周转发生困难，但为了减少存货积压，同时也为了维持与乙公司长期建立的商业关系，甲公司仍将商品发往乙公司且办妥托收手续。假定甲公司销售该批商品的增值税纳税义务已经发生。

根据本例的资料，由于乙公司资金周转存在困难，因而甲公司在货款回收方面存在较大的不确定性，与该批商品所有权有关的风险和报酬没有转移给乙公司。根据销售商品收入的确认条件，甲公司在发出商品且办妥托收手续时不能确认收入，已经发出的商品成本应通过“发出商品”科目反映。甲公司的账务处理如下：

(1) 2013 年 3 月 12 日发出商品时：

借：发出商品　　120 000

　贷：库存商品　　120 000

同时，将增值税专用发票上注明的增值税税额转入应收账款：

借：应收账款　　34 000

　贷：应交税费——应交增值税(销项税额)　34 000

(注：如果销售该商品的增值税纳税义务尚未发生．则不作这笔分录，待纳税义务发生时再作应交增值税的分录)

(2) 2013 年 6 月 10 日，甲公司得知乙公司经营情况逐渐好转，乙公司承诺近期付款时：

借：应收账款　　200 000

　贷：主营业务收入　　200 000

借：主营业务成本　　120 000

　贷：发出商品　　120 000

(3) 2013 年 6 月 20 日收到款项时：

借：银行存款　　234 000

　贷：应收账款　　234 000

3. 销售商品涉及现金折扣、商业折扣、销售折让的处理

企业销售商品有时也会遇到现金折扣、商业折扣、销售折让等问题，应当分别不同情况进行处理：

(1)现金折扣，是指债权人为鼓励债务人在规定的期限内付款而向债务人提供的债务扣除。企业销售商品涉及现金折扣的，应当按照扣除现金折扣前的金额确定销售商品收入金额。现金折扣在实际发生时计入财务费用。

(2)商业折扣，是指企业为促进商品销售而在商品标价上给予的价格扣除。企业销售商品涉及商业折扣的，应当按照扣除商业折扣后的金额确定销售商品收入金额。

(3)销售折让，是指企业因售出商品的质量不合格等原因而在售价上给予的减让。对于销售折让，企业应分别不同情况进行处理：①已确认收入的售出商品发生销售折让的，通常应当在发生时冲减当期销售商品收入；②已确认收入的销售折让属于资产负债表日后事项的，应当按照有关资产负债表日后事项的相关规定进行处理。

例 11－9　甲公司在 2013 年 7 月 1 日向乙公司销售一批商品，开出的增值税专用发票上注明的销售价款为 20 000 元，增值税税额为 3 400 元。为及早收回货款，甲公司和乙公司约定的现金折扣条件为：2/10，1/20，n/30。假定计算现金折扣时不考虑增值税税额。甲公司的账务处理如下：

(1)2013 年 7 月 1 日销售实现时，按销售总价确认收入：

借：应收账款　　23 400

　贷：主营业务收入　　20 000

　　应交税费——应交增值税(销项税额)　3 400

(2)如果乙公司在2013年7月9日付清货款，则按销售总价20 000元的2%享受现金折扣400元(20 000×2%)，实际付款23 000元(23 400－400)：

借：银行存款　　23 000
　　财务费用　　400
　贷：应收账款　　23 400

(3)如果乙公司在2013年7月18日付清货款，则按销售总价20 000元的1%享受现金折扣200元(20 000 ×1%)，实际付款23 200元(23 400－200)：

借：银行存款　　23 200
　　财务费用　　200
　贷：应收账款　　23 400

(4)如果乙公司在2013年7月底才付清货款，则按全额付款：

借：银行存款　　23 400
　贷：应收账款　　23 400

例11－10　甲公司向乙公司销售一批商品，开出的增值税专用发票上注明的销售价款为800 000元，增值税税额为136 000元。乙公司在验收过程中发现商品质量不合格，要求在价格上给予5%的折让。假定甲公司已确认销售收入，款项尚未收到，已取得税务机关开具的红字增值税专用发票。甲公司的账务处理如下：

(1)销售实现时：

借：应收账款　　936 000
　贷：主营业务收入　　800 000
　　　应交税费——应交增值税(销项税额)　　136 000

(2)发生销售折让时：

借：主营业务收入　　40 000
　　应交税费——应交增值税(销项税额)　6 800
　贷：应收账款　　46 800

(3)实际收到款项时：

借：银行存款　　889 200
　贷：应收账款　　889 200

4. 销售退回的处理

销售退回，是指企业售出的商品由于质量、品种不符合要求等原因而发生的退货。对于销售退回，企业应分别不同情况进行会计处理：

(1)对于未确认收入的售出商品发生销售退回的，企业应按已记入“发出商品”科目的商品成本金额，借记“库存商品”科目，贷记“发出商品”科目。

(2)对于已确认收入的售出商品发生退回的，企业应在发生时冲减当期销售商品收入，同时冲减当期销售商品成本。如该项销售退回已发生现金折扣的，应同时调整相关财务费用的金额；如该项销售退回允许扣减增值税额的，应同时调整“应交税费——应交增值税(销项税额)”科目的相应金额。

(3)已确认收入的售出商品发生的销售退回属于资产负债表日后事项的，应当按照有关资产负债表日后事项的相关规定进行会计处理。

例11－11 甲公司在2013年12月18日向乙公司销售一批商品，开出的增值税专用发票上注明的销售价款为50 000元，增值税税额为8 500元。该批商品成本为26 000元。为及早收回货款，甲公司和乙公司约定的现金折扣条件为：2/10，1/20，n/30。乙公司在2013年12月27日支付货款。2014年4月5日，该批商品因质量问题被乙公司退回，甲公司当日支付有关款项。

假定计算现金折扣时不考虑增值税，假定销售退回不属于资产负债表日后事项。甲公司的账务处理如下：

(1) 2013年12月18日销售实现，按销售总价确认收入时：

借：应收账款　58 500
　贷：主营业务收入　50 000
　　应交税费——应交增值税(销项税额)　8 500
借：主营业务成本　26 000
　贷：库存商品　26 000

(2)在2013年12月27日收到货款时，按销售总价50 000元的2%享受现金折扣1 000元(50 000×2%)，实际收款57 500元(58 500－1 000)：

借：银行存款　57 500
　财务费用　1 000
　贷：应收账款　58 500

(3) 2014年4月5日发生销售退回时：

借：主营业务收入　50 000
　应交税费——应交增值税(销项税额)　8 500
　贷：银行存款　57 500
　　财务费用　1 000
借：库存商品　26 000
　贷：主营业务成本　26 000

5. 特殊销售商品业务的处理

在企业会计实务中，可能会遇到一些特殊的销售商品业务。在将销售商品收入和计量原则运用于特殊销售商品收入的会计处理时，应结合这些特殊销售商品交易的形式，并注重交易的实质。

(1)代销商品。代销商品分别以下情况处理：

①视同买断方式。视同买断方式代销商品，是指委托方和受托方签订合同或协议，委托方按合同或协议收取代销的货款，实际售价由受托方自定，实际售价与合同或协议价之间的差额归受托方所有。如果委托方和受托方之间的协议明确标明，受托方在取得代销商品后，无论是否能够卖出、是否获利，均与委托方无关，那么，委托方和受托方之间的代销商品交易，与委托方直接销售商品给受托方没有实质区别，在符合销售商品收入确认条件时，委托方应确认相关销售商品收入。如果委托方和受托方之间的协议明确标明，将来受托方没有将商品售出时可以将商品退回给委托方，或受托方因代销商品

出现亏损时可以要求委托方补偿，那么，委托方在交付商品时通常不确认收入，受托方也不作购进商品处理，受托方将商品销售后，按实际售价确认销售收入，并向委托方开具代销清单，委托方收到代销清单时，再确认本企业的销售收入。

例 11－12 甲公司委托乙公司销售商品100件，协议价为200元/件，成本为120元/件。代销协议约定，乙企业在取得代销商品后，无论是否能够卖出、是否获利，均与甲公司无关。这批商品已经发出，货款尚未收到，甲公司开出的增值税专用发票上注明的增值税税额为3 400元。

根据本例的资料，甲公司采用视同买断方式委托乙公司代销商品。因此，甲公司在发出商品时的账务处理如下：

借：应收账款　　23 400
　贷：主营业务收入　　20 000
　　　应交税费——应交增值税(销项税额)　　3 400
借：主营业务成本　　12 000
　贷：库存商品　　12 000

②收取手续费方式。在这种方式下，委托方在发出商品时通常不应确认销售商品收入，而应在收到受托方开出的代销清单时确认销售商品收入；受托方应在商品销售后，按合同或协议约定的方法计算确定的手续费确认收入。

例 11－13 甲公司委托丙公司销售商品200件，商品已经发出，每件成本为60元。合同约定丙公司应按每件100元的价格对外销售，甲公司按不含增值税的售价的10%向丙公司支付手续费。丙公司实际对外销售100件，开出的增值税专用发票上注明的销售价款为10 000元，增值税税额为1 700元，款项已经收到。甲公司收到丙公司开具的代销清单时，向丙公司开具一张相同金额的增值税专用发票。假定甲公司发出商品时纳税义务尚未发生，不考虑其他因素。

甲公司的账务处理如下：

①发出商品时：

借：发出商品　　12 000
　贷：库存商品　　12 000

②收到代销清单时：

借：应收账款　　11 700
　贷：主营业务收入　　10 000
　　　应交税费——应交增值税(销项税额)　　1 700
借：主营业务成本　　6 000
　贷：发出商品　　6 000
借：销售费用　　1 000
　贷：应收账款　　1 000

③收到丙公司支付的货款时：

借：银行存款　　10 700
　贷：应收账款　　10 700

丙公司的账务处理如下：

①收到商品时：

借：受托代销商品　　20 000

　贷：受托代销商品款　　20 000

②对外销售时：

借：银行存款　　11 700

　贷：应付账款　　10 000

　　应交税费——应交增值税(销项税额)　　1 700

③收到增值税专用发票时：

借：应交税费——应交增值税(进项税额)　　1 700

　贷：应付账款　　1 700

借：受托代销商品款　　10 000

　贷：受托代销商品　　10 000

④支付货款并计算代销手续费时：

借：应付账款　　11 700

　贷：银行存款　　10 700

　　其他业务收入　　1 000

(2)预收款销售商品。预收款销售商品，是指购买方在商品尚未收到前按合同或协议约定分期付款，销售方在收到最后一笔款项时才交货的销售方式。在这种方式下，销售方直到收到最后一笔款项时才将商品交付购货方，表明商品所有权上的主要风险和报酬只有在收到最后一笔款项时才转移给购货方，企业通常应在发出商品时确认收入，在此之前预收的货款应确认为负债。

例 11－14　甲公司与乙公司签订协议，采用预收款方式向乙公司销售一批商品。该批商品实际成本为700 000元。协议约定，该批商品销售价格为1 000 000元，增值税税额为170 000元；乙公司应在协议签订时预付60%的货款(按不含增值税销售价格计算)，剩余货款于两个月后支付。假设甲公司与乙公司均为增值税一般纳税人。甲公司的账务处理如下：

①收到60%货款时：

借：银行存款　　600 000

　贷：预收账款　　600 000

②收到剩余货款及增值税额并确认收入时：

借：预收账款　　600 000

　　银行存款　　570 000

　贷：主营业务收入　　1 000 000

　　应交税费——应交增值税(销项税额)　　170 000

借：主营业务成本　　700 000

　贷：库存商品　　700 000

(3)具有融资性质的分期收款销售商品。企业销售商品，有时会采取分期收款的方式，如分期收款发出商品，即商品已经交付，货款分期收回。如果延期收取的货款具有融资性质，其实质是企业向购货方提供免息的信贷，在符合收入确认条件时，企业应当按照应收的合同或协议价款的公允价值确定收入金额。应收的合同或协议价款的公允价值，通常应当按照其未来现金流量现值或商品现销价格计算确定。

应收的合同或协议价款与其公允价值之间的差额，应当在合同或协议期间内，按照应收款项的摊余成本和实际利率计算确定的金额进行摊销，作为财务费用的抵减处理。其中，实际利率是指具有类似信用等级的企业发行类似工具的现时利率，或者将应收的合同或协议价款折现为商品现销价格时的折现率等。在实务中，基于重要性要求，应收的合同或协议价款与其公允价值之间的差额，按照应收款项的摊余成本和实际利率进行摊销与采用直线法进行摊销结果相差不大的，也可以采用直线法进行摊销。

例 11－15 2011 年 1 月 1 日，甲公司采用分期收款方式向乙公司销售一套大型设备，合同约定的销售价格为 2 000 万元，分 5 次于每年 12 月 31 日等额收取。该大型设备成本为 1 560 万元。在现销方式下，该大型设备的销售价格为 1 600 万元。假定甲公司发出商品时，其有关的增值税纳税义务尚未发生，在合同约定的收款日期，发生有关的增值税纳税义务，适用 17% 的增值税税率。

根据本例的资料，甲公司应当确认的销售商品收入金额为 1 600 万元。

根据下列公式：

未来五年收款额的现值 = 现销方式下应收款项金额

可以得出：$400 \times (P/A, r, 5) = 1\,600$（万元）

可在多次测试的基础上，用插值法计算折现率。

当 $r = 7\%$ 时，$400 \times 4.1002 = 1\,640.08 > 1\,600$（万元）

当 $r = 8\%$ 时，$400 \times 3.9927 = 1\,597.08 < 1\,600$（万元）

注：4.1002，3.9927 为年金现值系数。

因此，$7\% < r < 8\%$。用插值法计算如下：

现值	利率
1 640.08	7%
1 600	r
1 597.08	8%

$$\frac{1\,640.08 - 1\,600}{1\,640.08 - 1\,597.08} = \frac{7\% - r}{7\% - 8\%}$$

$r = 7.93\%$

每期计入财务费用的金额如表 11－1 所示。

表 11－1 财务费用和已收本金计算表 金额单位：万元

年 份 (t)	未收本金 $A_t = A_{t-1} - D_{t-1}$	财务费用 $B = A_t \times 7.93\%$	收现总额 C	已收本金 $D = C - B$
2011 年 1 月 1 日	1 600			
2011 年 12 月 31 日	1 600	126.88	400	273.12
2012 年 12 月 31 日	1 326.88	105.22	400	294.78

续表 11－1

年 份 (t)	未收本金 $A_t=A_{t-1}-D_{t-1}$	财务费用 $B=A_t \times 7.93\%$	收现总额 C	已收本金 $D=C-B$
2013 年 12 月 31 日	1 032.10	81.85	400	318.15
2014 年 12 月 31 日	713.95	56.62	400	343.38
2015 年 12 月 31 日	370.57	29.43*	400	370.57
总 额		400	2 000	1 600

注：*尾数调整。

根据表 11－1 的计算结果，甲公司各期的会计分录如下：

①2011 年 1 月 1 日销售实现时：

借：长期应收款　　20 000 000

　贷：主营业务收入　　16 000 000

　　　未实现融资收益　　4 000 000

借：主营业务成本　　15 600 000

　贷：库存商品　　15 600 000

②2011 年 12 月 31 日收取货款和增值税税额时：

借：银行存款　　4 680 000

　贷：长期应收款　　4 000 000

　　　应交税费——应交增值税(销项税额)　　680 000

借：未实现融资收益　　1 268 800

　贷：财务费用　　1 268 800

③2012 年 12 月 31 日收取货款和增值税税额时：

借：银行存款　　4 680 000

　贷：长期应收款　　4 000 000

　　　应交税费——应交增值税(销项税额)　　680 000

借：未实现融资收益　　1 052 200

　贷：财务费用　　1 052 200

④2013 年 12 月 31 日收取货款和增值税税额时：

借：银行存款　　4 680 000

　贷：长期应收款　　4 000 000

　　　应交税费——应交增值税(销项税额)　　680 000

借：未实现融资收益　　818 500

　贷：财务费用　　818 500

⑤2014 年 12 月 31 日收取货款和增值税税额时：

借：银行存款　　4 680 000

　贷：长期应收款　　4 000 000

应交税费——应交增值税(销项税额)　680 000

借：未实现融资收益　566 200

贷：财务费用　566 200

⑥2015 年 12 月 31 日收取货款和增值税税额时：

借：银行存款　4 680 000

贷：长期应收款　4 000 000

应交税费——应交增值税(销项税额)　680 000

借：未实现融资收益　294 300

贷：财务费用　294 300

(4)附有销售退回条件的商品销售。附有销售退回条件的商品销售，是指购买方依照有关协议有权退货的销售方式。在这种销售方式下，企业根据以往经验能够合理估计退货可能性且确认与退货相关负债的，通常应在发出商品时确认收入；企业不能合理估计退货可能性的，通常应在售出商品退货期满时确认收入。

例 11－16　甲公司是一家健身器材销售公司。2014 年 1 月 1 日，甲公司向乙公司销售 5 000 件健身器材，单位销售价格为 500 元，单位成本为 400 元，开出的增值税专用发票上注明的销售价款为 2 500 000 元，增值税税额为 425 000 元。协议约定，乙公司应 2014 年于 2 月 1 日之前支付货款，在 2014 年 6 月 30 日之前有权退还健身器材。健身器材已经发出，款项尚未收到。假定甲公司根据过去的经验，估计该批健身器材退货率约为 20%；健身器材发出时纳税义务已经发生；实际发生销售退回时取得税务机关开具的红字增值税专用发票。甲公司的账务处理如下：

① 2014 年 1 月 1 日发出健身器材时：

借：应收账款　2 925 000

贷：主营业务收入　2 500 000

应交税费——应交增值税(销项税额)　425 000

借：主营业务成本　2 000 000

贷：库存商品　2 000 000

② 2014 年 1 月 31 日确认估计的销售退回时：

借：主营业务收入　500 000

贷：主营业务成本　400 000

预计负债　100 000

③ 2014 年 2 月 1 日前收到货款时：

借：银行存款　2 925 000

贷：应收账款　2 925 000

④ 2014 年 6 月 30 日前发生销售退回，实际退货量为 1 000 件，款项已经支付：

借：库存商品　400 000

应交税费——应交增值税(销项税额)　85 000

预计负债　100 000

贷：银行存款　585 000

如果实际退货量为800件时：

借：库存商品　　320 000

　应交税费——应交增值税(销项税额) 68 000

　主营业务成本　　80 000

　预计负债　　100 000

　贷：银行存款　　468 000

　　主营业务收入　　100 000

如果实际退货量为1 200件时：

借：库存商品　　480 000

　应交税费——应交增值税(销项税额)　102 000

　主营业务收入　　100 000

　预计负债　　100 000

　贷：主营业务成本　　80 000

　　银行存款　　702 000

⑤ 2014年6月30日前，如果没有发生退货：

借：主营业务成本　　400 000

　预计负债　　100 000

　贷：主营业务收入　　500 000

⑤即②的相反分录。

例11－17　沿用例11－16的资料。假定甲公司无法根据过去的经验估计该批健身器材的退货率，健身器材发出时纳税义务已经发生。甲公司的账务处理如下：

① 2014年1月1日发出健身器材时：

借：应收账款　　425 000

　贷：应交税费——应交增值税(销项税额)　425 000

借：发出商品　　2 000 000

　贷：库存商品　　2 000 000

② 2014年2月1日前收到货款时：

借：银行存款　　2 925 000

　贷：预收账款　　2 500 000

　　应收账款　　425 000

③ 2014年6月30日退货期满，如果没有发生退货：

借：预收账款　　2 500 000

　贷：主营业务收入　　2 500 000

借：主营业务成本　　2 000 000

　贷：发出商品　　2 000 000

2014年6月30日退货期满，如果发生2 000件退货：

借：预收账款　　2 500 000

　应交税费——应交增值税(销项税额)　170 000

贷：主营业务收入　　　　　　　　　　1 500 000
　　银行存款　　　　　　　　　　　　1 170 000
借：主营业务成本　　　　　　　　1 200 000
　　库存商品　　　　　　　　　　　800 000
　贷：发出商品　　　　　　　　　　2 000 000

(5)售后回购。售后回购，是指销售商品的同时，销售方同意日后再将同样或类似的商品购回的销售方式。在这种方式下，销售方应根据合同或协议条款判断企业是否已将商品所有权上的主要风险和报酬转移给购货方，以确定是否确认销售商品收入。在大多数情况下，回购价格固定或等于原售价加合理回报，售后回购交易属于融资交易，商品所有权上的主要风险和报酬没有转移，收到的款项应确认为负债；回购价格大于原售价的差额，企业应在回购期间按期计提利息，计入财务费用。

例 11－18　2013 年 5 月 1 日，甲公司向乙公司销售一批商品，开出的增值税专用发票上注明的销售价款为 100 万元，增值税税额为 17 万元，该批商品成本为 80 万元。商品并未发出，款项已经收到。协议约定，甲公司应于 2013 年 9 月 30 日将所售商品购回，回购价为 110 万元(不含增值税税额)。甲公司的账务处理如下：

① 2013 年 5 月 1 日销售商品开出增值税专用发票时：

借：银行存款　　　　　　　　　　1 170 000
　贷：其他应付款　　　　　　　　　　1 000 000
　　　应交税费——应交增值税(销项税额)　170 000

②回购价大于原售价的差额，应在回购期间按期计提利息费用，计入当期财务费用。由于回购期间为 5 个月，货币时间价值影响不大，采用直线法计提利息费用，每月计提利息费用为 2 万元 (10 ÷ 5)。

借：财务费用　　　　　　　　　　20 000
　贷：其他应付款　　　　　　　　　　20 000

③ 2013 年 9 月 30 日回购商品时，收到的增值税专用发票上注明的商品价格为 110 万元，增值税税额为 18.7 万元，款项已经支付。

借：财务费用　　　　　　　　　　20 000
　贷：其他应付款　　　　　　　　　　20 000
借：其他应付款　　　　　　　　　　1 100 000
　　应交税费——应交增值税(进项税额)　187 000
　贷：银行存款　　　　　　　　　　　1 287 000

(6)售后租回。售后租回，是指销售商品的同时，销售方同意在日后再将同样的商品租回的销售方式。在这种方式下，销售方应根据合同或协议条款判断销售商品是否满足收入确认条件。通常情况下，售后租回属于融资交易，企业不应确认收入，售价与资产账面价值之间的差额应当分别不同情况进行处理：

①如果售后租回交易认定为融资租赁，售价与资产账面价值之间的差额应当予以递延，并按照该项租赁资产的折旧进度进行分摊，作为折旧费用的调整。

②如果售后租回交易认定为经营租赁，应当分别情况处理：a. 有确凿证据表明售

后租回交易是按照公允价值达成的，售价与资产账面价值的差额应当计入当期损益。b. 售后租回交易如果不是按照公允价值达成的，售价低于公允价值的差额应计入当期损益；但若该损失将由低于市价的未来租赁付款额补偿时，有关损失应予以递延(递延收益)，并按与确认租金费用相一致的方法在租赁期内进行分摊；如果售价大于公允价值，其大于公允价值的部分应计入递延收益，并在租赁期内分摊。

(7)以旧换新销售。以旧换新销售，是指销售方在销售商品的同时回收与所售商品相同的旧商品。在这种销售方式下，销售的商品应当按照销售商品收入确认条件确认收入，回收的商品作为购进商品处理。

11.1.3 提供劳务收入

11.1.3.1 提供劳务交易结果能够可靠地估计的收入确认与计量

企业在资产负债表日提供劳务交易的结果能够可靠地估计的，应当采用完工百分比法确认提供劳务收入。

1. 提供劳务交易结果能够可靠地估计的条件

(1)收入的金额能够可靠地计量。指提供劳务收入的总额能够合理地估计。通常情况下，企业应当按照从接受劳务方已收或应收的合同或协议价款确定提供劳务收入总额。随着劳务的不断提供，可能会根据实际情况增加或减少已收或应收的合同或协议价款，此时，企业应及时调整提供劳务收入总额。

(2)相关的经济利益很可能流入企业。指提供劳务收入总额收回的可能性大于不能收回的可能性。企业在确定提供劳务收入总额能否收回时，应当结合接受劳务方的信誉、以前的经验以及双方就结算方式和期限达成的合同或协议条款等因素，综合进行判断。

企业在确定提供劳务收入总额收回的可能性时，应当进行定性分析。如果确定提供劳务收入总额收回的可能性大于不能收回的可能性，即可认为提供劳务收入总额很可能流入企业。通常情况下，企业提供的劳务符合合同或协议要求，接受劳务方承诺付款，就表明提供劳务收入总额收回的可能性大于不能收回的可能性。如果企业判断提供劳务收入总额不是很可能流入企业，应当提供确凿证据。

(3)交易的完工进度能够可靠地确定。指交易的完工进度能够合理地估计。企业确定提供劳务交易的完工进度，可以选用下列方法：

①已完工作的测量。这是一种比较专业的测量方法，由专业测量师对已经提供的劳务进行测量，并按一定方法计算确定提供劳务交易的完工程度。

②已经提供的劳务占应提供劳务总量的比例。这种方法主要以劳务量为标准确定提供劳务交易的完工程度。

③已经发生的成本占估计总成本的比例。这种方法主要以成本为标准确定提供劳务交易的完工程度。只有反映已提供劳务的成本才能包括在已经发生的成本中，只有反映已提供或将提供劳务的成本才能包括在估计总成本中。

在实务中，如果特定时期内提供劳务交易的数量不能确定，则该期间的收入应当采用直线法确认，除非有证据表明采用其他方法能更好地反映完工进度。当某项作业相比其他作业都重要得多时，应当在该重要作业完成之后确认收入。

(4)交易中已发生和将发生的成本能够可靠地计量。指交易中已经发生和将要发生的成本能够合理地估计。企业应当建立完善的内部成本核算制度和有效的内部财务预算及报告制度，准确地提供每期发生的成本，并对完成剩余劳务将要发生的成本作出科学、合理的估计。同时应随着劳务的不断提供或外部情况的不断变化，随时对将要发生的成本进行修订。

以上条件必须同时满足。

2. 完工百分比法的具体应用

完工百分比法，是指按照提供劳务交易的完工进度确认收入和费用的方法。在这种方法下，确认的提供劳务收入金额能够提供各个会计期间关于提供劳务交易及其业绩的有用信息。

企业应当在资产负债表日按照提供劳务收入总额乘以完工进度扣除以前会计期间累计已确认提供劳务收入后的金额，确认当期提供劳务收入；同时，按照提供劳务估计总成本乘以完工进度扣除以前会计期间累计已确认劳务成本后的金额，结转当期劳务成本。用公式表示如下：

本期确认的收入 = 劳务总收入 × 本期末止劳务的完工进度 - 以前期间已确认的收入

本期确认的成本 = 劳务总成本 × 本期末止劳务的完工进度 - 以前期间已确认的成本

在采用完工百分比法确认提供劳务收入的情况下，企业应按计算确定的提供劳务收入金额，借记“应收账款”“银行存款”等科目，贷记“主营业务收入”科目。结转提供劳务成本时，借记“主营业务成本”科目，贷记“劳务成本”科目。

例 11－19 A 公司于 2013 年 12 月 1 日接受一项设备安装任务，安装期为 3 个月，合同总收入 600 000 元，至 2013 年 12 月 31 日已预收安装费 440 000 元，实际发生安装费用 280 000 元(假定均为安装人员薪酬)，估计还会发生 120 000 元。

假定甲公司按实际发生的成本占估计总成本的比例确定劳务的完工进度。甲公司的账务处理如下：

(1)计算：

实际发生的成本占估计总成本的比例 = 280 000 ÷ (280 000 + 120 000) × 100% = 70%

2013 年 12 月 31 日确认的提供劳务收入 = 600 000 × 70% - 0 = 420 000(元)

2013 年 12 月 31 日结转的提供劳务成本 = (280 000 + 120 000) × 70% - 0 = 280 000(元)

(2)会计分录：

①实际发生劳务成本时：

借：劳务成本　　280 000

　贷：应付职工薪酬　　280 000

②预收劳务款时：

借：银行存款　　440 000

　贷：预收账款　　440 000

③ 2013 年 12 月 31 日确认提供劳务收入并结转劳务成本时：

借：预收账款　　　　420 000

　贷：主营业务收入　　　　420 000

借：主营业务成本　　　　280 000

　贷：劳务成本　　　　280 000

例 11－20　甲公司于 2013 年 10 月 1 日与丙公司签订合同，为丙公司开发一项软件，工期大约 5 个月，合同总收入 8 000 000 元。至 2013 年 12 月 31 日，甲公司已发生成本 4 400 000 元（假定均为开发人员薪酬），预收账款 5 000 000 元。甲公司预计开发该软件还将发生成本 1 600 000 元。2013 年 12 月 31 日，经专业测量师测量，该软件的完工进度为 60%。假定甲公司按季度编制财务报表。甲公司的账务处理如下：

（1）计算：

2013 年 12 月 31 日确认提供劳务收入＝8 000 000×60%－0＝4 800 000（元）

2013 年 12 月 31 日确认提供劳务成本＝（4 400 000＋1 600 000）×60%－0＝3 600 000（元）

（2）会计分录：

①实际发生劳务成本时：

借：劳务成本　　　　4 400 000

　贷：应付职工薪酬　　　　4 400 000

②预收劳务款项时：

借：银行存款　　　　5 000 000

　贷：预收账款　　　　5 000 000

③2013 年 12 月 31 日确认提供劳务收入并结转劳务成本时：

借：预收账款　　　　4 800 000

　贷：主营业务收入　　　　4 800 000

借：主营业务成本　　　　3 600 000

　贷：劳务成本　　　　3 600 000

11.1.3.2　提供劳务交易结果不能可靠地估计收入的确认与计量

企业在资产负债表日提供劳务交易结果不能够可靠地估计的，即不能同时满足提供劳务交易结果能够可靠地估计的四个条件时，企业不能采用完工百分比法确认提供劳务收入。此时，企业应正确预计已经发生的劳务成本能够得到补偿或不能得到补偿，分别进行账务处理：①已经发生的劳务成本预计能够得到补偿的，应按已收或预计能够收回的金额确认提供劳务收入，并结转已经发生的劳务成本；②已经发生的劳务成本预计全部不能得到补偿的，应将已经发生的劳务成本计入当期损益，不确认提供劳务收入。

例 11－21　甲公司于 2013 年 12 月 25 日接受乙公司委托，为其培训一批学员，培训期为 6 个月，将于 2014 年 1 月 1 日开学。协议约定，乙公司应向甲公司支付的培训费总额为 60 000 元，分三次等额支付，第一次在开学时预付，第二次在 2014 年 3 月 1 日支付，第三次在培训结束时支付。

2014 年 1 月 1 日，乙公司预付第一次培训费。至 2014 年 2 月 28 日，甲公司发生培训成本 15 000 元（假定均为培训人员薪酬）。2014 年 3 月 1 日，甲公司得知乙公司经营发生困难，后两次培训费能否收回难以确定。甲公司的账务处理如下：

(1) 2014 年 1 月 1 日收到乙公司预付的培训费时：

借：银行存款　　20 000

　贷：预收账款　　20 000

(2) 实际发生培训支出 15 000 元时：

借：劳务成本　　15 000

　贷：应付职工薪酬　　15 000

(3) 2014 年 2 月 28 日确认提供劳务收入并结转劳务成本时：

借：预收账款　　15 000

　贷：主营业务收入　　15 000

借：主营业务成本　　15 000

　贷：劳务成本　　15 000

11.1.3.3 同时销售商品和提供劳务交易收入的确认与计量

企业与其他企业签订的合同或协议，有时既包括销售商品又包括提供劳务，如销售电梯的同时负责安装工作、销售软件后继续提供技术支持、设计产品同时负责生产等。此时，如果销售商品部分和提供劳务部分能够被区分且能够单独计量的，企业应当分别核算销售商品部分和提供劳务部分，将销售商品的部分作为销售商品处理，将提供劳务的部分作为提供劳务处理；如果销售商品部分和提供劳务部分不能被区分，或虽能区分但不能够单独计量的，企业应当将销售商品部分和提供劳务部分全部作为销售商品部分进行会计处理。

例 11－22　甲公司与乙公司签订合同，向乙公司销售一部电梯并负责安装。甲公司开出的增值税专用发票上注明的价款合计为 1 000 000 元，其中电梯销售价格为 980 000元，安装费为 20 000 元，增值税税额为 170 000 元。

电梯的成本为 560 000 元；电梯安装过程中发生安装费 12 000 元，均为安装人员薪酬。假定电梯已经安装完成并经验收合格，但款项尚未收到；安装工作是销售合同的重要组成部分。甲公司的账务处理如下：

(1) 电梯发出时：

借：发出商品　　560 000

　贷：库存商品　　560 000

(2) 发生安装费用 12 000 元时：

借：劳务成本　　12 000

　贷：应付职工薪酬　　12 000

(3) 电梯销售实现确认收入 980 000 元并结转电梯成本 560 000 元时：

借：应收账款　　1 150 000

　贷：主营业务收入　　980 000

　　　应交税费——应交增值税（销项税额）　　170 000

借：主营业务成本　　560 000

　贷：发出商品　　560 000

(4)确认安装费收入20 000元并结转安装成本12 000元时：

借：应收账款　　20 000

　贷：主营业务收入　　20 000

借：主营业务成本　　12 000

　贷：劳务成本　　12 000

例 11 - 23　沿用例 11 - 22 的资料。假定电梯销售价格和安装费用无法区分。甲公司的账务处理如下：

(1)电梯发出时：

借：发出商品　　560 000

　贷：库存商品　　560 000

(2)发生安装费用12 000元时：

借：劳务成本　　12 000

　贷：应付职工薪酬　　12 000

(3)销售实现确认收入1 000 000元并结转成本572 000元时：

借：应收账款　　1 170 000

　贷：主营业务收入　　1 000 000

　　应交税费——应交增值税(销项税额)　　170 000

借：主营业务成本　　572 000

　贷：发出商品　　560 000

　　劳务成本　　12 000

11.1.3.4　其他特殊劳务收入的确认与计量

下列提供劳务满足收入确认条件的，应按规定确认收入：

(1)安装费，在资产负债表日根据安装的完工进度确认为收入。安装工作是商品销售附带条件的，安装费通常应在确认商品销售实现时确认为收入。

(2)宣传媒介的收费，在相关的广告或商业行为开始出现于公众面前时确认为收入。广告的制作费，通常应在资产负债表日根据广告的完工进度确认为收入。

(3)为特定客户开发软件的收费，在资产负债表日根据开发的完工进度确认为收入。

(4)包括在商品售价内可区分的服务费，在提供服务的期间内分期确认为收入。

(5)艺术表演、招待宴会和其他特殊活动的收费，在相关活动发生时确认为收入。收费涉及多项活动的，预收的款项应合理分配给每项活动，分别确认为收入。

(6)申请人会费和会员费只允许取得会籍，所有其他服务或商品都要另行收费的，通常应在款项收回不存在重大不确定性时确认为收入。申请入会费和会员费能使会员在会员期内得到各种服务或出版物，或者以低于非会员的价格销售商品或提供服务的，通常应在整个受益期内分期确认为收入。

(7)属于提供设备和其他有形资产的特许权费，通常应在交付资产或转移资产所有权时确认为收入；属于提供初始及后续服务的特许权费，通常应在提供服务时确认为收入。

例 11－24 甲公司与乙公司签订协议，甲公司允许乙公司经营其连锁店。协议约定，甲公司共向乙公司收取特许权费 600 000 元，其中提供家具、柜台等收费 200 000 元，这些家具、柜台成本为 180 000 元；提供初始服务，如帮助选址、培训人员、融资、广告等收费 300 000 元，共发生成本 200 000 元（其中，140 000 元为人员薪酬，60 000元为支付的广告费用）；提供后续服务收费 100 000 元，发生成本 50 000 元（均为人员薪酬）。协议签订当日，乙公司一次性付清所有款项。假定不考虑其他因素，甲公司的账务处理如下：

①收到款项时：

借：银行存款　　600 000

　贷：预收账款　　600 000

②确认家具、柜台的特许权费收入并结转成本时：

借：预收账款　　200 000

　贷：主营业务收入　　200 000

借：主营业务成本　　180 000

　贷：库存商品　　180 000

③提供初始服务时：

借：劳务成本　　200 000

　贷：应付职工薪酬　　140 000

　　　银行存款　　60 000

借：预收账款　　300 000

　贷：主营业务收入　　300 000

借：主营业务成本　　200 000

　贷：劳务成本　　200 000

④提供后续服务时：

借：劳务成本　　50 000

　贷：应付职工薪酬　　50 000

借：预收账款　　100 000

　贷：主营业务收入　　100 000

借：主营业务成本　　50 000

　贷：劳务成本　　50 000

（8）长期为客户提供重复劳务收取的劳务费，通常应在相关劳务活动发生时确认为收入。

例 11－25 甲公司与某住宅小区物业产权人签订合同，为该住宅小区所有住户提供维修、清洁、绿化、保安及代收水电费等劳务，每月末收取劳务费 50 000 元。假定月末款项均已收到，不考虑其他因素。甲公司的账务处理如下：

借：银行存款　　50 000

　贷：主营业务收入　　50 000

11.1.4　让渡资产使用权收入

11.1.4.1　让渡资产使用权收入的确认

让渡资产使用权收入主要包括：①利息收入，主要是指金融企业对外贷款形成的利息收入，以及同业之间发生往来形成的利息收入等。②使用费收入，主要是指企业转让无形资产（如商标权、专利权、专营权、软件、版权）等资产的使用权形成的使用费收入。

企业对外出租资产收取的租金、进行债权投资收取的利息、进行股权投资取得的现金股利，也构成让渡资产使用权收入，有关的会计处理，请参照有关租赁、金融工具确认和计量、长期股权投资等内容。

让渡资产使用权收入同时满足下列条件的，才能予以确认：

（1）相关的经济利益很可能流入企业。

相关的经济利益很可能流入企业，是指让渡资产使用权收入金额收回的可能性大于不能收回的可能性。企业在确定让渡资产使用权收入金额能否收回时，应当根据对方企业的信誉和生产经营情况、双方就结算方式和期限等达成的合同或协议条款等因素，综合进行判断。如果企业估计让渡资产使用权收入金额收回的可能性不大，就不应确认收入。

（2）收入的金额能够可靠地计量。

收入的金额能够可靠地计量，是指让渡资产使用权收入的金额能够合理地估计。如果让渡资产使用权收入的金额不能够合理地估计，则不应确认收入。

11.1.4.2　让渡资产使用权收入的计量

1. 利息收入

企业应在资产负债表日，按照他人使用本企业货币资金的时间和实际利率计算确定利息收入金额。按计算确定的利息收入金额，借记“应收利息”“银行存款”等科目，贷记“利息收入”“其他业务收入”等科目。

例 11 −26　甲商业银行于2014年10月1日向乙公司发放一笔200万元的贷款，期限为1年，年利率为5%，甲银行发放贷款时没有发生交易费用，该贷款合同利率与实际利率相同。假定甲商业银行按季度编制财务报表，不考虑其他因素。甲商业银行的账务处理如下：

（1）2014年10月1日对外贷款时：

借：贷款　　2 000 000

　贷：吸收存款　　2 000 000

（2）2014年12月31日确认利息收入时：

借：应收利息（2 000 000 ×5% ÷4）　　25 000

　贷：利息收入　　25 000

2. 使用费收入

使用费收入应当按照有关合同或协议约定的收费时间和方法计算确定。不同的使用费收入，收费时间和方法各不相同。有一次性收取一笔固定金额的，如一次收取10年的场地使用费；有在合同或协议规定的有效期内分期等额收取的，如合同或协议规定在使用期内每期收取一笔固定的金额；也有分期不等额收取的，如合同或协议规定按资产使用方每期销售额的百分比收取使用费等。

如果合同或协议规定一次性收取使用费，且不提供后续服务的，应当视同销售该项资产一次性确认收入；提供后续服务的，应在合同或协议规定的有效期内分期确认收入。如果合同或协议规定分期收取使用费的，通常应按合同或协议规定的收款时间和金额或规定的收费方法计算确定的金额分期确认收入。

例 11－27 甲软件公司向乙公司转让某软件的使用权，一次性收费 40 000 元，不提供后续服务，款项已经收回。假定不考虑其他因素。甲公司的账务处理如下：

借：银行存款 40 000

贷：其他业务收入 40 000

例 11－28 丙公司向丁公司转让其商品的商标使用权，约定丁公司每年年末按年销售收入的 10% 支付使用费，使用期 10 年。第一年，丁公司实现销售收入 1 000 000 元；第二年，丁公司实现销售收入 1 500 000 元。假定丙公司均于每年年末收到使用费，不考虑其他因素。丙公司的账务处理如下：

(1) 第一年年末确认使用费收入时：

借：银行存款(1 000 000×10%) 100 000

贷：其他业务收入 100 000

(2) 第二年年末确认使用费收入时：

借：银行存款(1 500 000×10%) 150 000

贷：其他业务收入 150 000

11.1.5 建造合同收入

11.1.5.1 建造合同概述

建筑安装企业和生产飞机、船舶、大型机械设备等产品的工业制造企业，其生产活动、经营方式不同于一般工商企业，有其特殊性：①这类企业所建造或生产的产品通常体积巨大，如建造的房屋、道路、桥梁、水坝等，或生产的飞机、船舶、大型机械设备等；②建造或生产产品的周期比较长，往往跨越一个或几个会计期间；③所建造或生产的产品的价值比较大。因此，在现实经济生活中，这类企业在开始建造或生产产品之前，通常要与产品的需求方(即客户)签订建造合同。建造合同是指为建造一项或数项在设计、技术、功能、最终用途等方面密切相关的资产而订立的合同。合同的甲方称为客户，乙方称为建造承包商。

建造合同分为固定造价合同和成本加成合同。

固定造价合同，是指按照固定的合同价或固定单价确定工程价款的建造合同。例如，建造一座办公楼，合同规定总造价为 3 000 万元；建造一条公路，合同规定每公里单价为 400 万元。

成本加成合同，是指以合同约定或其他方式议定的成本为基础，加上该成本的一定比例或定额费用确定工程价款的建造合同。例如，建造一艘船舶，合同总价款以建造该船舶的实际成本为基础，加收3%计取；建造一段地铁，合同总价款以建造该段地铁的实际成本为基础，每公里加收600万元。

11.1.5.2 合同的分立与合并

企业通常应当按照单项建造合同进行会计处理。但是，在某些情况下，为了反映一项或一组合同的实质，需要将单项合同进行分立或将数项合同进行合并。

1. 合同分立

有的资产建造虽然在形式上只签订了一项合同，但其中各项资产在商务谈判、设计施工、价款结算等方面都是可以相互分离的，实质上是多项合同，在会计上应当作为不同的核算对象。

一项包括建造数项资产的建造合同，同时满足下列三项条件的，每项资产应当分立为单项合同：①每项资产均有独立的建造计划；②与客户就每项资产单独进行谈判，双方能够接受或拒绝与每项资产有关的合同条款；③每项资产的收入和成本可以单独辨认。

例11－29 某建筑公司与客户签订一项合同，为客户建造一栋宿舍楼和一座食堂。在签订合同时，建筑公司与客户分别就所建宿舍楼和食堂进行谈判，并达成一致意见：宿舍楼的工程造价为500万元，食堂的工程造价为200万元。宿舍楼和食堂均有独立的施工图预算，宿舍楼的预计总成本为450万元，食堂的预计总成本为170万元。

根据上述资料分析：由于宿舍楼和食堂均有独立的施工图预算，因此符合条件①；由于在签订合同时，建筑公司与客户分别就所建宿舍楼和食堂进行谈判，并达成一致意见，因此符合条件②；由于宿舍楼和食堂均有单独的造价和预算成本，因此符合条件③。建筑公司应将建造宿舍楼和食堂分立为两个单项合同进行会计处理。

如果不同时满足上述三个条件，则不能将合同分立，而应将其作为一个合同进行会计处理。假如上例中，没有明确宿舍楼和食堂各自的工程造价，而是以700万元的总金额签订了该项合同，也未作出各自的预算成本，这时不符合条件③，则建筑公司不能将该项合同分立为两个单项合同进行会计处理。

2. 合同合并

有的资产建造虽然形式上签订了多项合同，但各项资产在设计、技术、功能、最终用途上是密不可分的，实质上是一项合同，在会计上应当作为一个核算对象。

一组合同无论对应单个客户还是多个客户，同时满足下列三项条件的，应当合并为单项合同：①该组合同按一揽子交易签订；②该组合同密切相关，每项合同实际上已构成一项综合利润率工程的组成部分；③该组合同同时或依次履行。

例11－30 为建造一个冶炼厂，某建造承包商与客户一揽子签订了三项合同，分别建造一个选矿车间、一个冶炼车间和一个工业污水处理系统。根据合同规定，这三个工程将由该建造承包商同时施工，并根据整个项目的施工进度办理价款结算。

根据上述资料分析，由于这三项合同是一揽子签订的，表明符合条件①。对客户而言，只有这三项合同全部完工交付使用时，该冶炼厂才能投料生产，发挥效益；对建造承包商而言，这三项合同的各自完工进度，直接关系到整个建设项目的完工进度和价款结算，并且建造承包商对工程施工人员和工程用料实行统一管理。因此，该组合同密切相关，已构成一项综合利润率工程项目，表明符合条件②。该组合同同时履行，表明符合条件③。因此，该建造承包商应将该组合同合并为一个合同进行会计处理。

3. 追加资产的建造

有时，建造合同在执行中，客户可能会提出追加建造资产的要求，从而与建造承包商协商变更原合同内容或者另行签订建造追加资产的合同。根据不同情况，建造追加资产的合同可能与原合同合并为一项合同进行会计核算，也可能作为单项合同单独核算。

追加资产的建造，满足下列条件之一的，应当作为单项合同：①该追加资产在设计、技术或功能上与原合同包括的一项或数项资产存在重大差异；②议定该追加资产的造价时，不需要考虑原合同价款。

例 11－31 某建筑商与客户签订了一项建造合同。合同规定，建筑商为客户设计并建造一栋教学楼，教学楼的工程造价(含设计费用)为600 万元，预计总成本为550 万元。合同履行一段时间后，客户决定追加建造一座地上车库，并与该建筑商协商一致，变更了原合同内容。

根据上述资料分析：由于该地上车库在设计、技术和功能上与原合同包括的教学楼存在重大差异，表明符合条件①，因此该追加资产的建造应当作为单项合同。

11.1.5.3 合同收入与合同成本

1. 合同收入的组成

合同收入包括两部分内容：①合同规定的初始收入。即建造承包商与客户签订的合同中最初商定的合同总金额，它构成了合同收入的基本内容。②因合同变更、索赔、奖励等形成的收入。

合同变更是指客户为改变合同规定的作业内容而提出的调整。合同变更款同时满足下列条件的，才能构成合同收入：①客户能够认可因变更而增加的收入；②该收入能够可靠地计量。例如，某建造承包商与客户签订了一项建造图书馆的合同，规定建设期为3 年。第二年，客户要求将原设计中采用的铝合金门窗改为塑钢门窗，并同意增加合同造价 50 万元。本例中，建造承包商可在第二年将因合同变更而增加的收入 50 万元认定为合同收入的组成部分；假如建造承包商认为此项变更应增加造价 50 万元，但双方最终只达成增加造价 40 万元的协议，则只能将 40 万元认定为合同收入的组成部分。

索赔款是指因客户或第三方的原因造成的、向客户或第三方收取的、用以补偿不包括在合同造价中成本的款项。索赔款同时满足下列条件的，才能构成合同收入：①根据谈判情况，预计对方能够同意该项索赔；②对方同意接受的金额能够可靠地计量。例如，某建造承包商与客户签订了一项建造水电站的合同。合同规定的建设期是 2011 年1 月至 2014 年 12 月；同时规定，发电机由客户采购，于 2012 年 10 月交付建造承包商进行安装。该项合同在执行过程中，客户于 2014 年 1 月才将发电机交付建造承包商。建造承包商因客户交货延期要求客户支付延误工期款 150 万元。本例中，假如客户不同意支付延误工期款，则不能将 150 万元计入合同总收入；假如客户只同意支付延误工期款 100 万元，则只能将 100 万元认定为合同收入的组成部分。

奖励款是指工程达到或超过规定的标准，客户同意支付的额外款项。奖励款同时满足下列条件的，才能构成合同收入：①根据合同目前完成情况，足以判断工程进度和工程质量能够达到或超过规定的标准；②奖励金额能够可靠地计量。例如，某建造承包商与客户签订了一项建造大桥的合同，合同规定的建设期为2011 年10 月25 日至2014 年10 月25 日。2014 年7 月，主体工程已基本完工，工程质量符合设计要求，有望提前3个月竣工，客户同意向建造承包商支付提前竣工奖金100 万元。本例中，假如该项合同的主体工程虽于2014 年7 月基本完工，但是经工程监理人员认定，工程质量未达到设计要求，还需进一步施工，则不能认定奖励款构成合同收入。

2. 合同成本的组成

合同成本是指为建造某项合同而发生的相关费用，合同成本包括从合同签订开始至合同完成止所发生的、与执行合同有关的直接费用和间接费用。这里所说的"直接费用"是指为完成合同所发生的、可以直接计入合同成本核算对象的各项费用支出；"间接费用"是指为完成合同所发生的、不宜直接归属于合同成本核算对象而应分配计入有关合同成本核算对象的各项费用支出。实务中，间接费用的分配方法主要有人工费用比例法、直接费用比例法等。与合同有关的零星收益，即在合同执行过程中取得的、非经常性的零星收益，如完成合同后处置残余物资取得的收益，不应计入合同收入而应冲减合同成本。

(1)直接费用的组成。

合同的直接费用包括四项内容：耗用的材料费用、耗用的人工费用、耗用的机械使用费和其他直接费用。

耗用的材料费用主要包括施工生产过程中耗用的构成工程实体或有助于形成工程实体的原材料、辅助材料、构配件、零件、半成品的成本和周转材料的摊销及租赁费用。周转材料是指企业在施工过程中能多次使用并可基本保持原来的实物形态而逐渐转移其价值的材料，如施工中使用的模板、挡板和脚手架等。

耗用的人工费用主要包括从事工程建造的人员的工资、奖金、津贴补贴、职工福利费等职工薪酬。

耗用的机械使用费主要包括施工生产过程中使用自有施工机械所发生的机械使用费、租用外单位施工机械支付的租赁费和施工机械的安装、拆卸和进出场费。

其他直接费用是指在施工过程中发生的除上述三项直接费用以外的其他可以直接计入合同成本核算对象的费用。主要包括有关的设计和技术援助费用、施工现场材料的二次搬运费、生产工具和用具使用费、检验试验费、工程定位复测费、工程点交费用、场地清理费用等。

(2)间接费用的组成。

间接费用主要包括临时设施摊销费用和企业下属的施工、生产单位组织和管理施工生产活动所发生的费用，如管理人员薪酬、劳动保护费、固定资产折旧费及修理费、物料消耗、取暖费、水电费、办公费、差旅费、财产保险费、工程保修费、排污费等。这里所说的"施工单位"是指建筑安装企业的施工队、项目经理部门等；"生产单位"是指船舶、飞机、大型机械设备等制造企业的生产车间。这些单位可能同时组织实施几项合同，其发生的费用应由这几项合同的成本共同负担。

(3)因订立合同而发生的费用。

建造承包商为订立合同而发生的差旅费、投标费等，能够单独区分和可靠计量且合同很可能订立的，应当予以归集，待取得合同时计入合同成本；未满足上述条件的，应当计入当期损益。

(4)不计入合同成本的各项费用。

下列各项费用属于期间费用，应在发生时计入当期损益，不计入建造合同成本：

①企业行政管理部门为组织和管理生产经营活动所发生的管理费用。这里所述的"企业行政管理部门"包括建筑安装公司的总公司以及船舶、飞机、大型机械设备制造企业等企业总部。

②船舶等制造企业的销售费用。

③企业为建造合同借入款项所发生的、不符合借款费用准则规定的资本化条件的借款费用。例如，企业在建造合同完成后发生的利息净支出、汇兑净损失、金融机构手续费以及筹资发生的其他财务费用。

11.1.5.4　合同收入与合同费用的确认

合同收入与合同费用确认的基本原则是：①如果建造合同的结果能够可靠地估计，企业应根据完工百分比法在资产负债表日确认合同收入和合同费用。②如果建造合同的结果不能可靠地估计，应分两种情况进行处理：合同成本能够收回的，合同收入根据能够收回的实际合同成本金额予以确认，合同成本在其发生的当期确认为合同费用；合同成本不可能收回的，应在发生时立即确认为合同费用，不确认合同收入。

合同预计总成本超过合同总收入的，应当将预计损失确认为当期费用。

1. 结果能够可靠地估计的建造合同

建造合同的结果能够可靠地估计的，企业应根据完工百分比法在资产负债表日确认合同收入和合同费用。完工百分比法是根据合同完工进度确认合同收入和费用的方法，运用这种方法确认合同收入和费用，能为报表使用者提供有关合同进度及本期业绩的有用信息。

(1)建造合同的结果能够可靠地估计的认定标准。

固定造价合同的结果能够可靠地估计的认定标准为同时具备以下四个条件：①合同总收入能够可靠地计量；②与合同相关的经济利益很可能流入企业；③实际发生的合同成本能够清楚地区分和可靠地计量；④合同完工进度和为完成合同尚需发生的成本能够可靠地确定。

成本加成合同的结果能够可靠估计的认定标准为同时具备以下两个条件：①与合同相关的经济利益很可能流入企业；②实际发生的合同成本能够清楚地区分和可靠地计量。

(2)完工进度的确定。

确定合同完工进度有以下三种方法：

①根据累计实际发生的合同成本占合同预计总成本的比例确定。该方法是确定合同完工进度比较常用的方法。计算公式如下：

合同完工进度 = 累计实际发生的合同成本 ÷ 合同预计总成本 ×100%

累计实际发生的合同成本是指形成工程完工进度的工程实体和工作量所耗用的直接成本和间接成本，不包括与合同未来活动相关的合同成本（如施工中尚未安装、使用或耗用的材料成本），以及在分包工程的工作量完成之前预付给分包单位的款项（根据分包工程进度支付的分包工程进度款，应构成累计实际发生的合同成本）。

例11－32 某建筑公司承建A工程，工期2年，A工程的预计总成本为2 000万元。第一年，该建筑公司的"工程施工——A工程"账户的实际发生额为1 200万元，其中：人工费400万元，材料费500万元，机械作业费250万元，其他直接费用和工程间接费用50万元。经查明，A工程领用的材料中有一批虽已运到施工现场但尚未使用，尚未使用的材料成本为100万元。根据上述资料计算第一年的完工进度如下：

合同完工进度＝(1 200－100)÷2 000×100%　＝55%

②根据已经完成的合同工作量占合同预计总工作量的比例确定。该方法适用于合同工作量容易确定的建造合同，如道路工程、土石方挖掘、砌筑工程等。计算公式如下：

合同完工进度＝已经完成的合同工作量÷合同预计总工作量×100%

③根据实际测定的完工进度确定。该方法是在无法根据上述两种方法确定合同完工进度时所采用的一种特殊的技术测量方法，适用于一些特殊的建造合同，如水下施工工程等。需要注意的是，这种技术测量并不是由建造承包商自行随意测定，而应由专业人员到现场进行科学测定。

(3)完工百分比法的运用。

确定建造合同的完工进度后，就可以根据完工百分比法确认和计量当期的合同收入和费用。当期确认的合同收入和费用可用下列公式计算：

当期确认的合同收入＝合同总收入×完工进度－以前会计期间累计已确认的收入

当期确认的合同费用＝合同预计总成本×完工进度－以前会计期间累计已确认的费用

当期确认的合同毛利＝当期确认的合同收入－当期确认的合同费用

上述公式中的完工进度指累计完工进度。

对于当期完成的建造合同，应当按照实际合同总收入扣除以前会计期间累计已确认收入后的金额，确认为当期合同收入；同时，按照累计实际发生的合同成本扣除以前会计期间累计已确认费用后的金额，确认为当期合同费用。

例11－33 某建筑企业签订了一项总金额为2 700 000元的固定造价合同，合同完工进度按照累计实际发生的合同成本占合同预计总成本的比例确定。工程于2013年2月开工，当时预计2015年9月完工。最初预计的工程总成本为2 500 000元，到2014年年底，由于材料价格上涨等因素调整了预计总成本，预计工程总成本已调整为3 000 000元。该建筑企业于2015年7月提前两个月完成了建造合同，工程质量优良，客户同意支付奖励款300 000元。建造该工程的其他有关资料如表11－2所示。

表 11-2 例 11-33 建筑工程相关资料 金额单位：元

项 目	2013 年	2014 年	2015 年
累计实际发生成本	800 000	2 100 000	2 950 000
预计完成合同尚需发生成本	1 700 000	900 000	—
结算合同价款	1 000 000	1 100 000	900 000
实际收到价款	800 000	900 000	1 300 000

该建筑企业对本项建造合同的有关账务处理如下(为简化起见，会计分录以汇总数反映，有关纳税业务的会计分录略)：

(1)2013 年账务处理：

登记实际发生的合同成本：

借：工程施工——合同成本 800 000

贷：原材料、应付职工薪酬、机械作业等 800 000

登记已结算的合同价款：

借：应收账款 1 000 000

贷：工程结算 1 000 000

登记实际收到的合同价款：

借：银行存款 800 000

贷：应收账款 800 000

确认计量当年的合同收入和费用，并登记入账：

2013 年的完工进度 =800 000 ÷(800 000 +1 700 000) ×100% =32%

2013 年确认的合同收入 =2 700 000 ×32% =864 000(元)

2013 年确认的合同费用 =(800 000 +1 700 000) ×32% = 800 000(元)

2013 年确认的合同毛利 =864 000 - 800 000 = 64 000(元)

借：主营业务成本 800 000

工程施工——合同毛利 64 000

贷：主营业务收入 864 000

(2) 2014 年的账务处理如下：

登记实际发生的合同成本：

借：工程施工——合同成本 1 300 000

贷：原材料、应付职工薪酬、机械作业等 1 300 000

登记结算的合同价款：

借：应收账款 1 100 000

贷：工程结算 1 100 000

登记实际收到的合同价款：

借：银行存款 900 000

贷：应收账款 900 000

确认计量当年的合同收入和费用，并登记入账：

2014 年的完工进度 =2 100 000 ÷ (2 100 000 +900 000) ×100% =70%

2014 年确认的合同收入 =2 700 000 ×70% −864 000 =1 026 000(元)

2014 年确认的合同费用 = (2 100 000 +900 000) ×70% −800 000 =1 300 000(元)

2014 年确认的合同毛利 =1 026 000 −1 300 000 = −274 000(元)

2014 年确认的合同预计损失 = (2 100 000 +900 000 −2 700 000) × (1 −70%) = 90 000(元)

注：在 2014 年年底，由于该合同预计总成本(3 000 000 元)大于合同总收入(2 700 000 元)，预计发生损失总额为 300 000 元，由于已在“工程施工——合同毛利”明细科目中反映了 210 000(64 000 −274 000)元的亏损，因此应将剩余的、为完成工程将发生的预计损失 90 000 元确认为当期费用。

借：主营业务成本　　1 300 000
　贷：主营业务收入　　1 026 000
　　　工程施工——合同毛利　　274 000

借：资产减值损失　　90 000
　贷：存货跌价准备　　90 000

(3) 2015 年的账务处理如下：

登记实际发生的合同成本：

借：工程施工——合同成本　　850 000
　贷：原材料、应付职工薪酬、机械作业等　850 000

登记结算的合同价款：

借：应收账款　　900 000
　贷：工程结算　　900 000

登记实际收到的合同价款：

借：银行存款　　1 300 000
　贷：应收账款　　1 300 000

确认计量当年的合同收入和费用，并登记入账：

2015 年确认的合同收入 = (2 700 000 +300 000) −(864 000 +1 026 000) =1 110 000(元)

2015 年确认的合同费用 =2 950 000 −800 000 −1 300 000 =850 000(元)

2015 年确认的合同毛利 =1 110 000 −850 000 =260 000(元)

借：主营业务成本　　850 000
　　工程施工——合同毛利　　260 000
　贷：主营业务收入　　1 110 000

2015 年 7 月工程全部完工，应将“存货跌价准备”科目相关余额冲减“主营业务成本”科目的余额，同时将“工程施工”科目的余额与“工程结算”科目的余额相对冲：

借：存货跌价准备　　90 000
　贷：主营业务成本　　90 000

借：工程结算　　　　　　　　　　　3 000 000
　贷：工程施工——合同成本　　　　　　　2 950 000
　　　　　　——合同毛利　　　　　　　　　50 000

2. 结果不能可靠地估计的建造合同

如果建造合同的结果不能可靠地估计，则不能采用完工百分比法确认和计量合同收入和费用，而应区别以下两种情况进行会计处理：①合同成本能够收回的，合同收入根据能够收回的实际合同成本予以确认，合同成本在其发生的当期确认为合同费用；②合同成本不可能收回的，应在发生时立即确认为合同费用，不确认合同收入。

例 11－34　某建筑公司与客户签订了一项总金额为 120 万元的建造合同。第一年实际发生工程成本 50 万元，双方均能履行合同规定的义务，但建筑公司在年末时对该项工程的完工进度无法可靠地确定。

本例中，该公司不能采用完工百分比法确认收入。由于客户能够履行合同，当年发生的成本均能收回，所以公司可将当年发生的成本金额同时确认为当年的收入和费用，当年不确认利润。其账务处理如下：

借：主营业务成本　　　　　　　　　　500 000
　贷：主营业务收入　　　　　　　　　　　500 000

如果该公司当年与客户只办理价款结算 30 万元，其余款项可能收不回来。在这种情况下，该公司只能将 30 万元确认为当年的收入，50 万元应确认为当年的费用。其账务处理如下：

借：主营业务成本　　　　　　　　　　500 000
　贷：主营业务收入　　　　　　　　　　　300 000
　　　工程施工——合同毛利　　　　　　　200 000

如果建造合同的结果不能可靠地估计的不确定因素不复存在，就不应再按照上述规定确认合同收入和费用，而应转为按照完工百分比法确认合同收入和费用。

例 11－35　沿用例 11－34，如果到第二年，完工进度无法可靠地确定的因素消除。第二年实际发生成本为 30 万元，预计为完成合同尚需发生的成本为 20 万元，则企业应当计算合同收入和费用如下：

第二年合同完工进度 $= (50 + 30) \div (50 + 30 + 20) \times 100\% = 80\%$

第二年确认的合同收入 $= 120 \times 80\% - 30 = 66$（万元）

第二年确认的合同成本 $= (50 + 30 + 20) \times 80\% - 50 = 30$（万元）

第二年确认的合同毛利 $= 66 - 30 = 36$（万元）

其账务处理如下：

借：主营业务成本　　　　　　　　　　300 000
　　工程施工——合同毛利　　　　　　360 000
　贷：主营业务收入　　　　　　　　　　　660 000

3. 合同预计损失的处理

如果建造承包商正在建造的资产类似于工业企业的在产品，且性质上属于建造承包商的存货，则期末应当对其进行减值测试。如果建造合同的预计总成本超过合同总收入，则形成合同预计损失，应提取损失准备，并确认为当期费用。合同完工时，将已提取的损失准备冲减合同费用。

例 11 -36 某建筑公司签订了一项总金额为 120 万元的固定造价合同，最初预计总成本为 100 万元。第一年实际发生成本 70 万元。年末，预计为完成合同尚需发生成本 55 万元。该合同的结果能够可靠地估计。该公司在年末应进行如下账务处理：

第一年合同完工进度 =70 ÷(70 +55) ×100% =56%

第一年确认的合同收入 =120 ×56% =67.2(万元)

第一年确认的合同费用 = (70 +55) ×56% =70(万元)

第一年确认的合同毛利 = 67.2 -70 = -2.8(万元)

第一年预计的合同损失 =[(70 +55) -120] ×(1 -56%) =2.2(万元)

其账务处理如下：

借：主营业务成本　　700 000
　贷：主营业务收入　　672 000
　　　工程施工——合同毛利　　28 000

借：资产减值损失　　22 000
　　贷：存货跌价准备　　22 000

11.1.5.5 房地产建造协议收入的确认

企业自行建造或通过分包商建造房地产，应当根据房地产建造协议条款和实际情况，判断确认收入所适用的会计准则。房地产购买方在建造工程开始前能够规定房地产设计的主要结构要素，或者能够在建造过程中决定主要结构变动的，且房地产建造协议符合建造合同的定义，企业应当遵循建造合同准则确认收入；房地产购买方影响房地产设计的能力有限(如仅能对基本设计方案做微小变动)的，企业应当遵循收入准则中有关商品销售收入的原则确认收入。

11.2 费用

11.2.1 费用的确认

费用是指企业在日常生产经营活动中发生的、会导致所有者权益减少的、与向所有者分配利润无关的经济利益的总流出。

费用有狭义和广义之分。广义的费用泛指企业各种日常生产经营活动发生的所有耗费，狭义的费用仅指与本期营业收入相配比的那部分耗费。费用应按照权责发生制和配比原则确认，凡应属于本期发生的费用，不论其款项是否支付，均确认为本期费用；反之，不属于本期发生的费用，即使其款项已在本期支付，也不确认为本期费用。

在确认费用时，首先应当划分生产费用与非生产费用的界限。生产费用是指与企业日常生产经营活动有关的费用，如生产产品所发生的原材料费用、人工费用等；非生产费用是指不属于生产费用的费用，如用于购建固定资产所发生的费用，不属于生产费用。其次，应当分清生产费用与产品成本的界限。生产费用与一定的期间相联系，而与生产的产品无关；产品成本与产品的品种和数量相联系，而不论发生在哪一期。再次，应当分清生产费用与期间费用的界限。生产费用应当计入产品成本，而期间费用直接计入当期损益。

在确认费用时，对于确认为期间费用的费用，必须进一步划分为管理费用、销售费用和财务费用。对于确认为生产费用的费用，必须根据该费用发生的实际情况分别不同的费用性质将其确认为不同产品所负担的费用；对于几种产品共同发生的费用，必须按受益原则，采用一定方法和程序将其分配计入相关产品的生产成本。本节主要讲述期间费用。

11.2.2 期间费用

期间费用是企业当期发生的费用中的重要组成部分，是指本期发生的、不能直接或间接归入某种产品成本的、直接计入损益的各项费用，包括管理费用、销售费用和财务费用。

1. 管理费用

管理费用是指企业为组织和管理企业生产经营所发生的费用，包括企业在筹建期间内发生的开办费、董事会和行政管理部门在企业的经营管理中发生的或者应由企业统一负担的公司经费（包括行政管理部门职工工资及福利费、物料消耗、低值易耗品摊销、办公费和差旅费等）、工会经费、董事会费（包括董事会成员津贴、会议费和差旅费等）、聘请中介机构费、咨询费（含顾问费）、诉讼费、业务招待费、房产税、车船税、土地使用税、印花税、技术转让费、矿产资源补偿费、研究费用、排污费以及企业生产车间（部门）和行政管理部门等发生的固定资产修理费用等。

企业发生的管理费用，在“管理费用”科目核算，并在“管理费用”科目中按费用项目设置明细科目，进行明细核算。期末，“管理费用”科目的余额结转“本年利润”科目后无余额。

2. 销售费用

销售费用是指企业在销售商品和材料、提供劳务的过程中发生的各种费用，包括企业在销售商品过程中发生的保险费、包装费、展览费和广告费、商品维修费、预计产品质量保证损失、运输费、装卸费等费用，以及为销售本企业商品而专设的销售机构（含销售网点、售后服务网点等）的职工薪酬、业务费、折旧费、固定资产修理费用等费用。

企业发生的销售费用，在“销售费用”科目核算，并在“销售费用”科目中按费用项目设置明细科目，进行明细核算。期末，“销售费用”科目的余额结转“本年利润”科目后无余额。

金融企业应将“销售费用”科目改为“业务及管理费”科目，核算企业在业务经营和管理过程中所发生的各项费用，包括折旧费、业务宣传费、业务招待费、电子设备运转费、钞币运送费、安全防范费、邮电费、劳动保护费、外事费、印刷费、低值易耗品摊销、职工工资及福利费、差旅费、水电费、职工教育经费、工会经费、会议费、诉讼费、公证费、咨询费、无形资产摊销、长期待摊费用摊销、取暖降温费、聘请中介机构费、技术转让费、绿化费、董事会费、财产保险费、劳动保险费、待业保险费、住房公积金、物业管理费、研究费用、提取保险保障基金等。

3. 财务费用

财务费用是指企业为筹集生产经营所需资金等而发生的筹资费用，包括利息支出（减利息收入）、汇兑损益以及相关的手续费、企业发生的现金折扣或收到的现金折扣等。

企业发生的财务费用，在“财务费用”科目核算，并在“财务费用”科目中按费用项目设置明细科目，进行明细核算。期末，“财务费用”科目的余额结转“本年利润”科目后无余额。

11.3 利润

11.3.1 利润的构成

企业作为独立的经济实体，应当以企业自身的经营收入抵补其成本费用，并且实现盈利。企业盈利的多少在很大程度上反映企业生产经营的经济效益，表明企业在每一会计期间的最终经营成果。

利润是指企业在一定会计期间的经营成果。利润包括收入减去费用后的净额、直接计入当期利润的利得和损失等。

直接计入当期的利得和损失，是指应当计入当期损益、会导致所有者权益发生增减变动的、与所有者投入资本或者向所有者分配利润无关的利得或者损失。

利润相关计算公式如下：

营业利润 = 营业收入 - 营业成本 - 营业税金及附加 - 销售费用 - 管理费用 - 财务费用 - 资产减值损失 + 公允价值变动收益（ - 公允价值变动损失）+ 投资收益（ - 投资损失）

其中，营业收入是指企业经营业务所实现的收入总额，包括主营业务收入和其他业务收入。营业成本是指企业经营业务所发生的实际成本总额，包括主营业务成本和其他业务成本。资产减值损失是指企业计提各项资产减值准备所形成的损失。公允价值变动收益（或损失）是指企业的交易性金融资产等公允价值变动形成的应计入当期损益的利得（或损失）。投资收益（或损失）是指企业以各种方式对外投资所取得的收益（或发生的损失）。

利润总额 = 营业利润 + 营业外收入 - 营业外支出

其中，营业外收入（或支出）是指企业发生的与日常活动无直接关系的各项利得（或损失）。

净利润 = 利润总额 - 所得税费用

其中，所得税费用是指企业确认的应从当期利润总额中扣除的所得税费用。

11.3.2 营业外收支的会计处理

营业外收支是指企业发生的与日常活动无直接关系的各项收支。营业外收支虽然与企业生产经营活动没有多大的关系，但从企业主体来考虑，同样带来收入或形成企业的支出，也是增加或减少利润的因素，对企业的利润总额及净利润产生较大的影响。

1. 营业外收入

营业外收入是指企业发生的与日常活动无直接关系的各项利得。营业外收入并不是由企业经营资金耗费所产生的，不需要企业付出代价，实际上是一种纯收入，不可能也不需要与有关费用进行配比。因此，在会计处理上，应当严格区分营业外收入与营业收入的界限。营业外收入主要包括：非流动资产处置利得、非货币性资产交换利得、债务重组利得、政府补助、盘盈利得、捐赠利得等。

非流动资产处置利得包括固定资产处置利得和无形资产出售利得。固定资产处置利得，指企业出售固定资产所取得的价款或报废固定资产的残料价值和变价收入等，扣除固定资产的账面价值、清理费用、处置相关税费后的净收益；无形资产出售利得，指企业出售无形资产所取得的价款扣除出售无形资产的账面价值、出售相关税费后的净收益。

非货币性资产交换利得，指在非货币性资产交换中的换出资产为固定资产、无形资产的，换入资产公允价值大于换出资产账面价值的差额，扣除相关费用后计入营业外收入的金额。

债务重组利得，指重组债务的账面价值超过清偿债务的现金、非现金资产的公允价值、所转股份的公允价值，或者重组后债务账面价值之间的差额。

政府补助，指企业从政府无偿取得货币性资产或非货币性资产形成的利得。

盘盈利得，指企业对于现金等资产清查盘点中盘盈的资产，报经批准后计入营业外收入的金额。

捐赠利得，指企业接受捐赠产生的利得。

企业应当通过“营业外收入”科目，核算营业外收入的取得和结转情况。该科目可按营业外收入项目进行明细核算。期末，应将该科目余额转入“本年利润”科目，结转后该科目无余额。

2. 营业外支出

营业外支出是指企业发生的与日常生产经营活动无直接关系的各项损失。营业外支出主要包括：非流动资产处置损失、非货币性资产交换损失、债务重组损失、公益性捐赠支出、非常损失、盘亏损失等。

非流动资产处置损失包括固定资产处置损失和无形资产出售损失。固定资产处置损失，指企业出售固定资产所取得的价款或报废固定资产的残料价值和变价收入等，不足抵补处置固定资产的账面价值、清理费用、处置相关税费之和的净损失；无形资产出售损失，指企业出售无形资产所取得的价款，不足抵补出售无形资产的账面价值、出售相关税费之和的净损失。

非货币性资产交换损失，指在非货币性资产交换中换出资产为固定资产、无形资产的，换入资产公允价值小于换出资产账面价值的差额，扣除相关费用后计入营业外支出的金额。

债务重组损失，指重组债权的账面余额超过受让资产的公允价值或所转股份的公允价值，或者重组后债权的账面价值之间的差额。

公益性捐赠支出，指企业对外进行公益性捐赠发生的支出。

非常损失，指企业对于因客观因素（如自然灾害等）造成的损失，在扣除保险公司赔偿后计入营业外支出的净损失。

企业应通过“营业外支出”科目，核算营业外支出的发生及结转情况。该科目可按营业外支出项目进行明细核算。期末，应将该科目余额转入“本年利润”科目，结转后该科目无余额。

需要注意的是，营业外收入和营业外支出应当分别核算。在具体核算时，不得以营业外支出直接冲减营业外收入，也不得以营业外收入冲减营业外支出，即企业在会计核算时，应当区别营业外收入和营业外支出进行核算。

11.3.3 本年利润的会计处理

企业应设置“本年利润”科目，核算企业当期实现的净利润（或发生的净亏损）。

企业期（月）末结转利润时，应将各损益类科目的金额转入本科目，结平各损益类科目。结转后本科目的贷方余额为当期实现的净利润，借方余额为当期发生的净亏损。

年度终了，应将本年收入利得和费用、损失相抵后结出的本年实现的净利润，转入“利润分配”科目，借记本科目，贷记“利润分配——未分配利润”科目；如为净亏损作相反的会计分录。结转后本科目应无余额。

12 财务报告编报业务外包

财务报告编报业务主要包括资产负债表的业务处理、现金流量表和利润表的业务处理等。财务报表的业务处理主要在于各项目的正确填写。

12.1 财务报告概述

财务报告，是指企业对外提供的反映企业某一特定日期的财务状况和某一会计期间的经营成果、现金流量等会计信息的文件。财务报告包括财务报表和其他应当在财务报告中披露的相关信息和资料。

12.1.1 财务报表的定义和构成

财务报表是对企业财务状况、经营成果和现金流量的结构性表述。财务报表至少应当包括下列组成部分：①资产负债表；②利润表；③现金流量表；④所有者权益(或股东权益，下同)变动表；⑤附注。

财务报表可以按照不同的标准进行分类。

(1)按财务报表编报期间的不同，可以分为中期财务报表和年度财务报表。中期财务报表是以短于一个完整会计年度的报告期间为基础而编制的财务报表，包括月报、季报和半年报等。

(2)按财务报表编报主体的不同，可以分为个别财务报表和合并财务报表。个别财务报表是由企业在自身会计核算基础上对账簿记录进行加工而编制的财务报表，它主要用以反映企业自身的财务状况、经营成果和现金流量情况。合并财务报表是以母公司和子公司组成的企业集团为会计主体，根据母公司和所属子公司的财务报表，由母公司编制的综合反映企业集团财务状况、经营成果及现金流量的财务报表。

12.1.2 财务报表列报的基本要求

1. 依据各项会计准则确认和计量的结果编制财务报表

企业应当根据实际发生的交易和事项，按照各项具体会计准则的规定进行确认和计量，并在此基础上编制财务报表。企业应当在附注中对这一情况作出声明，只有遵循了企业会计准则的所有规定时，财务报表才被称为“遵循了企业会计准则”。

企业不应以在附注中披露的形式代替对交易和事项的确认和计量。也就是说，企业如果采用不恰当的会计政策，不得通过在附注中披露等其他形式予以更正。

2. 列报基础

在编制财务报表的过程中，企业董事会应当对企业持续经营的能力进行评价，需要考虑的因素包括市场经营风险、企业目前或长期的盈利能力、偿债能力、财务弹性以及企业管理层改变经营政策的意向等。评价后对企业持续经营的能力产生严重怀疑的，应当在附注中披露导致对持续经营能力产生重大怀疑的重要的不确定因素。

非持续经营是企业在极端情况下呈现的一种状态。企业存在以下情况之一的，通常表明企业处于非持续经营状态：①企业已在当期进行清算或停止营业；②企业已经正式决定在下一个会计期间进行清算或停止营业；③企业已确定在当期或下一个会计期间没有其他可供选择的方案而将被迫进行清算或停止营业。企业处于非持续经营状态时，应当采用其他基础编制财务报表。比如，企业处于破产状态时，其资产应当采用可变现净值计量，负债应当按照其预计的结算金额计量等。在非持续经营情况下，企业应当在附注中声明财务报表未以持续经营为基础进行列报，并披露未以持续经营为列报基础的原因以及财务报表的列报基础。

3. 重要性和项目列报

关于项目在财务报表中是单独列报还是合并列报，应当依据重要性原则来判断。具体而言：

(1)性质或功能不同的项目，一般应当在财务报表中单独列报，比如存货和固定资产在性质上和功能上都有本质差别，必须分别在资产负债表上单独列报，但是不具有重要性的项目可以合并列报。

(2)性质或功能类似的项目，一般可以合并列报，但是对其具有重要性的类别应该单独列报。比如原材料、在产品等项目在性质上类似，均通过生产过程形成企业的产品存货，因此可以合并列报，合并之后的类别统称为“存货”在资产负债表上列报。

(3)项目单独列报的原则不仅适用于报表，还适用于附注。某些项目的重要性程度不足以在资产负债表、利润表、现金流量表或所有者权益变动表中单独列报，但是可能对附注而言却具有重要性，在这种情况下应当在附注中单独披露。

(4)重要性是判断项目是否单独列报的重要标准。企业在进行重要性判断时，应当根据所处环境，从项目的性质和金额大小两方面予以判断。一方面，应当考虑该项目的性质是否属于企业日常生产经营活动、是否对企业的财务状况和经营成果具有较大影响等因素；另一方面，判断项目金额大小的重要性，应当通过单项金额占资产总额、负债总额、所有者权益总额、营业收入总额、净利润等直接相关项目金额的比重加以确定。

4. 列报的一致性

可比性是会计信息质量的一项重要质量要求，目的是使同一企业不同期间和同一期间不同企业的财务报表相互可比。为此，财务报表项目的列报应当在各个会计期间保持一致，不得随意变更。这一要求不仅针对财务报表中的项目名称，还针对财务报表项目的分类、排列顺序等方面。

在以下规定的特殊情况下，财务报表项目的列报是可以改变的：①会计准则要求改变；②企业经营业务的性质发生重大变化后，变更财务报表项目的列报能够提供更可靠、更相关的会计信息。

5. 财务报表项目金额间的相互抵销

财务报表项目应当以总额列报，资产和负债、收入和费用不能相互抵销，即不得以净额列报，但企业会计准则另有规定的除外。比如，企业欠客户的应付款不得与其他客户欠本企业的应收款相抵销，如果相互抵销就掩盖了交易的实质。

下列两种情况不属于抵销，可以以净额列示：

(1)资产项目按扣除减值准备后的净额列示，不属于抵销。对资产计提减值准备，表明资产的价值确实已经发生减损，按扣除减值准备后的净额列示，才能反映资产当时的真实价值。

(2)非日常生产经营活动产生的损益以收入扣减费用后的净额列示，也不属于抵销。非日常生产经营活动的发生具有偶然性，并非企业主要的业务，从重要性来讲，非日常生产经营活动产生的损益以收入扣减费用后的净额列示，更有利于报表使用者的理解。

6. 比较信息的列报

企业在编制当期财务报表时，至少应当提供所有列报项目上一个可比会计期间的比较数据，以及与理解当期财务报表相关的说明，目的是向报表使用者提供对比数据，提高信息在会计期间的可比性，以反映企业财务状况、经营成果和现金流量的发展趋势，提高报表使用者的判断与决策能力。

在财务报表项目的列报确需发生变更的情况下，企业应当对上期比较数据按照当期的列报要求进行调整，并在附注中披露调整的原因和性质，以及调整的各项目金额。但是，在某些情况下，对上期比较数据进行调整是不现实的，则应当在附注中披露不能调整的原因。

7. 财务报表表首的列报要求

财务报表一般分为表首、正表两部分。在表首部分企业应当概括地说明下列基本信息：①编报企业的名称，如企业名称在所属当期发生了变更的，还应明确标明；②对资产负债表而言，须披露资产负债表日，而对利润表、现金流量表、所有者权益变动表而言，须披露报表涵盖的会计期间；③货币名称和单位，按照我国企业会计准则的规定，企业应当以人民币作为记账本位币列报，并标明金额单位，如人民币元、人民币万元等；④财务报表是合并财务报表的，应当予以标明。

8. 报告期间

企业至少应当编制年度财务报表。根据《中华人民共和国会计法》的规定，会计年度自公历1月1日起至12月31日止。因此，在编制年度财务报表时，可能存在年度财务报表涵盖的期间短于一年的情况，比如企业在年度中间(如3月1日)开始设立等，在这种情况下，企业应当披露年度财务报表的实际涵盖期间及其短于一年的原因，并说明由此引起财务报表项目与比较数据不具可比性这一事实。

12.2 财务报表的编制

12.2.1 资产负债表的编制

12.2.1.1 资产负债表的内容及结构

1. 资产负债表的内容

资产负债表是指反映企业在某一特定日期财务状况的会计报表。它反映企业在某一特定日期所拥有或控制的经济资源、所承担的现时义务和所有者对净资产的要求权。通过资产负债表，可以提供某一日期资产的总额及其结构，表明企业拥有或控制的资源及其分布情况，使报表使用者可以一目了然地从资产负债表上了解企业在某一特定日期所拥有的资产总量及其结构；可以提供某一日期的负债总额及其结构，表明企业未来需要用多少资产或劳务清偿债务以及清偿时间；可以反映所有者所拥有的权益，据以判断资本保值、增值的情况以及对负债的保障程度。此外，资产负债表还可以提供进行财务分析的基本资料，如将流动资产与流动负债进行比较，计算出流动比率；将速动资产与流动负债进行比较，计算出速动比率等；可以表明企业的变现能力、偿债能力和资金周转能力，从而有助于报表使用者作出经济决策。

2. 资产负债表的结构

在我国，资产负债表采用账户式结构，报表分为左右两方，左方列示资产各项目，反映全部资产的分布及存在形态；右方列示负债和所有者权益各项目，反映全部负债和所有者权益的内容及构成情况。资产负债表左右双方平衡，资产总计等于负债和所有者权益总计，即"资产 = 负债 + 所有者权益"。此外，为了使报表使用者通过比较不同时点资产负债表的数据，掌握企业财务状况的变动情况及发展趋势，企业需要提供有不同时期数据的资产负债表，资产负债表还需要就各项目再分为"年初余额"和"期末余额"两栏分别填列。

12.2.1.2 资产负债表的填列方法

1. 资产负债表"期末余额"栏的填列方法

资产负债表"期末余额"栏一般应根据资产、负债和所有者权益类科目的期末余额填列。

1)根据总账科目余额填列

"交易性金融资产""工程物资""固定资产清理""递延所得税资产""短期借款""交易性金融负债""应付票据""应付职工薪酬""应交税费""应付利息""应付股利""其他应付款""专项应付款""预计负债""递延所得税负债""实收资本(或股本)""资本公积""库存股""盈余公积"等项目，应根据有关总账科目的余额填列。

有些项目则应根据几个总账科目的期末余额计算填列："货币资金"项目，应根据"库存现金""银行存款""其他货币资金"三个总账科目的期末余额的合计数填列；"其他非流动资产"和"其他流动负债"项目，应根据有关科目的期末余额分析填列。

2）根据明细账科目余额计算填列

“开发支出”项目，应根据“研发支出”科目中所属的“资本化支出”明细科目期末余额填列；“应付账款”项目，应根据“应付账款”和“预付账款”两个科目所属的相关明细科目的期末贷方余额合计数填列；“预收款项”项目，应根据“预收账款”和“应收账款”科目所属各明细科目的期末贷方余额合计数填列；“一年内到期的非流动资产”“一年内到期的非流动负债”项目，应根据有关非流动资产或非流动负债项目的明细科目余额分析填列；“长期借款”和“应付债券”项目，应分别根据“长期借款”和“应付债券”科目的明细科目余额分析填列；“未分配利润”项目，应根据“利润分配”科目中所属的“未分配利润”明细科目期末余额填列。

3）根据总账科目和明细账科目余额分析计算填列

“长期借款”项目，应根据“长期借款”总账科目余额扣除“长期借款”科目所属的明细科目中将在资产负债表日起一年内到期且企业不能自主地将清偿义务展期的长期借款后的金额计算填列；“长期待摊费用”项目，应根据“长期待摊费用”科目的期末余额减去将于一年内（含一年）摊销的数额后的金额填列；“其他非流动负债”项目，应根据有关科目的期末余额减去将于一年内（含一年）到期偿还数后的金额填列。

4）根据有关科目余额减去其备抵科目余额后的净额填列

“可供出售金融资产”“持有至到期投资”“长期股权投资”“在建工程”“商誉”项目，应根据相关科目的期末余额填列，已计提减值准备的，还应扣减相应的减值准备。“固定资产”“无形资产”“投资性房地产”“生产性生物资产”“油气资产”项目，应根据相关科目的期末余额扣减相关的累计折旧（或摊销、折耗）填列，已计提减值准备的，还应扣减相应的减值准备，采用公允价值计量的上述资产，应根据相关科目的期末余额填列。“长期应收款”项目，应根据“长期应收款”科目的期末余额，减去相应的“未实现融资收益”科目和“坏账准备”科目所属相关明细科目期末余额后的金额填列。“长期应付款”项目，应根据“长期应付款”科目的期末余额，减去相应的“未确认融资费用”科目期末余额后的金额填列。

5）综合运用上述填列方法分析填列

“应收票据”“应收利息”“应收股利”“其他应收款”项目，应根据相关科目的期末余额，减去“坏账准备”科目中有关坏账准备期末余额后的金额填列。“应收账款”项目，应根据“应收账款”和“预收账款”科目所属各明细科目的期末借方余额合计数，减去“坏账准备”科目中有关应收账款计提的坏账准备期末余额后的金额填列。“预付款项”项目，应根据“预付账款”和“应付账款”科目所属各明细科目的期末借方余额合计数，减去“坏账准备”科目中有关预付款项计提的坏账准备期末余额后的金额填列。“存货”项目，应根据“材料采购”“原材料”“发出商品”“库存商品”“周转材料”“委托加工物资”“生产成本”“受托代销商品”等科目的期末余额合计，减去“受托代销商品款”和“存货跌价准备”科目期末余额后的金额填列；材料采用计划成本核算，以及库存商品采用计划成本核算或售价核算的企业，还应按加或减材料成本差异、商品进销差价后的金额填列。

2. 资产负债表"年初余额"栏的填列方法

资产负债表中的"年初余额"栏通常根据上年末有关项目的期末余额填列，且与上年末资产负债表"期末余额"栏相一致。企业在首次执行新准则时，应当按照《企业会计准则第38号——首次执行企业会计准则》对首次执行新准则当年的"年初余额"栏及相关项目进行调整；以后期间，如果企业发生了会计政策变更、前期差错更正，应当对"年初余额"栏中的有关项目进行相应调整。此外，如果企业上年度资产负债表规定的项目名称和内容与本年度不一致，应当对上年年末资产负债表相关项目的名称和数字按照本年度的规定进行调整，填入"年初余额"栏。

3. 资产负债表编制示例

例12-1 天福股份有限公司2014年12月31日的资产负债表（年初余额略）及2015年12月31日的科目余额表分别见表12-1和表12-2。假设天福股份有限公司2015年度除计提固定资产减值准备导致固定资产账面价值与其计税基础存在可抵扣暂时性差异外，其他资产和负债项目的账面价值均等于其计税基础。假定天福公司未来很可能获得足够的应纳税所得额用来抵扣可抵扣暂时性差异，适用的所得税税率为25%。

表12-1 资产负债表

会企01表

编制单位：天福股份有限公司　　2014年12月31日　　金额单位：元

资　产	期末余额	年初余额	负债和股东权益	期末余额	年初余额
流动资产：			流动负债：		
货币资金	1 406 300		短期借款	300 000	
交易性金融资产	15 000		交易性金融负债	0	
应收票据	246 000		应付票据	200 000	
应收账款	299 100		应付账款	953 800	
预付款项	100 000		预收款项	0	
应收利息	0		应付职工薪酬	110 000	
应收股利	0		应交税费	36 600	
其他应收款	5 000		应付利息	1 000	
存货	2 580 000		应付股利	0	
一年内到期的非流动资产	0		其他应付款	50 000	
其他流动资产	100 000		一年内到期的非流动负债	1 000 000	
流动资产合计	4 751 400		其他流动负债	0	
非流动资产：			流动负债合计	2 651 400	
可供出售金融资产	0		非流动负债：		
持有至到期投资	0		长期借款	600 000	
长期应收款	0		应付债券	0	
长期股权投资	250 000		长期应付款	0	

续表 12-1

资　产	期末余额	年初余额	负债和股东权益	期末余额	年初余额
投资性房地产	0		专项应付款	0	
固定资产	1 100 000		预计负债	0	
在建工程	1 500 000		递延所得税负债	0	
工程物资	0		其他非流动负债	0	
固定资产清理	0		非流动负债合计	600 000	
生产性生物资产	0		负债合计	3 251 400	
油气资产	0		股东权益：		
无形资产	600 000		实收资本(或股本)	5 000 000	
开发支出	0		资本公积	0	
商誉	0		减：库存股	0	
长期待摊费用	0		盈余公积	100 000	
递延所得税资产	0		未分配利润	50 000	
其他非流动资产	200 000		股东权益合计	5 150 000	
非流动资产合计	3 650 000				
资产总计	8 401 400		负债和股东权益总计	8 401 400	

表 12-2　科目余额表　　金额单位：元

科目名称	借方余额	科目名称	贷方余额
库存现金	2 000	短期借款	50 000
银行存款	805 831	应付票据	100 000
其他货币资金	7 300	应付账款	953 800
交易性金融资产	0	其他应付款	50 000
应收票据	66 000	应付职工薪酬	180 000
应收账款	600 000	应交税费	226 731
坏账准备	-1 800	应付利息	0
预付账款	100 000	应付股利	32 215. 85
其他应收款	5 000	一年内到期的长期负债	0
材料采购	275 000	长期借款	1 160 000
原材料	45 000	股本	5 000 000
周转材料	38 050	盈余公积	124 770. 4
库存商品	2 122 400	利润分配(未分配利润)	218 013. 75
材料成本差异	4 250		
其他流动资产	100 000		

续表 12－2

科目名称	借方余额	科目名称	贷方余额
长期股权投资	250 000		
固定资产	2 401 000		
累计折旧	－170 000		
固定资产减值准备	－30 000		
工程物资	300 000		
在建工程	428 000		
无形资产	600 000		
累计摊销	－60 000		
递延所得税资产	7 500		
其他长期资产	200 000		
合计	8 095 531	合计	8 095 531

根据上述资料，编制天福股份有限公司 2015 年 12 月 31 日的资产负债表，如表 12－3所示。

表 12－3　资产负债表

会企 01 表

编制单位：天福股份有限公司　　2015 年 12 月 31 日　　金额单位：元

资　产	期末余额	年初余额	负债和所有者权益（或股东权益）	期末余额	年初余额
流动资产：			流动负债：		
货币资金	815 131	1 406 300	短期借款	50 000	300 000
交易性金融资产	0	15 000	交易性金融负债	0	0
应收票据	66 000	246 000	应付票据	100 000	200 000
应收账款	598 200	299 100	应付账款	953 800	953 800
预付款项	100 000	100 000	预收款项	0	0
应收利息	0	0	应付职工薪酬	180 000	110 000
应收股利	0	0	应交税费	226 731	36 600
其他应收款	5 000	5 000	应付利息	0	1 000
存货	2 484 700	2 580 000	应付股利	32 215. 85	0
一年内到期的非流动资产	0	0	其他应付款	50 000	50 000
其他流动资产	100 000	100 000	一年内到期的非流动负债	0	1 000 000

续表 12－3

资　产	期末余额	年初余额	负债和所有者权益（或股东权益）	期末余额	年初余额
流动资产合计	4 169 031	4 751 400	其他流动负债	0	0
非流动资产：			流动负债合计	1 592 746. 85	2 651 400
可供出售金融资产	0	0	非流动负债：		
持有至到期投资	0	0	长期借款	1 160 000	600 000
长期应收款	0	0	应付债券	0	0
长期股权投资	250 000	250 000	长期应付款	0	0
投资性房地产	0	0	专项应付款	0	0
固定资产	2 201 000	1 100 000	预计负债	0	0
在建工程	428 000	1 500 000	递延所得税负债	0	0
工程物资	300 000	0	其他非流动负债	0	0
固定资产清理	0	0	非流动负债合计	1 160 000	600 000
生产性生物资产	0	0	负债合计	2 752 746. 85	3 251 400
油气资产	0	0	所有者权益（或股东权益）：		
无形资产	540 000	600 000	实收资本（或股本）	5 000 000	5 000 000
开发支出	0	0	资本公积	0	0
商誉	0	0	减：库存股	0	0
长期待摊费用	0	0	盈余公积	124 770. 4	100 000
递延所得税资产	7 500	0	未分配利润	218 013. 75	50 000
其他非流动资产	200 000	200 000	所有者权益（或股东权益）合计	5 342 784. 15	5 150 000
非流动资产合计	3 926 500	3 650 000			
资产总计	8 095 531	8 401 400	负债和所有者权益（或股东权益）总计	8 095 531	8 401 400

12. 2. 2　利润表的编制

12. 2. 2. 1　利润表的内容及结构

1. 利润表的内容

利润表是反映企业在一定会计期间的经营成果的会计报表。利润表的列报必须充分反映企业经营业绩的主要来源和构成，从而有助于使用者判断净利润的质量及其风险和预测净利润的持续性，从而作出正确的决策。通过利润表，可以反映企业在一定会计期间的收入实现情况，如实现的营业收入有多少、实现的投资收益有多少、实现的营业外收入有多少；可以反映一定会计期间的费用耗费情况，如耗费的营业成本有多少、营业税费有多少、销售费用、管理费用、财务费用各有多少、营业外支出有多少；可以反映企业生产经营活动的成果，即净利润的实现情况，据以判断资本保值、增值情况等等。将利润表中的信息与资产负债表中的信息相结合，还可以得到进行财务分析的基本资料，如将赊销收入净额与应收账款平均余额进行比较，计算出应收账款周转率；将销货成本与存货平均余额进行比较，计算出存货周转率；将净利润与资产总额进行比较，计算出资产收益率等；可以表现企业资金周转情况以及企业的盈利能力和水平，便于报表使用者判断企业未来的发展趋势，作出经济决策。

2. 利润表的结构

常见的利润表结构主要有单步式和多步式两种。在我国，企业利润表采用的基本上是多步式结构，即通过对当期的收入、费用、支出项目按性质加以归类，按利润形成的主要环节列示一些中间性利润指标，分步计算当期净损益。

利润表主要反映以下几方面的内容：

(1)营业收入。由主营业务收入和其他业务收入组成。

(2)营业利润。营业收入减去营业成本(主营业务成本、其他业务成本)、营业税金及附加、销售费用、管理费用、财务费用、资产减值损失，加上公允价值变动收益、投资收益，即为营业利润。

(3)利润总额。营业利润加上营业外收入，减去营业外支出，即为利润总额。

(4)净利润，利润总额减去所得税费用，即为净利润。

(5)每股收益，普通股或潜在普通股已公开交易的企业，以及正处于公开发行普通股或潜在普通股过程中的企业，还应当在利润表中列示每股收益信息，包括基本每股收益和稀释每股收益两项指标。

(6)综合收益。包括其他综合收益和综合收益总额。其中，其他综合收益反映企业根据企业会计准则规定未在损益中确认的各项利得和损失扣除所得税影响后的净额；综合收益总额是企业净利润与其他综合收益的合计金额。

此外，为了使报表使用者通过比较不同期间利润的实现情况，判断企业经营成果的未来发展趋势，企业需要提供比较利润表，利润表还就各项目再分为“本期金额”和“上期金额”两栏分别填列。

12.2.2.2 利润表的填列方法

本表中的栏目分为“本期金额”栏和“上期金额”栏。“本期金额”栏根据“营业收入”“营业成本”“营业税金及附加”“销售费用”“管理费用”“财务费用”“资产减值损失”“公允价值变动损益”“营业外收入”“营业外支出”“所得税费用”等损益类科目的发生额分析填列。其中，“营业利润”“利润总额”“净利润”项目根据本表中相关项目计算填列。

本表中的“上期金额”栏应根据上年该期利润表“本期金额”栏内所列数字填列。如果上年该期利润表规定的各个项目的名称和内容同本期不一致，应对上年该期利润表各项目的名称和数字按本期的规定进行调整，填入“上期金额”栏。

12.2.2.3 利润表编制示例

例 12－2 天福股份有限公司 2015 年度有关损益类科目本年累计发生净额如表 12－4所示。

表 12 -4　天福股份有限公司损益类科目 2015 年度累计发生净额　金额单位：元

科目名称	借方发生额	贷方发生额
主营业务收入		1 250 000
主营业务成本	750 000	
营业税金及附加	2 000	
销售费用	20 000	
管理费用	157 100	
财务费用	41 500	
资产减值损失	30 900	
投资收益		31 500
营业外收入		50 000
营业外支出	19 700	
所得税费用	85 300	

根据上述资料，编制天福股份有限公司 2015 年度利润表，如表 12 -5 所示。

表 12 -5　利润表　会企 02 表

编制单位：天福股份有限公司　2015 年　金额单位：元

项　目	本期金额	上期金额(略)
一、营业收入	1 250 000	
减：营业成本	750 000	
营业税金及附加	2 000	
销售费用	20 000	
管理费用	157 100	
财务费用	41 500	
资产减值损失	30 900	
加：公允价值变动收益(损失以"－"号填列)	0	
投资收益(损失以"－"号填列)	31 500	
其中：对联营企业和合营企业的投资收益	0	
二、营业利润(亏损以"－"号填列)	280 000	
加：营业外收入	50 000	

续表 12－5

项　　目	本期金额	上期金额（略）
减：营业外支出	19 700	
其中：非流动资产处置损失	（略）	
三、利润总额（亏损总额以“－”号填列）	310 300	
减：所得税费用	85 300	
四、净利润（净亏损以“－”号填列）	225 000	
五、每股收益：	（略）	
（一）基本每股收益		
（二）稀释每股收益		
六、综合收益		
（一）其他综合收益		
（二）综合收益总额		

12.2.3　现金流量表的编制

12.2.3.1　现金流量表的内容

现金流量表，是指反映企业在一定会计期间现金和现金等价物流入和流出的报表。从编制原则上看，现金流量表按照收付实现制原则编制，将权责发生制下的盈利信息调整为收付实现制下的现金流量信息，便于报表使用者了解企业净利润的质量。从内容上看，现金流量表被划分为经营活动、投资活动和筹资活动三个部分，每类活动又分为各具体项目，这些项目从不同角度反映企业业务活动的现金流入与流出，弥补了资产负债表和利润表提供信息的不足。通过现金流量表，报表使用者能够了解现金流量的影响因素，评价企业的支付能力、偿债能力和周转能力，预测企业未来现金流量，为其决策提供有力依据。

12.2.3.2　现金流量表的结构

在现金流量表中，现金及现金等价物被视为一个整体，企业现金形式的转换不会产生现金的流入和流出。例如，企业从银行提取现金，是企业现金存放形式的转换，并未流出企业，不构成现金流量。同样，现金与现金等价物之间的转换也不属于现金流量，例如，企业用现金购买三个月到期的国库券。根据企业业务活动的性质和现金流量的来源，现金流量表在结构上将企业一定期间产生的现金流量分为三类：经营活动产生的现金流量、投资活动产生的现金流量和筹资活动产生的现金流量。

12.2.3.3　现金流量表的填列方法

1. 经营活动产生的现金流量

经营活动是指企业投资活动和筹资活动以外的所有交易和事项。各类企业由于行业特点不同，对经营活动的认定存在一定差异。对于工商企业而言，经营活动主要包括销售商品、提供劳务、购买商品、接受劳务、支付税费等。对于商业银行而言，经营活动主要包括吸收存款、发放贷款、同业存放、同业拆借等。对于保险公司而言，经营活动主要包括原保险业务和再保险业务等。对于证券公司而言，经营活动主要包括自营证券、代理承销证券、代理兑付证券、代理买卖证券等。

在我国，企业经营活动产生的现金流量应当采用直接法填列。直接法，是指通过现金收入和现金支出的主要类别列示经营活动的现金流量。

2. 投资活动产生的现金流量

投资活动是指企业长期资产的购建和不包括在现金等价物范围内的投资及其处置活动。长期资产是指固定资产、无形资产、在建工程、其他资产等持有期限在一年或一个营业周期以上的资产。这里所讲的投资活动，既包括实物资产投资，也包括金融资产投资。这里之所以将"包括在现金等价物范围内的投资"这一条件排除在外，是因为已经将包括在现金等价物范围内的投资视同现金。不同企业由于行业特点不同，对投资活动的认定也存在差异。例如，交易性金融资产所产生的现金流量，对于工商业企业而言，属于投资活动产生的现金流量，而对于证券公司而言，属于经营活动产生的现金流量。

3. 筹资活动产生的现金流量

筹资活动是指导致企业资本及债务规模和构成发生变化的活动。这里所说的资本，既包括实收资本(股本)，也包括资本溢价(股本溢价)；这里所说的债务，指对外举债，包括向银行借款、发行债券以及偿还债务等。通常情况下，应付账款、应付票据等商业应付款等属于经营活动，不属于筹资活动。

此外，对于企业日常活动之外的、不经常发生的特殊项目，如自然灾害损失、保险赔款、捐赠等，应当归并到相关类别中，并单独反映。比如，对于自然灾害损失和保险赔款，如果能够确指属于流动资产损失的，应当列入经营活动产生的现金流量；属于固定资产损失的，应当列入投资活动产生的现金流量。

4. 汇率变动对现金及现金等价物的影响

编制现金流量表时，应当将企业外币现金流量以及境外子公司的现金流量折算成记账本位币。外币现金流量以及境外子公司的现金流量，应当采用现金流量发生日的即期汇率或按照系统合理的方法确定的、与现金流量发生日即期汇率近似的汇率折算。汇率变动对现金的影响额应当作为调节项目，在现金流量表中单独列报。

汇率变动对现金的影响，指企业外币现金流量及境外子公司的现金流量折算成记账本位币时，所采用的是现金流量发生日的汇率或按照系统合理的方法确定的、与现金流量发生日即期汇率近似的汇率，而现金流量表"现金及现金等价物净增加额"项目中外币现金净增加额是按资产负债表日的即期汇率折算的。这两者的差额即为汇率变动对现金的影响。

在编制现金流量表时，对当期发生的外币业务，也可不逐笔计算汇率变动对现金的影响，可以通过现金流量表补充资料中"现金及现金等价物净增加额"项目中的数额与现金流量表中"经营活动产生的现金流量净额""投资活动产生的现金流量净额""筹资活动产生的现金流量净额"三项之和比较，其差额即为"汇率变动对现金的影响额"项目的数额。

5. 现金流量表补充资料

除现金流量表反映的信息外，企业还应在附注中披露将净利润调节为经营活动现金流量、不涉及现金收支的重大投资和筹资活动、现金及现金等价物净变动情况等信息。

(1)将净利润调节为经营活动现金流量。现金流量表采用直接法反映经营活动产生的现金流量，同时，企业还应采用间接法反映经营活动产生的现金流量。间接法，是指以本期净利润为起点，通过调整不涉及现金的收入、费用、营业外收支以及经营性应收或应付等项目的增减变动，调整不属于经营活动的现金收支项目，据此计算并列报经营活动产生的现金流量的方法。在我国，现金流量表补充资料应采用间接法反映经营活动产生的现金流量情况，以及对现金流量表中采用直接法反映的经营活动现金流量进行核对和补充说明。采用间接法列报经营活动产生的现金流量时，需要对四大类项目进行调整：①实际没有支付现金的费用；②实际没有收到现金的收益；③不属于经营活动的损益；④经营性应收应付项目的增减变动。

(2)不涉及现金收支的重大投资和筹资活动。不涉及现金收支的重大投资和筹资活动，反映企业在一定期间内影响资产或负债但不形成该期现金收支的所有投资和筹资活动的信息。这些投资和筹资活动虽然不涉及现金收支，但对以后各期的现金流量有重大影响，例如，企业融资租入设备，将形成的负债记入“长期应付款”科目，当期并不支付设备款及租金，但以后各期必须为此支付现金，从而在一定期间内形成了一项固定的现金支出。

企业应当在附注中披露不涉及当期现金收支，但影响企业财务状况或在未来可能影响企业现金流量的重大投资和筹资活动，主要包括：①债务转为资本，反映企业本期转为资本的债务金额；②年内到期的可转换公司债券，反映企业一年内到期的可转换公司债券的本息；③融资租入固定资产，反映企业本期融资租入的固定资产。

(3)现金和现金等价物的构成。企业应当在附注中披露与现金和现金等价物有关的下列信息：①现金和现金等价物的构成及其在资产负债表中的相应金额。②企业持有但不能由母公司或集团内其他子公司使用的大额现金和现金等价物金额。企业持有现金和现金等价物余额但不能被集团使用的情形多种多样，例如，国外经营的子公司由于受当地外汇管制或其他立法的限制，其持有的现金和现金等价物，不能由母公司或其他子公司正常使用。

12.2.3.4 现金流量表的编制方法及程序

1. 直接法和间接法

编制现金流量表时，列报经营活动产生的现金流量的方法有两种：一是直接法，一是间接法。在直接法下，一般是以利润表中的营业收入为起算点，调节与经营活动有关的项目的增减变动，然后计算出经营活动产生的现金流量。在间接法下，将净利润调节为经营活动现金流量，实际上就是将按权责发生制原则确定的净利润调整为现金净流入，并剔除投资活动和筹资活动对现金流量的影响。

采用直接法编制的现金流量表，便于分析企业经营活动产生的现金流量的来源和用途，预测企业现金流量的未来前景；采用间接法编制现金流量表，便于将净利润与经营活动产生的现金流量净额进行比较，了解净利润与经营活动产生的现会流量差异的原因，从现金流量的角度分析净利润的质量。所以，我国企业会计准则规定企业应当采用直接法编制现金流量表，同时要求在附注中提供以净利润为基础调节到经营活动现金流量的信息。

2. 工作底稿法、T形账户法和分析填列法

在具体编制现金流量表时，可以采用工作底稿法或T形账户法，也可以根据有关科目记录采用分析填列法。

(1)工作底稿法。采用工作底稿法编制现金流量表，是以工作底稿为手段，以资产负债表和利润表数据为基础，对每一项目进行分析并编制调整分录，从而编制现金流量表。工作底稿法的程序是：

第一步，将资产负债表的期初数和期末数过入工作底稿的“期初数”栏和“期末数”栏。

第二步，对当期业务进行分析并编制调整分录。编制调整分录时，要以利润表项目为基础，从“营业收入”项目开始，结合资产负债表项目逐一进行分析。在调整分录中，有关现金和现金等价物的事项，并不直接借记或贷记“现金”项目，而是分别记入“经营活动产生的现金流量”“投资活动产生的现金流量”“筹资活动产生的现金流量”有关项目，借记表示现金流入，贷记表示现金流出。

第三步，将调整分录过入工作底稿中的相应部分。

第四步，核对调整分录，借方、贷方合计数均已经相等，确认资产负债表项目期初数加减调整分录中的借贷金额后等于期末数。

第五步，根据工作底稿中的现金流量表项目部分编制正式的现金流量表。

(2)T形账户法。采用T形账户法编制现金流量表，是以T形账户为手段，以资产负债表和利润表数据为基础，对每一项目进行分析并编制调整分录，从而编制现金流量表。T形账户法的程序是：

第一步，为所有的非现金项目(包括资产负债表项目和利润表项目)分别开设T形账户，并将各自的期末期初变动数过入各该账户。如果项目的期末数大于期初数，则将差额过入和项目余额相同的方向；反之，过入相反的方向。

第二步，开设一个大的“现金及现金等价物”T形账户，每边分为经营活动、投资活动和筹资活动三个部分，左边记现金流入，右边记现金流出。与其他账户一样，过入期末期初变动数。

第三步，以利润表项目为基础，结合资产负债表分析每一个非现金项目的增减变动，并据此编制调整分录。

第四步，将调整分录过入各T形账户，并进行核对，该账户借贷相抵后的余额与原先过入的期末期初变动数应当一致。

第五步，根据大的“现金及现金等价物”T形账户编制正式的现金流量表。

12.2.3.5 现金流量表编制示例

例12-3 沿用例12-1和例12-2的资料，天福股份有限公司其他相关资料如下：

1. 2015 年度利润表有关项目的明细资料如下：

(1)管理费用的组成：职工薪酬 17 100 元，无形资产摊销 60 000 元，折旧费 20 000 元，其他费用 60 000 元。

(2)财务费用的组成：计提借款利息 11 500 元，应收票据(银行承兑汇票)贴现利息 30 000 元。

(3)资产减值损失的组成：计提坏账准备 900 元，计提固定资产减值准备 30 000 元。上年年末坏账准备余额为 900 元。

(4)投资收益的组成：收到股息收入 30 000 元，与本金一起收回的交易性股票投资收益 500 元，自公允价值变动损益结转投资收益 1 000 元。

(5)营业外收入的组成：处置固定资产净收益 50 000 元(其所处置固定资产原价为 400 000 元，累计折旧为 150 000 元，收到处置收入 300 000 元)。假定不考虑与固定资产处置有关的税费。

(6)营业外支出的组成：报废固定资产净损失 19 700 元(其所报废固定资产原价为 200 000 元，累计折旧为 180 000 元，清理费用 500 元，收到残值收入 800 元)。

(7)所得税费用的组成：当期所得税费用 92 800 元，递延所得税收益 7 500 元。

除上述项目外，利润表中的销售费用 20 000 元至期末已经支付。

2. 资产负债表有关项目的明细资料如下：

(1)本期收回交易性股票投资本金 15 000 元、公允价值变动 1 000 元，同时实现投资收益 500 元。

(2)存货中生产成本、制造费用的组成：职工薪酬 324 900 元，折旧费 80 000 元。

(3)应交税费的组成：本期增值税进项税额 42 466 元，增值税销项税额 212 500 元，已交增值税 100 000 元；应交所得税期末余额为 20 097 元，应交所得税期初余额为 0；应交税费期末数中应由在建工程负担的部分为 100 000 元。

(4)应付职工薪酬的期初数无应付在建工程人员的部分，本期支付在建工程人员职工薪酬 200 000 元。应付职工薪酬的期末数中应付在建工程人员的部分为 28 000 元。

(5)应付利息均为短期借款利息，其中本期计提利息 11 500 元，支付利息 12 500 元。

(6)本期用现金购买固定资产 101 000 元，购买工程物资 300 000 元。

(7)本期用现金偿还短期借款 250 000 元，偿还一年内到期的长期借款 1 000 000 元；借入长期借款 560 000 元。

根据以上资料，采用分析填列法，编制天福股份有限公司 2016 年度的现金流量表。

1. 天福股份有限公司 2016 年度现金流量表各项目金额，分析确定如下：

(1)销售商品、提供劳务收到的现金 = 主营业务收入 + 应交税费(应交增值税——销项税额) + (应收账款年初余额 - 应收账款期末余额) + (应收票据年初余额 - 应收票据期末余额) - 当期计提的坏账准备 - 票据贴现的利息 = 1 250 000 + 212 500 + (299 100 - 598 200) + (246 000 - 66 000) - 900 - 30 000 = 1 312 500(元)

(2)购买商品、接受劳务支付的现金 = 主营业务成本 + 应交税费(应交增值税——进项税额) - (存货年初余额 - 存货期末余额) + (应付账款年初余额 - 应付账款期末余额) + (应付票据年初余额－应付票据期末余额）＋（预付账款期末余额－预付账款年初余额）－当期列入生产成本、制造费用的职工薪酬－当期列入生产成本、制造费用的折旧费和固定资产修理费＝750 000＋42 466－（2 580 000－2 484 700）＋（953 800－953 800）＋（200 000－100 000）＋（100 000－100 000）－324 900－80 000＝392 266（元）

（3）支付给职工以及为职工支付的现金＝生产成本、制造费用、管理费用中职工薪酬＋（应付职工薪酬年初余额－应付职工薪酬期末余额）－［应付职工薪酬（在建工程）年初余额－应付职工薪酬（在建工程）期末余额］＝324 900＋17 100＋（110 000－180 000）－（0－28 000）＝300 000（元）

（4）支付的各项税费＝当期所得税费用＋营业税金及附加＋应交税费（应交增值税——已交税金）－（应交所得税期末余额－应交所得税期初余额）＝92 800＋2 000＋100 000－（20 097－0）＝174 703（元）

（5）支付其他与经营活动有关的现金＝其他管理费用＋销售费用＝60 000＋20 000＝80 000（元）

（6）收回投资收到的现金＝交易性金融资产贷方发生额＋与交易性金融资产一起收回的投资收益＝16 000＋500＝16 500（元）

（7）取得投资收益收到的现金＝收到的股息收入＝30 000（元）

（8）处置固定资产收回的现金净额＝300 000＋（800－500）＝300 300（元）

（9）购建固定资产支付的现金＝用现金购买的固定资产、工程物资＋支付给在建工程人员的薪酬＝101 000＋300 000＋200 000＝601 000（元）

（10）取得借款收到的现金＝560 000（元）

（11）偿还债务支付的现金＝250 000＋1 000 000＝1 250 000（元）

（12）偿付利息支付的现金＝12 500（元）

2. 将净利润调节为经营活动现金流量各项目计算分析如下：

（1）资产减值准备＝900＋30 000＝30 900（元）

（2）固定资产折旧＝20 000＋80 000＝100 000（元）

（3）无形资产摊销＝60 000（元）

（4）处置固定资产、无形资产和其他长期资产的损失（减：收益）＝－50 000（元）

（5）固定资产报废损失＝19 700（元）

（6）财务费用＝11 500（元）

（7）投资损失（减：收益）＝－31 500（元）

（8）递延所得税资产减少＝0－7 500＝－7 500（元）

（9）存货的减少＝2 580 000－2 484 700 ＝95 300（元）

（10）经营性应收项目的减少＝（246 000－66 000）＋（299 100＋900－598 200－1 800）＝－120 000（元）

（11）经营性应付项目的增加＝（100 000－200 000）＋（953 800－953 800）＋［（180 000－28 000）－110 000］＋［（226 731－100 000）－36 600］＝32 131（元）

3. 根据上述数据，编制现金流量表（见表12－6）。

表 12-6 现金流量表

编制单位：天福股份有限公司	2015 年	会企 03 表 金额单位：元

项目	本期金额	上期金额(略)
一、经营活动产生的现金流量：		
销售商品、提供劳务收到的现金	1 312 500	
收到的税费返还	0	
收到其他与经营活动有关的现金	0	
经营活动现金流入小计	1 312 500	
购买商品、接受劳务支付的现金	392 266	
支付给职工以及为职工支付的现金	300 000	
支付的各项税费	174 703	
支付其他与经营活动有关的现金	80 000	
经营活动现金流出小计	946 969	
经营活动产生的现金流量净额	365 531	
二、投资活动产生的现金流量：		
收回投资收到的现金	16 500	
取得投资收益收到的现金	30 000	
处置固定资产、无形资产和其他长期资产收回的现金净额	300 300	
处置子公司及其他营业单位收到的现金净额	0	
收到其他与投资活动有关的现金	0	
投资活动现金流入小计	346 800	
购建固定资产、无形资产和其他长期资产支付的现金	601 000	
投资支付的现金	0	
取得子公司及其他营业单位支付的现金净额	0	
支付其他与投资活动有关的现金	0	
投资活动现金流出小计	601 000	
投资活动产生的现金流量净额	-254 200	
三、筹资活动产生的现金流量：		
吸收投资收到的现金	0	

续表 12-6

项　　目	本期金额	上期金额(略)
取得借款收到的现金	560 000	
收到其他与筹资活动有关的现金	0	
筹资活动现金流入小计	560 000	
偿还债务支付的现金	1 250 000	
分配股利、利润或偿付利息支付的现金	12 500	
支付其他与筹资活动有关的现金	0	
筹资活动现金流出小计	1 262 500	
筹资活动产生的现金流量净额	-702 500	
四、汇率变动对现金及现金等价物的影响	0	
五、现金及现金等价物净增加额	-591 169	
加：期初现金及现金等价物余额	1 406 300	
六、期末现金及现金等价物余额	815 131	

12.2.4 所有者权益变动表的编报

12.2.4.1 所有者权益变动表的内容

所有者权益变动表是指反映构成所有者权益各组成部分当期增减变动情况的报表。所有者权益变动表应当全面反映一定时期内所有者权益变动的情况，不仅包括所有者权益总量的增减变动，还包括所有者权益增减变动的重要结构性信息，特别是要反映直接计入所有者权益的利得和损失，让报表使用者准确理解所有者权益增减变动的根源。

在所有者权益变动表中，企业至少应当单独列示反映下列信息的项目：①净利润；②其他综合收益；③会计政策变更和差错更正的累积影响金额；④所有者投入资本和向所有者分配利润等；⑤提取的盈余公积；⑥实收资本或股本、资本公积、盈余公积、未分配利润的期初和期末余额及其调节情况。

12.2.4.2 所有者权益变动表的结构

为了清楚地表明构成所有者权益的各组成部分当期的增减变动情况，所有者权益变动表应当以矩阵的形式列示：一方面，列示导致所有者权益变动的交易或事项，改变了以往仅仅按照所有者权益的各组成部分反映所有者权益变动情况的方式，而是从所有者权益变动的来源对一定时期内所有者权益变动情况进行全面反映；另一方面，按照所有者权益各组成部分(包括实收资本、资本公积、盈余公积、未分配利润和库存股)及其总额列示交易或事项对所有者权益的影响。此外，企业还需要提供比较所有者权益变动表，所有者权益变动表就各项目再分为“本年金额”和“上年金额”两栏分别填列。

12.2.4.3 所有者权益变动表的填列方法

1. "上年金额"栏的填列方法

所有者权益变动表"上年金额"栏内各项数字，应根据上年度所有者权益变动表"本年金额"栏内所列数字填列。如果上年度所有者权益变动表规定的各个项目的名称和内容同本年度不一致，应对上年度所有者权益变动表各项目的名称和数字按本年度的规定进行调整，填入所有者权益变动表"上年金额"栏内。

2. "本年金额"栏的填列方法

所有者权益变动表"本年金额"栏内各项数字一般应根据"实收资本(或股本)""资本公积""盈余公积""利润分配""库存股""以前年度损益调整"科目的发生额分析填列。

12.2.4.4 所有者权益变动表编制示例

例 12－4 沿用例 12－1、例 12－2 和例 12－3 的资料，天福股份有限公司其他相关资料为：提取盈余公积 24 770.4 元，向投资者分配现金股利 32 215.85 元。

根据上述资料，编制天福股份有限公司 2015 年度的所有者权益变动表，如表 12－7 所示。

表 12－7 所有者权益变动表

编制单位：天福股份有限公司　　2015 年度　　金额单位：元

项　目	本年金额					
	实收资本(或股本)	资本公积	减：库存股	盈余公积	未分配利润	所有者权益合计
一、上年年末余额	5 000 000	0	0	100 000	50 000	5 150 000
加：会计政策变更						
前期差错更正						
二、本年年初余额	5 000 000	0	0	100 000	50 000	5 150 000
三、本年增减变动金额(减少以"－"号填列)						
(一)净利润					225 000	225 000
(二)直接计入所有者权益的利得和损失						
1. 可供出售金融资产公允价值变动净额						
2. 权益法下被投资单位其他所有者权益变动的影响						
3. 与计入所有者权益项目相关的所得税影响						

续表 12－7

项　目	本年金额					
	实收资本（或股本）	资本公积	减：库存股	盈余公积	未分配利润	所有者权益合计
4. 其他						
上述（一）和（二）小计						
（三）所有者投入和减少资本						
1. 所有者投入资本						
2. 股份支付计入所有者权益的金额						
3. 其他						
（四）利润分配						
1. 提取盈余公积				24 770. 4	－24 770. 4	0
2. 对所有者（或股东）的分配					－32 215. 85	－32 215. 85
3. 其他						
（五）所有者权益内部结转						
1. 资本公积转增资本（或股本）						
2. 盈余公积转增资本（或股本）						
3. 盈余公积弥补亏损						
4. 其他						
四、本年年末余额	5 000 000	0	0	124 770. 4	218 013. 75	5 342 784. 15

12. 2. 5　财务报表附注

财务报表附注是对资产负债表、利润表、现金流量表和所有者权益变动表等报表中列示项目的文字描述或明细资料，以及对未能在这些报表中列示项目的说明等。附注是财务报表的重要组成部分。附注应当按照如下顺序披露有关内容：

（1）企业的基本情况。

①企业注册地、组织形式和总部地址。

②企业的业务性质和主要经营活动。
③母公司以及集团最终母公司的名称。
④财务报告的批准报出者和财务报告批准报出日。
(2)财务报表的编制基础。
(3)遵循企业会计准则的声明。
(4)重要会计政策和会计估计。
(5)会计政策和会计估计变更以及差错更正的说明。
(6)重要报表项目的说明。
(7)其他需要说明的重要事项。

参考文献

[1] 中华人民共和国财政部. 企业会计准则 2006 [S]. 北京：经济科学出版社，2006.
[2] 陈国辉，迟旭升. 基础会计 [M]. 大连：东北财经大学出版社，2009.
[3] 王华，石车仁. 中级财务会计 [M]. 北京：中国人民大学出版社，2010.
[4] 朱小平，等. 初级会计学 [M]. 5 版. 北京：中国人民大学出版社，2010.
[5] 阎选五，于王林. 会计学 [M]. 北京：中国人民大学出版社，2011.
[6] 刘永泽，陈立军. 中级财务会计 [M]. 大连：东北财经大学出版社，2011.
[7] 薛洪岩. 中级财务会计 [M]. 厦门：厦门大学出版社，2013.
[8] 张白. 中级财务会计 [M]. 厦门：厦门大学出版社，2014.
[9] 中国注册鲁计师协会. 会计 [M]. 北京：中国财政经济出版社，2016.